U0929603

本书是国家社会科学基金项目“县级政府行政服务中心绩效评价与比较研究”（项目号：16BZZ074）的阶段性成果

基于数据包络分析法的企业标杆管理研究

李晓燕 著

JIYU SHUJU BAOLUO FENXIFA DE QIYE BIAOGAN GUANLI YANJIU

中国社会科学出版社

图书在版编目（CIP）数据

基于数据包络分析法的企业标杆管理研究／李晓燕著．—北京：中国社会科学出版社，2019.12

ISBN 978－7－5203－5230－7

Ⅰ.①基…　Ⅱ.①李…　Ⅲ.①企业管理—研究　Ⅳ.①F272

中国版本图书馆 CIP 数据核字(2019)第 216491 号

出 版 人　赵剑英
责任编辑　朱华彬
责任校对　胡新芳
责任印制　张雪娇

出　　版　中国社会科学出版社
社　　址　北京鼓楼西大街甲 158 号
邮　　编　100720
网　　址　http://www.csspw.cn
发 行 部　010－84083685
门 市 部　010－84029450
经　　销　新华书店及其他书店

印刷装订　北京市十月印刷有限公司
版　　次　2019 年 12 月第 1 版
印　　次　2019 年 12 月第 1 次印刷

开　　本　710×1000　1/16
印　　张　14.5
插　　页　2
字　　数　231 千字
定　　价　88.00 元

目　　录

第一章

绪　论

第一节　选题背景和研究意义

一　选题背景

标杆管理是企业发展实践的必然要求，也是企业管理理论发展的必然结果。

1. 经济背景

改革开放以来，我国经济迅速发展，很多企业已具有与世界一流企业竞争的能力。但同时也要看到，我国企业的管理水平与世界一流企业相比仍然有很大差距。随着世界经济一体化的深入发展以及新的科学技术的应用等，世界经济发展呈现科技进步迅猛、信息密集性知识密集性增强以及边际收益递增等特点，各行各业面临着越来越激烈的竞争。这既给企业带来发展的机遇，也带来了挑战。经济随环境变化呈现动态演进的趋势，组织面临的战略环境也日益动态化，在经营中面临的风险及不确定性增加，产业界限变得日益模糊。面对日趋激烈的产业竞争，任何组织如果继续保持以往的经营管理方式，抑或只是略做改进，就不能提供维持组织竞争优势必需的绩效水平。因此，组织需要改善管理模式，更加严谨有序和灵活多变。只有这样才能抓住机遇，迎接挑战。对于外部宏观环境，从战略管理角度来看，单个组织是无法控制动态变化的环境的，需要制定和调整战略，积极适应外部环境，采取有效措施，抓住有利条件，以促进企业发展。同时，还要避免不利因素，努力降低外部环境对组织发展的负面影响，不断增强组织的国际核心竞争力，提高竞争优势。除了适应外部环境，组织还应注重自身内部环境的管理；需要以新的管理思维模式、更加灵活的组织机制来应对挑战并维持竞争优势。然而资源的有限性决定了组织不可能在所有方面完全凭借自己的创造力在业内遥遥领先，而是要采取一系列的措施，通过不断的学习和创新途径来获得、积累和整合组织保持持久竞争优势的关键技术、经营诀窍等竞争能力。组织在制定和实施战略时，必须从自身实际情况出发，找出优势所在，特别是核心竞争力；同时也要分析主要劣势，确定自身在产业结构中的地位，结合对外部环境的分析评价，找出发展方向和在激烈竞争中获胜的方法。

2. 理论背景

经济发达国家的现代企业管理水平，是经过几十年乃至上百年企业管理理论与实践发展而来的。从19世纪末到20世纪初系统的企业管理理论形成以来，现代企业管理理论经历了各种管理理论与学派的演变和发展过程：从以泰罗、法约尔、韦伯为代表的古典管理理论到以梅奥、马斯洛、赫茨伯格为代表的行为科学理论，再到第二次世界大战后出现的多种管理理论与学派并存，包括巴纳德的社会系统学派、西蒙的决策理论学派、卡斯特和罗森茨韦克的系统管理学派、德鲁克的经验主义学派、伯法的管理科学学派以及权变理论学派和美国管理学家孔茨提到的组织行为学派、社会技术系统学派、经理角色学派等。在企业管理实践方面，20世纪30年代西方企业追求规模经济效益，通过大批量、流水线生产和兼并、收购方式迅速扩大企业规模，以更大的经济实力占领市场，降低经营风险，到60年代基本实现了规模效益第一的管理方式。随后，又在规模效益的基础上降低成本，通过准时生产和效益生产方式，摒弃了流水线生产中的库存大、周转慢的浪费现象，在企业管理中取得降低成本和价格竞争的优势。之后，在规模效益和低成本下，又把产品质量作为企业管理追求的首要目标，提高质量控制技术和实行全面质量管理，从符合性质量到适用性质量再到满意性质量，以适合市场竞争和用户的要求。从现代企业管理理论与实践的发展规律看，中国企业管理必然也要经历由低到高、由小到大、由弱到强的过程。但是，严峻的市场竞争现实不允许中国企业也像国外企业那样用上百年时间达到现代企业管理水平，而是要在尽可能短的时间内实现规模效益、成本效益、价格效益、质量效益的企业管理目标。当前中国一些企业管理的效益差距明显，甚至有些企业的管理陷入了困境。因此，中国企业管理的发展趋势是：立足于中国企业的现实状况，扎扎实实做好企业管理基础性工作的同时，加快企业管理的改革步伐，尽快实现规模、成本、价格和质量的市场竞争优势和综合经济效益。

3. 标杆管理在企业部门的实施

计算机是人们都熟悉的领域，也是最能说明西方标杆管理实质的最好案例。计算机设计者通过设计不同的芯片（系统）构件来帮助消费者了解其性能和结构，这为消费者提供了一种标准的标杆测试工具。比如，一个消费者想购买计算机，可以通过运行一定的程序测试和技巧，了解计算机部件的性能，这样的程序是预先植入计算机软件中的。消费者通过比较不同的计算机子系统的运行绩效，确定购买哪种型号的计算机。这种识别方法通常是用可靠的、可比的和量化的数据来体现的。流行的计算机杂志或网站通常通过标示标准的计算机硬件或软件配置的形式来展示最好的计算机构件。

在商业领域，标准的标杆版本已经成为绩效管理的工具。在此之前，美国的企业运营绩效只和自身过去的绩效相比，而不与其他公司比较。施乐公司从 20 世纪 80 年代开始使用标杆管理。在 19 世纪 70 年代中期，施乐公司的合资公司富士施乐和其他的竞争者开始以比施乐公司更低的成本复印，这动摇了施乐引领市场的地位。施乐公司在 1975—1979 年间，由于失去专利保护和外国竞争者的流失，净资产从 25% 下跌到 5%，不得不采取措施阻止市场份额和利润的下降。当时，商业公司主要是依靠分拆竞争对手已经完成的产品的方法来弄清产品的技术秘密，向对手学习。施乐公司的总裁 David Kearn 和工程师 Robert Camp 开始实施标杆管理，从分析日本的生产成本和产品设计着手，通过学习并采用优秀的生产流程和市场营销，产品从生产到上市节省 20% 的生产成本和 60% 的时间。施乐公司不但密切关注竞争对手的产品本身，而且关注产品生产流程，即更注重产品的生产过程。十年间，标杆管理成为世界排行前五的有效的管理工具，成为美国国际标准委员会和卓越绩效标准委员会授奖的标准、欧洲质量管理卓越模型和全质量管理标准。西方国家成立战略计划实施委员会，为企业提供标杆信息和标杆案例学习范本。

1992 年，国际标杆票据交易所（International Benchmarking Clearinghouse，IBC）建立一个通用的标杆管理方法论体系，包括构建覆盖面广的由信息数据和图书馆支持的企业标杆网络；建立一个标杆联合学习小组，讨论所有成员都感兴趣的话题；学习标杆管理流程的标准化材料，并对流程进行分类，促进跨公司的绩效比较；倡导企业学习标杆管理准则，使其成为能够被企业接受的管理实践；在学习过程中注重传授公司间如何进行协作的知识。1994 年，全球的标杆管理网络把不同国家的标杆管理研究机构整合起来，包括英国的标杆管理中心、新西兰质量研究所、德国标杆信息化中心、意大利标杆俱乐部和美国的标杆组织。

二　研究的现实意义

此项研究可以推动企业标杆管理理论和实践发展。

随着信息技术的进步和企业管理中计算机辅助信息系统的建立，企业管理理论的发展表现为信息技术工程及管理信息系统理论的兴起，全面研究计算机辅助管理对企业管理的影响。20 世纪 80 年代后期开始的企业结构重建、流程再造，突破了以往的企业管理职能分工理论，不再按照原有的管理职能划分进行管理，从组织变革入手去改革企业管理工作，在企业管理中涌现出种种新思维、新概念和新做法，以适应信息技术、知识经济下市场竞争的需要，使世界范围的企业管理理论发展到一个新时代。90 年代以来的企业管理目标，在发展规模经济效益、成本效益、价格效益、产品质量效益的基础上，又把对客户的最佳服务作为企业管理的首选目标。因此，企业重视分析技术变革对管理的影响，分析客户的需求变化和购买行为，以求用最短的产品开发时间做出应对市场的快速反应，交货期成为市场竞争的焦点。企业管理工作的不断创新，包括以高新技术、新颖产品去开拓新市场、以调整企业内部组织结构为主要内容的组织创新、以重组企业内外部资源为重点的管理创新等。与此同时，企业在外部设立目标和基准点，进行标杆管理，成为跨世纪的现代管理模式。

中国企业管理日益与国外企业管理接轨，国外企业管理又在向更高的方向发展。每个企业都处于自发的竞赛状态，但是大多数企业并不了解自己的组织在这个竞争圈里究竟处于何种位势。中国有句古训，“以铜为鉴，可以正衣冠；以史为鉴，可以知兴替；以人为鉴，可以明得失”。在管理过程中，只有明得失，找差距，才能进步。这说明了比较参照的重要作用，在现代管理学中，这种做法体现了标杆管理的思想实质。信息化和全球化使得我们和其他国家距离越来越近，只有通过不断学习西方管理经验并进行本土化改造，才能营造竞争优势，不断提高经营绩效。

企业标杆管理的实质是通过学习标杆企业的先进经验或管理方式，然后模仿，最终不断地创新，使企业管理从无序走向有序、从较低有序走向较高层次有序。企业可持续成长的目的在于追求企业生命体的延续，它的本质是一个“学习—模仿—创新”的过程。在外界竞争压力的作用下为求得自身发展的一种本能冲动，不断与外界竞争对手进行知识流和信息流的交互作用，从而实现自组织和自演进的自然系统过程。企业标杆活动的系统性主要表现在企业运营是若干支系统组成的系统性活动，是多要素统一的系统性活动，是多层次统一的系统性活动，这种活动贯穿整个生产、管理、营销过程。只有从系统的角度去认识，才能正确地评价企业标杆管理活动。显然，企业标杆管理系统的研究是一个复杂的系统工程。

在此，运用系统的思维方式，系统工程可以为我们提供另一种分析企业标杆管理模式的方法和手段，特别是在企业管理理论的变革研究和实践发展上，不仅为企业管理科学提供了实践的舞台，其理论本身也可以得到发展。

从系统工程特性来看，企业标杆管理实施是学习竞争对手的先进知识、经验和技术等，结合企业本体的知识、技术，内外知识要素，整合企业本体的资源，从组织、人力资源、生产流程等每个环节入手，综合作用的结果，实质上是企业依据选定的标杆企业中的选定的标杆管理的内容，从组织、生产流程、供应链环节、营销环节等不断调整和不断完善以主动适应外界环境的动态过程，最终使得企业的绩效在短期内大幅提升。

本研究的主导逻辑是标杆管理流程的观点，即实施—评价—再标杆。确定标杆管理的内容和标杆企业是企业标杆管理整个实施过程的关键环节，而企业竞争力的提升则体现为企业组织、企业生产流程、企业营销、企业绩效等层面的演变。在这个演变过程中，外部环境的复杂性和不确定性也是标杆管理过程要充分考虑的因素。所谓企业组织的变化包括企业规模和范围成长，即知识存量或资源位势的演变，人力资源的重新配置和整合等；企业生产流程的变化表现为机器设备的柔性化作业，流程的优化等；企业营销能力的变化主要体现在营销模式更加灵活，客户关系管理更加全面等；企业生产流程和企业营销等层面构成动态整合的流程演变，最终实现企业绩效的提升。

在以往传统的标杆管理研究中，从不同的角度、不同的侧面进行了相关的理论和应用分析，总结起来就是从一个单一的流程角度进行研究，没有涉及企业整个运作系统的整体概念，忽视了企业标杆管理的实施受综合因素影响、多个子系统协同作用，这种研究思维上的缺陷，不能不影响相关理论的解释能力。具体来讲，在研究国内外有关文献和成果的基础上，建立一个基于整个企业价值创造环节的标杆管理模型，并分析标杆管理在此研究模式下的演化路径特征。

第二节　重要概念界定

本研究涉及的重要概念包括："标杆管理""成熟度""私部门""公共部门""绩效"。为方便后面的论述，在此将这些重要概念做一个精确的界定。

一　标杆管理

所谓的标杆（benchmark），最早指的是地理研究中用来测量相对距离前所必须先决定的某个参考点。在品质改善辞典中，标杆指的是同行中最好的成就，这样的成就会成为其他有相似作业流程的企业参考学习的典范。标杆管理是20世纪70年代末由施乐公司首创，后经美国生产力与质量中心系统化和规范化。国内也有用"标竿管理""基准管理"的。标杆管理通常包括标准标杆管理（Standards Benchmarking）、流程标杆管理（Process Benchmarking）、结果标杆管理（Results Benchmarking）。它包括一套将自己企业的产品和服务的流程与竞争者和行业领导者相对比的过程，是管理上行之有效的工具。美国生产力与质量中心对标杆管理的定义是：标杆管理是一个系统的、持续性的评估过程，通过不断地将企业流程与世界上居领先地位的企业相比较，以获得帮助企业改善经营绩效的信息。具体地说，标杆管理是企业将自己的产品、服务、生产流程、管理模式等同行业内或行业外的领袖企业作比较，借鉴、学习他人的先进经验，改善自身不足，从而提高竞争力，追赶或超越标杆企业的一种良性循环的管理方法。[①] 通过学习，企业重新思考和改进经营实践，创造自己的最佳实践，这实际上是模仿、学习和创新的过程。

标杆管理的概念可概括为：不断寻找和研究同行先进公司的最佳实践，以此为基准与本企业进行比较、分析和判断，了解本企业的差距和不足，使自己的企业得到不断改进，从而进入赶超一流公司创造优秀业绩的良性循环过程。其核心是向业内或业外的最优企业学习。

标杆定义的实质是向他人学习。因为其含义是选取一个参考点或最佳点进行比较，除被企业应用外，还广泛应用于商业领域，并延伸到公共部门，如下图所示：

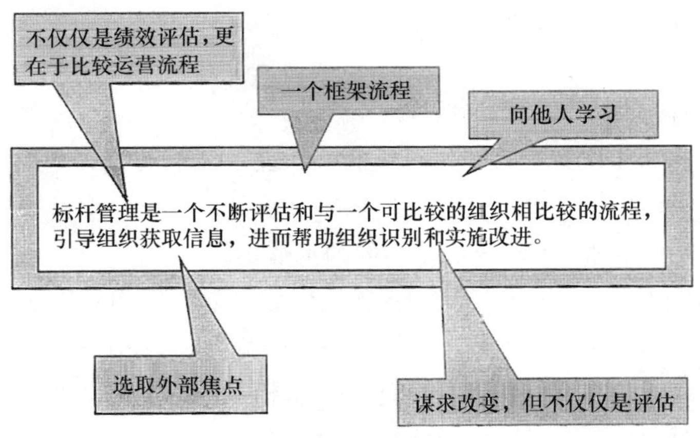

图1—1　标杆管理定义图示

---

① Houston, Tex, *Tools and Technique for Effective Benchmcrking Studies*, New York: American Productivity and Quality Center, 1993, pp. 210 - 220.

标杆管理从20世纪80年代起开始流行，并被广泛应用、甚至滥用于各种各样的目的。幸运的是，把标杆管理看成能够解决所有问题的时代已经过去了。标杆管理作为一种管理工具，有优点也有缺点。能够看到标杆管理的长处并实施运用是这么多年以来在管理领域的一大进步。很多部门过去使用标杆管理仅仅是将一些关键数据做比较，通常是经济数据的比较，目的是为了与竞争对手或同行企业比较发展水平排名的目的。这也是标杆管理当时最主要的应用，但是今天标杆管理是一个应用广泛的威力巨大的管理工具。标杆管理目前解释的核心意义是：

（1）评估自身并把对手的绩效作为标杆；

（2）比较绩效水平、过程和实践等；

（3）学习被标杆对手，在组织内部进行流程改造；

（4）提升是标杆学习的最终目标。

将标杆用于提升绩效有四个理由：

（1）帮助组织理解和建立一个生产流程的主要目标；

（2）激励员工达成共识，寻求和分享信息，进而形成促进组织变化和提升的一个积极的学习过程；

（3）组织能够寻找新的促进自身提升的资源和自身环境外做事情的路径；

（4）建立生产流程绩效评估的参考点。

因此，标杆管理是把自身同其他组织进行比较的过程。选择树立的标杆取决于组织的比较对象和比较内容。首先，依据组织所要选择的标杆对象，至少需要比较以下三个不同的水平：

（1）内部标杆——与组织内部或协作部门做得最好的相比较；

（2）竞争对手标杆——与最好的直接的竞争对手做比较；

（3）通常的标杆——无论是企业或市场，同做得最好的相比较。

我们通常采取第三种作为标杆对象比较容易，因为获取竞争对手的信息较之一般企业的信息要难得多，同时获取与自身不同的组织的不同部门的实践或流程的机会要高得多。另一方面，从其他的企业甄别出标杆企业通常需要敏锐的观察力，其关键在于如何看出对方的不同之处。如果成功了，就能够取得突破。选择可比较对象，有至少三种水平的标杆：

（1）绩效标杆——比较关键的数据或成绩。在运动中，一个跳高运动员要学会以他的年龄段能够达到的最好成绩来定目标，但不知如何能够达到那个高度的技巧。

（2）流程标杆——通过比较经营流程操作然后超越绩效的技巧。对于跳高运动员而言，也就是获取跳高的技巧应用，装备，训练技巧，饮食问题注意等，并刷新这个高度。

（3）战略标杆——比较战略决策和位置达到一个更高的水平。这种方式通常很少使用。举例来说，这是教跳高运动员运用技巧高效地提高他的职业水平。

图 1—2　基于比较对象不同的标杆管理三种形式的形象示意

每种形式的标杆都基于两种分类对象的比较，即标杆的对象和标杆组织，从理论上讲这两个对象结合起来能够为给定目标提供学习路径。在实践中，并不是所有的标杆都是合适的，不同的研究表明，选取同类型的企业实施标杆比从不同类型的企业选取的标杆能够达到更好的效果。

二　成熟度与软件成熟度

成熟度的核心是一种持续的过程改进理论，它是指为实现给定目标所执行的一系列操作步骤，包括具体的实践活动和改进方法、方式等。可以解释为策划、实施与评价的螺旋式上升；而评价导致再次改进，开始下一个改进循环，最终将达到一种经过证明的、优化的方法。这就是过程成熟度。

成熟度最初运用于管理是在软件生产管理方面，目的是帮助软件企业对软件工程过程进行管理和改进，增强开发与改进能力，从而按时地、不超预算地开发出高质量的软件。过程成熟度体现在把软件开发视为一个过程，并根据这一原则对软件开发和维护进行过程监控和研究，以使其更加科学化、标准化，使企业能够更好地实现商业目标。

软件成熟度为软件企业的过程能力提供了一个阶梯式的改进框架，它基于过去所有软件工程过程改进的成果，吸取了以往软件工程的经验教训，提供了一个基于过程改进的框架；它指明了一个软件组织在软件开发方面需要管理哪些主要工作、这些工作之间的关系、以及以怎样的先后次序，一步一步地做好这些工作，使软件组织走向成熟。

软件成熟度的主旨是过程能力的分解，构建一个逐步改善的框架模型，该框架用5个不断进化的层次来评定软件生产的历史与现状：其中初始层是混沌的过程，可重复层是经过训练的软件过程，定义层是标准一致的软件过程，管理层是可预测的软件过程，优化层是能持续改善的软件过程。任何单位所实施的软件过程，都可能在某一方面比较成熟，在另一方面不够成熟，但总体上必然属于这 5 个层次中的某一个层次。而在某个层次内部，也有成熟程度的区别。在这个框架的不同层次中，需要解决带有不同层次特征的软件过程问题。因此，一个软件开发单位首先需要了解自己正处于哪一个层次，然后才能对症下药地针对该层次的特殊要求解决相关问题，这样才能收到事半功倍的软件过程改善效果。任何软件开发单位在致力于软件过程改善时，只能由所处的层次向紧邻的上一层次进化，在由某一成熟层次向上一更成熟层次进化时，在原有层次中的那些已经具备的能力还必须得到保持与发扬。

将软件成熟度应用于企业管理仍然是适用的，这与标杆管理设立一个目标并逐步改进有异曲同工之妙。因此将二者结合的研究是可行的，也是科学的。

三　绩效、绩效评价与管理

（一）绩效

绩就是业绩，体现企业的利润目标，它包括两部分：目标管理（MBO）和职责要求。企业要有企业的目标，个人要有个人的目标要求，目标管理能保证企业向着希望的方向前进，实现目标或者超额完成目标可以给予奖励，比如奖金、提成、效益工资等；职责要求就是对员工日常工作的要求，比如业务员除了完成销售目标外，还要做新客户开发、市场分析报告等工作，对这些职责工作也有要求，这个要求的体现形式就是工资。

效就是效率、效果、态度、品行、行为、方法、方式。效是一种行为，体现的是企业的管理成熟度目标。效又包括纪律和品行两方面，纪律包括企业的规章制度、规范等，纪律严明的员工可以得到荣誉和肯定，比如表彰、发奖状/奖杯等；品行指个人的行为，“小用看业绩，大用看品行”，只有业绩突出且品行优秀的人员才能够得到晋升和重用。

绩效是指组织、团队或个人，在一定的资源、条件和环境下，完成任务的出色程度，是对目标实现程度及达成效率的衡量与反馈。从管理学的角度看，绩效是组织期望的结果，是组织为实现其目标而展现在不同层面上的有效输出，它包括个人绩效和组织绩效两个方面。组织绩效实现应在个人绩效实现的基础上，但是个人绩效的实现并不一定保证组织是有绩效的。如果组织的绩效按一定的逻辑关系被层层分解到每一个工作岗位以及每一个人的时候，只要每一个人都达成了组织的要求，组织的绩效就实现了。

绩效是一个组织或个人在一定时期内的投入产出情况，投入指的是人力、物力、时间等物质资源，或个人的情感、情绪等精神资源；产出指的是工作任务在数量、质量及效率方面的完成情况。由此衍生出绩效管理的概念。

（二）绩效管理与绩效评价

1. 绩效管理

所谓绩效管理，是指各级管理者和员工为了达到组织目标共同参与的绩效计划制定、绩效辅导沟通、绩效考核评价、绩效结果应用、绩效目标提升的持续循环过程，绩效管理的目的是持续提升个人、部门和组织的绩效。

绩效管理活动由 4 部分组成：绩效计划、绩效考评、绩效反馈和绩效改进。绩效考评即是绩效管理活动中最重要的也是最关键的一个环节。绩效考评的质量和效率，对整个绩效管理活动具有决定性的影响。同时，高质量、高效率的绩效管理工作，是做好绩效考评工作的前提条件和重要保障。

2. 绩效评价与评价体系

组织依照预先确定的标准和一定的评价程序，运用科学的评价方法、按照评价的内容和标准对评价对象的工作能力、工作业绩进行定期和不定期的考核和评价。绩效评价是指运用一定的评价方法、量化指标及评价标准，对中央部门为实现其职能所确定的绩效目标的实现程度，及为实现这一目标所安排预算的执行结果进行的综合性评价。

当前实施的企业绩效评价，实质上是按照市场经济要求实行的一项企业监管制度。随着社会主义市场经济的发展，政府管理经济的方式也正在朝着运用市场经济原则间接管理的方向不断转变。推进国有企业绩效评价和国有资产保值增值的考核，已成为我国经济体制改革的当务之急。目前各级政府部门正逐步把开展企业绩效评价作为国有企业监管的一项基础性工作来抓，并要求国有大型企业集团也要结合集团内部管理的要求开展对子（分）公司的评价工作，以加强企业集团内部的监督管理，提高经营管理水平。企业绩效评价结果由财政部每年定期公布。绩效评价结果与经营者年薪制、股票期权等收入分配方式改革试点工作也正在逐渐结合，成为国企管理人员业绩考评的重要依据。目前我们中介机构逐步参与的企业绩效评价，主要是国家对重点国有企业集团经营效益、经营者的业绩的考评，以及国有企业集团自身对其所属子（分）公司经营效益、经营者的业绩的考评。企业绩效评价虽然是政府考核国有企业经营业绩的一种手段，但政府部门今后的主要职责应侧重于制定评价规则、发布评价标准、执行委托任务、监督评价质量等，具体的评价事务应交由中介机构组织完成。中介机构参与企业绩效评价工作，可以使监管部门把主要精力放在评价结果的应用和监管决策上，而且因为社会中介机构有丰富的专业经验，可以提高评价工作效率、质量和公正性。在国外，聘请民间审计执行对企业经营绩效的评价，也是一种普遍的作法。社会中介机构年度报表审计和管理咨询业务也是依据企业财务会计信息进行的，所以中介机构可以将企业绩效评价工作与会计报表审计、管理咨询等业务结合起来，进一步开拓自己的业务，更好地服务于社会。

绩效评价体系作为企业管理控制系统中一个相对独立的子系统，它一般由以下几个基本要素构成：

（1）评价目标。目标是一切行动的指南，任何企业绩效评价体系的建立必须服从和服务于企业目标。

（2）绩效评价体系要处理好评价系统目标和企业目标之间的依存关系。企业目标的实现需要各方面的共同努力：组建有效的组织结构、建立管理控制系统、制定科学的预算、设计绩效评价体系和激励系统，等等。

（3）评价对象。绩效评价体系一般有两个评价对象，一是企业，二是经营管理者，两者既有联系又有区别。评价对象的确定是非常重要的。评价的结果对绩效评价对象必然会产生一定影响，并涉及评价对象今后的发展问题。对企业的评价关系到企业的扩张、保持、重组、收缩、转让或退出行为；对经营管理者的评价关系到其奖惩、升降及聘用等问题。

（4）评价指标。绩效评价指标是指对评价对象的哪些方面进行评价。绩效评价体系关心的是评价对象与企业目标的相关方面，即所谓的关键成功因素。关键成功因素既有财务方面的，如投资报酬率、营业利润率、每股收益等；也有非财务方面的，如与客户的关系、售后服务水平、产品质量、创新能力等。因此，作为用来衡量绩效的指标也分为财务指标和非财务指标。如何将成功的关键因素准确地体现在各具体指标上，是绩效评价体系设计的重要问题。

（5）评价标准。绩效评价标准是指判断评价对象业绩优劣的标杆。选择什么标准作为评价的标杆取决于评价的目的。在企业绩效评价体系中常用的三类标准分别为年度预算标准、历史标准及行业标准。为了全面发挥绩效评价体系的功能，同一个系统中应同时使用这三类不同的标准。在具体选用标准时，应与评价对象密切联系。

（6）评价报告。绩效评价分析报告是绩效评价体系的输出信息，也是绩效评价体系的结论性文件。

绩效评价人员以绩效评价对象为单位，通过会计信息系统及其他信息系统，获取与评价对象有关的信息，经过加工整理后得出绩效评价对象的评价指标数值或状况，将该评价对象的评价指数的数值状况与预先确定的评价标准进行对比，通过差异分析，找出产生差异的原因、责任及影响，得出评价对象绩效优劣的结论，形成绩效评价报告。

3. 政府绩效评价

政府绩效评估，就是政府自身或社会其他组织通过多种方式对政府的决策和管理行为所产生的政治、经济、文化、环境等短期和长远的影响和效果进行分析、比较、评价和测量。对政府绩效进行评估，是规范行政行为、提高行政效能的一项重要制度和有效方法。

目前，从评估标准上看，对政府绩效的评估分为两种：一种是对政府活动及其结果的评估；另一种是对政府能力的评估。

对政府活动及其结果的评估可以是合规评估、效果评估、经济性评估、成本—效益评估、配置效率评估以及公平性评估。目前大多数政府绩效评估属于此类。其评估主体主要是政府或政府委托的组织。从性质上讲，这类评估大多属于一种内部评估，是政府部门为提高自身的效率和责任而进行的自律式评估。这种评估对加强政府管理、明确管理职责是必要的。这种评估最大的困难在于难以为所有政府部门的绩效评估提供统一的标准，因而政府部门之间的比较是非常困难的，甚至几乎是不可能的。这就意味着难以将预算拨款与政府绩效联结起来，从而使绩效评估作为提高政府效率手段的作用大打折扣。与上述绩效评估相比，对政府管理能力的评估目前还很少被采用。

最具有代表性的当属美国雪城大学（Syracuse University）的马克斯韦尔公民与公共事务学院（以下简称马院）所作的评估。这类评估的优点是，它的评判目标主要是制度建设，可以较好地避免各地区之间因收入水平差距、自然条件的不同等客观因素对政府绩效评估的影响。而且目前此类评估多为政府外部评估。对于政府绩效评估来说，外部评估是最关键的。政府业绩如何的最终评价者只能是出资人和政府所提供服务的最终消费者。

我国地方政府绩效评估大致分为普适性的政府绩效评估、具体行业的组织绩效评估和专项绩效评估三种类型。在不断深化改革扩大开放的历史进程中，一些地方政府积极探索公民社会参与政府绩效考核评价的方式，不断拓宽公民和服务对象考评政府部门和公务员的渠道。但是，我国地方政府绩效评估的理论和实践还处于初级阶段，还不同程度地存在一些问题。因此，要选择适合中国国情的服务型地方政府绩效评估路径，不断创新发展模式。

就国际经验看，政府绩效评价的指标要素主要是：经济指标，一般指管理项目中占用资源的水准；效率，关注的是投入与产出的比例关系；效果，通常指公共服务实现标的程度，是衡量公共服务的重要指标；行政能力，把效率和效益结合起来的衡量指标；公正，指接受公共服务的团体和个人都受到公平的待遇以及社会弱势群体能同等享受公共服务的补偿机制。

政府绩效的侧度重在关注结果，而不应是政府活动关注型，也不应是投入关注型。绩效如以政府活动与投入为度量，就可能导致政府劳民、扰民与资源的浪费。必须以“结果”作为政府绩效的度量，这才可以保证绩效预算起到改进公共资源配置效率的作用。绩效只关注结果而不是政府活动与投入，也必然有力地时时提醒政府官员，其活动与投入不得偏离为民造福这个目标。

根据我国环境问题严重的实际，生态环境指标要作为考核政绩的重要参数。那些确保经济和生态环境协调发展的干部应被评为称职或优秀等级；那些因片面追求经济增长而破坏生态环境、造成污染指数居高不下的干部应被评为不称职等级。

第三节 相关研究综述与评析

一 数据包络分析法综述

数据包络分析法（Data Envelopment Analysis，DEA）是著名运筹学家A. Charnes和W. W. Cooper等人提出的一种效率评价方法。它把单输入单输出的工程效率概念推广到多输入多输出同类决策单元（Decision Making Unit，以下简记为DMU）的有效性评价中去，扩展了微观经济中的生产函数理论及其应用技术，同时克服了一些评价方法的主观性和重大误差，具有许多评价方法不可低估的优越性。DEA目前无论在理论研究方面还是实际应用方面都得到了迅速发展，并取得了多方面的成果，现已成为管理科学、系统工程和决策分析、评价技术等领域中一种常用且重要的分析工具和研究手段。主要表现在以下几个方面。

（一）研究推广出多种DEA模型

DEA两个最基本的模型是C^2R模型和C^2GS^2模型。1978年A. Charnes

等人以单输入单输出的工程效率概念为基础提出了第一个 DEA 模型——C^2R 模型，它是以分式形式给出的。而后 R. D. Banker 等人从公理化的模式出发给出了另一个刻画生产规模与技术有效的 DEA 模型——BCC 模型，并证明了它与 C^2R 模型具有相同的形式。1985 年 A. Charnes 和 W. W. Cooper 等人针对 C^2R 模型中生产可能集的凸性假设在某些条件下是不合理的，给出了另一个评价生产技术相对有效的 DEA 模型——C^2GS^2 模型。这两个模型不仅把生产理论引入运筹学，也为评价多目标问题提供了有效的途径，使得研究生产函数理论的主要技术手段由参数方法发展成为参数与非参数方法并重。上述两个模型是最基本的 DEA 模型。近年来，DEA 理论不断扩展，出现一些新的 DEA 模型，主要集中于以下几个方面：

1. 对指标权重的研究

原始的 DEA 模型对权重没有任何限制，实际上是选取了对被评估单元最有利的权重，在运用中不再考虑权重问题，通常将对权重无任何限制归为 DEA 应用的优点，这样得出的结果可能不符合客观实际，因而对权数加以研究是人们一直关注的问题。Charnes 等人给出了一个含有偏好的 DEA 模型——C^2WH 模型。这一模型通过调整锥比率的方式能够反映人的偏好，从而使决策更能反映人的意愿。由于 C^2WH 模型本身并不直观和具体，因此，针对不同的情况又有许多特殊形式的模型被讨论。例如，有的学者①针对权重间具有强序或弱序关系的情况，给出了权重弱排序和强排序的 DEA 模型。刘寅东等学者②根据船型设计的具体特点，给出了 C^2WH 模型用来评价船型设计的有效方案。

2. 对决策单元输入、输出方面的改进研究

原始的 DEA 模型对所有的输入输出指标没有任何限制，但在实际问题中它们有时是可控的，有时是不可控的。R. D. Banker 和 R. C. Morey③

---

① 张景义：《一类偏好结构下的 DEA 分析方法和模型》，硕士学位论文，大连理工大学，1995 年，第 20—30 页。

② 刘寅东、李树范、唐焕文：《船型技术经济综合评价的 DEA 方法》，《大连理工大学学报》1995 年第 6 期。

③ Banker R. D.，Morey R. C.，“Efficiency Analysis for Exogenously Fixed Inputs and Outputs”，*Operations Research*，Vol. 34，No. 4，1989，pp. 513 – 520.

提出了能处理既含有可控输入（出）又含有不可控输入（出）的 DEA 模型。刘永清①等又给出了要素在有限范围内变化的 DEA 模型。何静②针对评价单元只有输入或输出的情况进行了研究，给出了评价只有输出（入）指标的模型，并讨论了其相关性质。另外，还有人研究过使用类别变量的 DEA 模型③、以序数词作为输入输出变量的 DEA 模型④等。

3. 对评价决策单元数量增加的模型改进研究

原始的 DEA 模型是针对决策单元有限的情况进行讨论的，为了解决具有无限多个决策单元的评价问题，1986 年 Charnes、Cooper 和魏权龄等人利用半无限规划理论将 C^2R 模型推广到具有无限多个决策单元的情况，给出了 C^2W 模型⑤。实际上 C^2WY 模型和 Banach 空间中的 DEA 模型也可处理无限多个决策单元情况的 DEA 模型。

4. 综合 DEA 模型的研究

为适合不同需要，在原有的基本模型的基础上开发出多种 DEA 模型，一些新的模型还在不断涌现。对每一模型的基本性质、求解方法等都分别进行讨论，常常会出现一些重复的工作，并且也给编程和使用带来不便。1988 年 Charnes⑥ 等人给出了一个综合的 DEA 模型——C^2WY，这一模型除包含了两个最基本的 DEA 模型外，还包含 C^2W 模型和 C^2WH 模型。而后，李树根等⑦于 1994 年给出了 Banach 空间中的 DEA 模型，证明了有限空间中的上述模型都是 Banach 空间中的 DEA 模型的特例。这些模

---

① 刘永清、李光金：《要素在有限范围变化的 DEA 模型》，《系统工程学报》1995 年第 4 期。

② 何静：《只有输出（入）的数据包络分析及应用》，《系统工程学报》1995 年第 2 期。

③ Banker R. D. , Morey R. , "The Use of Categorical Variables in Data Envelopment Analysis", *Management Science*, Vol. 32, No. 12, 1986, pp. 1613 – 1626.

④ Cook W. D. , Kress M. , Seiford, "On the Use of Ordinal Data in Data Envelopment Analysis", *Journal of the Operational Research Society*, Vol. 44, No. 2, 1993, pp. 133 – 140.

⑤ Charnes A. , Cooper W. W. and Wei Q. L. , A Semi-infinite Multi-criteria Programming Approach to Data Envelopment Analysis with Infinitely Decision making Unit, The University of Texas at Austin, Center for Cybernetic Studies Report CCS 551, 1986.

⑥ Charnes A. , Competitive Data Envelopment Analysis and Mufti-objective Programming, The University of Texas at Austin, Center for Cybernetic Stirs Report, CCS, 1988.

⑦ 李树根等：《Banach 空间的 DEA 模型》，载东北运筹编委会《东北运筹与应用数学》，大连理工大学出版社 1996 年版。

型的提出对研究 DEA 模型的一般性质具有重要的意义，但 C^2WY 模型不能直接进行编程计算。因此，李树根等[①]给出了一个综合的 DEA 模型（ZHDEA）方法。这一模型不仅包含了多种常用的 DEA 模型，而且还可以直接编程计算，通过确定一些参数就可以获得一些常用的模型，因此给使用带来了方便。

5. DEA 模型应用空间的推广

对某些系统用欧氏空间去表示和处理有时会遇到困难，马占新、唐焕文[①]引入了 Banach 空间的 DEA 模型，杨印生等[②]提出了基于 Fuzzy 集理论的 DEA 模型以及灰色集理论的 DEA 模型，欧进萍[③]又从偏序集的角度分析了 DEA 有效单元的本质特征，并推广了 DEA 有效性的概念，给出了 SEA 方法[④]。此外，还有发展 DEA 模型[⑤]、动态 DEA 模型[⑥]以及考虑随机因素的 DEA 模型[⑦]等。总之，多种派生和专用的 DEA 模型相继诞生，随着研究 DEA 的深入，其方法不断进展，越来越显示出它们的重要地位并成为系统分析的有力工具之一。

（二）在 DEA 相关理论方面有新的发展

随着人们对 DEA 研究的不断深入，DEA 模型的不断扩展，相关理论也不断达到更高的层次，主要表现如下：

1. DEA 有效性的研究

有效性研究是 DEA 最重要的研究方向，同时也是其最大功能所在，是应用 DEA 模型得到的一个核心指标。对 DEA 有效性问题的研究很多。首先是对 DEA 有效性的含义以及不同模型的有效性的具体条件和特征。

---

① 马占新、唐焕文：《一个综合的 DEA 模型及其相关性质》，《系统工程学报》1999 年第 4 期。

② 杨印生、张德俊、李树根：《基于 Fuzzy 集理论的数据包络分析模型》，载《第三届全国模糊分析设计学术交流会论文集》，1993 年，第 559—566 页。

③ 欧进萍：《模糊分析设计理论及应用》，中国建筑工业出版社 1993 年版。

④ 马占新、唐焕文：《DEA 有效单元的特征及 SEA 方法》，《大连理工大学学报》1999 年第 4 期。

⑤ 周泽昆：《评价管理效率的一种新方法》，《系统工程》1986 年第 4 期。

⑥ Sengupta J. Knamic, "Data Envelopment Analysis", *International Journal of Systems Science*, Vol. 27, No. 3, 1996, pp. 277 – 284.

⑦ Sengupta J. K., "Data Envelopment Analysis for Efficiency Measurement in the Stochastic Case", *Computers and Operations Resear*, Vol. 14, No. 2, 1987, pp. 117 – 129.

李树根[①]等对 C^2R 模型和 C^2W 模型下的 DEA 有效决策单元集合的结构进行了探讨，给出了一些理论上的结果；有文献[②]又把总体有效分解为规模有效、饱和有效和纯技术有效三类，并分析了各种有效的含义；冯俊文[③]讨论了 C^2R 模型和 C^2GS^2 模型的 DEA 有效性问题，给出了 DEA 有效（C^2R）及弱有效的一个充要条件，并讨论了一些相关性质；另外，马占新、唐焕文[④]还从偏序集的角度刻画了 DEA 有效的本质特征，证明了 DEA 有效单元的本质就是某一个偏序集的极大元。

其次是关于 DEA 有效性与指标及决策单元个数之间的关系研究。有文献[⑤]对指标特性与 DEA 有效性的关系进行了探讨，分析了评价指标增加或指标中存在线性关系时某一决策单元 DEA 有效性变化的规律。有文献[⑥⑦]给出了决策单元如何只改变输出使其变为有效的计算方法。魏权龄等[⑧]分析了决策单元的变更对 DEA 有效性的影响，又针对综合 DEA 模型给出了 DEA 有效决策单元集合的几个恒等式[⑨]，从而使决策单元进行分组评价成为可能，使大规模决策单元的评价问题找到了简化的办法。吴文江[⑩]给出了寻找 DEA 有效单元的新方法。针对以往对有效单元分析较少的情况，赵勇等[⑪⑫]还对有效单元进行了进一步探讨。这些工作不仅

---

① 李树根、杨印生：《DEA 有效决策单元集合的结构》，《吉林工业大学学报》1991 年第 3 期。

② 朱乔、盛昭瀚、吴广谋：《DEA 模型中的有效性问题》，《东南大学学报》1994 年第 2 期。

③ 冯俊文：《C^2R 和 C^2GS^2 的 DEA 有效性问题》，《系统工程与电子技术》1994 年第 7 期。

④ 马占新、唐焕文：《DEA 有效单元的特征及 SEA 方法》，《大连理工大学学报》1999 年第 4 期。

⑤ 吴广谋、盛昭瀚：《指标特性与 DEA 有效性的关系》，《东南大学学报》1992 年第 5 期。

⑥ 吴文江：《只改变输出使决策单元变为 DEA 有效》，《系统工程》1995 年第 2 期。

⑦ 吴文江：《DEA 中只改变输出使决策单元变为有效的方法》，《山东建材学院学报》1996 年第 1 期。

⑧ 魏权龄、李宏余：《决策单元的变更对 DEA 有效性的影响》，《北京航空航天大学学报》1991 年第 1 期。

⑨ 魏权龄、卢刚、岳明：《关于综合 DEA 模型中的 DEA 有效决策单元集合的几个恒等式》，《系统科学与数学》1989 年第 3 期。

⑩ 吴文江、袁仪方：《有关寻求 DEA 有效的决策单元的方法》，《系统工程学报》1993 年第 1 期。

⑪ 赵勇：《数据包络分析中有效单元的进一步分析》，《系统工程学报》1995 年第 4 期。

⑫ 岳明：《用 DEA 方法确定生产函数》，《数学的实践与认识》1990 年第 4 期。

为我们应用 DEA 方法进行评价时提供了理论依据，同时也增强了 DEA 方法评价的能力。苏美红，叶世绮认为，在运用 DEA 方法评价 DMU 的相对有效性时，如果各 DMU 的投入项与产出项的数量差距越大，也即各 DMU 的生产能力，技术水平、人员数量以及产出项的差距越大，参评的 DMU 从评价结果中得到的有价值的信息就越少。因此在评价之前应根据各 DMU 投入项和产出项的差别，对原始 DMU 进行分组，分析 DMU 分组对 DEA 有效性值的影响可以得到更详细、更有价值的分析结果。

最后在有效性研究中，关于无效 DMU 转化为有效 DMU 的研究也是研究的重点。吴文江[①]探讨了对非 DEA 有效的企业在现有的输入条件下，输出应变为多少才能使该企业变为 DEA 有效的一种方法。许晓东、岳超源[②]认为，现有的非 DEA 有效 DMU 的改进方法造成 DMU 的投入或产出的波动太大，因而难以进行改进，提出了沿法线方向改进非 DEA 有效 DMU 的新方法，可以使非 DEA 有效 DMU 尽快到达有效前沿面，成为 DEA 有效，减小了波动幅度。

2. 评价效率的数据变换不变性的研究

数据变换不变性的研究与决策单元的灵敏度分析、发展的 DEA 模型及改变输入输出使决策单元有效等问题具有十分紧密的关系。因而对这一问题的讨论对于研究 DMU 的有效性和改进方向具有十分重要的意义。岳明[③]指出当观测点较少时，对生产函数作线性逼近显得比较粗糙。为此，对数据作了一些调整转换，通过这种转换可将对实际前沿生产函数的局部线性逼近改为 Cobb – Douglas 生产函数的局部逼近，从而使得生产前沿面的逼近更能反映生产实际。李纪选[④]探讨了文献数据变换的理论依据，得到了数据在正严格保序变换下保持 DEA 有效性不变。在此基础上，

---

① 吴文江：《使决策单元变为 DEA 有效的一种方法》，《山东建材学院学报》1995 年第 6 期。

② 许晓东、岳超源：《沿法线方向改进非 DEA 有效 DMU》，《数学的实践与认识》2005 年第 10 期。

③ 岳明：《用 DEA 方法确定生产函数》，《数学的实践与认识》1990 年第 4 期。

④ 李纪选：《用 DEA 方法确定生产函数的一点注记及决策单元 DEA 有效的条件》，《应用基础与工程科学学报》1996 年第 3 期。

马占新、唐焕文[①]对数据变换下 DEA 有效性问题进行了探讨，给出了一些基于偏序集理论的变换性质。这些结论将有助于 DEA 方法的进一步应用和拓展。

3. 灵敏度分析

DEA 方法的灵敏度分析一直是 DEA 理论中一个重要的研究课题。尽管目前线性规划的灵敏度分析已经接近成熟，但通常的线性规划的灵敏度分析不能直接应用于 DEA 方法的灵敏度分析中。因此，1985 年 A. Charnes[②] 等人从构造一个特殊的逆矩阵的观点出发，研究了有效决策单元单个产出量变化时的灵敏度分析。而后，Charnes 和 Neralic[③] 又利用基础解系矩阵对加性 DEA 模型的灵敏度分析问题进行了探讨。1994 年朱乔、陈遥[④]还利用权重分析了 C^2R 模型的稳定性。在这些工作的基础上，1997 年何静[⑤]等给出了有关决策单元为 DEA 有效（C^2R 或 C^2GS^2）的充要条件的两个定理，并用它分析了 DEA 的灵敏度问题。杨印生[⑥]等还研究了带有参数的 C^2R 模型的灵敏度问题。彭煜、贾志永[⑦]研究了扩展有效决策单元的鲁棒性，得到了当输入增加或输出减少后，它仍然保持扩展有效性的一些充分必要条件，还给出了保持扩展有效的判断方法。

4. 逆最优化理论

近年来，逆最优化问题引起了人们的关注。通常情况下，最优化问题是，给定系统的全部参数，如成本、权重、资金等，根据应用的最优化模型，求得这些参数值下的最大值或最小值。在逆最优化问题中，问

---

① 马占新、唐焕文：《关于 DEA 有效性在数据变换下的不变性》，《系统工程学报》1999 年第 2 期。

② Charnes A.，"Sensitivity and Stability Analysis in DEA"，*Annals of OR*，Vol. 2，No. 1，1984，pp. 139 – 156.

③ Charnes A.，Neralic L.，"Sensitivity Analysis of the Additive Model in DEA"，*European Journal of Operational Research*，Vol. 48，No. 7，1990，pp. 332 – 341.

④ 朱乔、陈遥：《数据包络分析的灵敏度研究及其应用》，《系统工程学报》1994 年第 6 期。

⑤ 何静、吴文江：《有关 DEA 有效性（CR 或 C^2GS^2）的定理及其在灵敏度分析中的应用》，《系统工程理论与实践》1997 年第 8 期。

⑥ 杨印生：《带有参数的 CR 模型的灵敏度分析》，《系统工程与电子技术》1997 年第 12 期。

⑦ 彭煜、贾志永：《DEA 扩展有效的鲁棒性》，《系统工程》2004 年第 1 期。

题是相反的：需要利用最优值确定参数值。具体地说，给定一个可行解，它在目前系统参数值下不是最优解，我们希望调整参数值，使得这个可行解在新的参数值下成为最优解。另一类反问题是，改变系统参数值后，使得最优值保持不变。

目前，已经有一些学者在用不同的方法进行逆 DEA 问题的研究。1999 年 Zhang 和 Cui① 在建立中国经济信息系统中的相对效率评价子系统时提出了一个新的 DEA 模型。Wei② 等人进一步研究了该模型，提出了逆 DEA 模型。后来，Yan、Wei 和 Hao③ 将该问题推广到具有锥结构的 DEA 模型，并用该模型讨论资源配置问题，进行生产输入输出分析。韩松④讨论了随机因素的 DEA 模型，彭煜⑤⑥在扩展 DEA 模型的基础上，对输入或输出减少情形的逆 DEA 问题进行了讨论，随后又给出面向输出的 r—逆 DEA 模型，解决了被评价的决策单元输入向量增加后，其效率指数为原来的 r 倍时，极大化其输出向量问题，得到其特殊解法。

5. DEA 方法与其他方法的比较研究

DEA 方法与其他评价方法的比较研究是一项十分引人注目的工作。

1993 年王应明⑦等指出了 DEA 方法、层次分析法和模糊综合评价方法等用于评价工业经济效益的不足，在这些评价方法的基础上给出了一种新的基于权重的评价方法。1998 年王宗军⑧对主要的综合评价方法进行了分析和比较研究，分析了 DEA 方法的弱点在于应用范围仅限于一类多输入多输出对象系统的评价，对有效决策单元所能给出的信息太少，同时还指出尝试将各种综合评价方法综合运用是综合评价的一个研究趋势。

---

① Zhang X., Cui J., *A Project Evaluation System in the State Economic Information Systems of China*, Presented in IFORS'96 Conference, Vancouver, 1996.

② Wei Q. L., Zhang J., Zhang X., "An inverse DEA model for input/output estimate", *European Journal of Operational Research*, Vol. 121, No. 1, 2000, pp. 151 - 163.

③ Hong Yan, Wei Q. L., Gang Hao, "DEA models for resource Reallocation production input/outputestimation", *European Journal of Operational Research*, Vol. 136, No. 1, 2002, pp. 19 - 31.

④ 韩松：《带有随机因素的逆 DEA 模型》，《数学的实践与认识》2003 年第 33 卷第 3 期。

⑤ 彭煜：《基于扩展有效的逆 DEA 模型》，《系统工程学报》2007 年第 1 期。

⑥ 彭煜：《r - 逆 DEA 问题的一种计算方法》，《系统工程学报》2008 年第 4 期。

⑦ 王应明、傅国伟：《一种用于工业经济效益综合评价的模型与方法》，《系统工程与电子技术》1993 年第 3 期。

⑧ 王宗军：《综合评价的方法、问题及其研究趋势》，《管理科学学报》1998 年第 1 期。

（三）DEA 应用的进展

DEA 方法是评价多输入多输出同类部门（或单位）间相对有效性的一种重要方法。DEA 方法不仅能对社会行为实施进行效率评价，而且评价结果能够反映大规模社会实验的结果。DEA 方法在实践中的成功应用，越来越引起人们的重视，使其在许多领域得到了发展。

DEA 方法深刻的经济含义决定了它在经济分析领域中的重要价值。作为评价经济系统相对效率的方法，它与生产函数具有紧密的联系。1989 年魏权龄①等介绍了运用 DEA 模型建立生产函数的方法，进而证明了在单一输出的情况下，DEA 有效曲面就是生产函数曲面②。此外，DEA 方法在阶段 C－D 前沿生产函数和外沿生产函数的估计方面也有研究（参见文献③④）。技术进步与生产函数之间关系密切，而 DEA 方法在刻画生产函数中的重要作用使得它在评估技术进步方面更具优势。1991 年魏权龄等⑤通过由 DEA 模型确定生产前沿面的途径给出了一种测算技术进步水平和技术进步速度的模型。文献⑥对评估技术进步的几种方法作了分析和归纳，并借助 DEA 理论探讨了技术进步与规模报酬的关联关系。

DEA 方法的另一个较活跃的应用领域是对效率和效益方面的研究。用 DEA 方法研究企业经济效益是一个非常有意义的课题。1990 年魏权龄等应用 DEA 方法对中国纺织工业部系统内的 177 个大中型棉纺织企业的经济效益进行了评价。在此基础上，有学者⑦⑧对 DEA 方法进行了改进并应用改进的模型对工业企业经济效益问题进行了探讨。

---

① 魏权龄：《DEA 方法与前沿生产函数》，《经济数学》1989 年第 5 期。

② 魏权龄、肖志杰：《生产函数与综合 DEA 模型》，《系统科学与数学》1991 年第 1 期。

③ 穆东：《阶段 C－D 前沿生产函数的 DEA 估计》，《系统工程》1995 年第 5 期。

④ 穆东：《外沿生产函数的 DEA 估计新方法》，《山东矿业学院学报》1995 年第 2 期。

⑤ 魏权龄 Sun D B、肖志杰：《DEA 方法与技术进步评估》，《系统工程学报》1991 年第 2 期。

⑥ 杨士辉：《技术进步评价比较研究》，《系统工程理论与实践》1993 年第 13 卷第 1 期。

⑦ 曲雯毓、唐焕文、李克秋：《工业经济效益综合评价的 DEA 方法》，《系统工程与电子技术》1998 年第 10 期。

⑧ 冯英俊、李成红：《全国各省市工业企业的相对效益及技术进步增长速度的测算方法及结果》，《哈尔滨工业大学学报》1992 年第 4 期。

1992 年，朱乔、陈遥[①②]利用 DEA 方法建立了求生产单元的最小成本及最大收益模型，并依据要素的市场价格，分析了投入产出最佳组合效率问题。1995 年，迟旭[③]讨论了 DEA 方法与生产函数之间的内在关联，推导出了生产规模收益、生产要素的产出弹性等经济指标的 DEA 计算公式。

此外，DEA 方法还可以用于系统的预测、预警研究。1991 年朱乔[④]等给出了一种基于 DEA 方法的预测模型。在此基础上，吴文江等[⑤⑥]将弱 DEA 和 DEA 有效性用于预测问题进行了探讨。1992 年盛昭瀚[⑦]等还将 DEA 方法应用于区域国民经济的预警系统。

总之，DEA 方法应用广泛，解决许多经济和社会问题。随着经济和社会的发展，DEA 方法也必将被不断地完善，在经济建设中发挥更大的作用。

（四）未来可能的研究方向

DEA 方法是评价一类具有多输入多输出单元的十分有效的方法，在以下几个方面仍有待于进一步发展。

1. 复杂系统评价方法的研究对经济和社会的发展意义重大，但这同时也是一项十分艰巨的工作。在应用 DEA 方法评价复杂系统时，该方法既有独特的优势，同时也存在着不足。因此在这一方面进行更深入的研究，不仅能够补充和完善现有的复杂系统的评价方法，而且有可能开辟 DEA 方法研究的新方向。

2. DEA 有效单元与偏序集的关系密切，从偏序集的角度研究 DEA 方

---

① 朱乔、陈遥：《求最小成本、最大收益和最大利润的一种新方法》，《系统工程学报》1992 年第 2 期。

② 朱乔、陈遥：《评价输入输出最佳组合的非参数方法》，《系统工程理论与实践》1994 年第 1 期。

③ 迟旭：《生产前沿面有效性分析的非参数方法和人力资源发展研究》，博士学位论文，大连理工大学管理学院，1995 年。

④ 朱乔、陈遥：《一种预测的新方法》，《数理统计与管理》1991 年第 6 期。

⑤ 吴文江、何静：《有关将弱 DEA 有效性用于预测的探讨》，《系统工程理论与实践》1996 年第 7 期。

⑥ 吴文江：《有关 DEA 有效性用于预测的探讨》，《预测》1995 年第 4 期。

⑦ 盛昭瀚、朱乔、吴广谋：《区域国民经济 DEA 预警系统》，《系统工程学报》1992 年第 1 期。

法不仅能丰富 DEA 方法的理论，而且有助于 DEA 方法的推广。同时 DEA 方法与其他综合评价方法综合运用的研究仍然是一个不可忽视的研究方向。

3. 在计算的方法程序的设计等方面仍有待于进一步研究。

二　标杆管理综述

由于外部环境的迅速变化，如国际经济危机的发生、国际竞争的加剧、顾客需求的变化以及新科技的应用等，国内企业承受的竞争压力不断加大，各个组织迫切需要找到一种新的适合自己发展的管理理论来指导自己的实践，这就需要创新。在创新的初期阶段，要首先缩短与先进组织的距离，一种最为捷径的管理方法——标杆管理被一些企业和公共管理部门争相使用，在一定程度上取得了显著成效。标杆管理是市场经济发展的产物，是一种摆脱传统的封闭式管理方法的有效工具。组织要生存，要获得竞争能力，就要全面实施标杆管理。标杆管理是组织和文化变革的种子。标杆管理的总体目标是帮助组织获得世界一流的竞争能力。随着市场的不断发展和完善，标杆管理必将在我国各组织广泛采用，并成为企业管理活动的日常工作。它是组织具有与开放的环境相适应的开阔视野的一种切实可行的管理方法。标杆管理将这种国外的管理模式内化成本土的核心竞争力，花较小的代价迅速迎头赶上，并将这些组织变成学习型组织。在提倡创新的今天，重新对标杆管理再认识对于我国具有重大的现实意义。学者对于标杆管理的研究，集中于以下几个方面：

（一）学术界对标杆管理内涵的界定与分析

标杆管理一词有多种不同的译名，如企业标杆、竞争基准、基准设定、标杆制度、标杆分析、标杆管理等。本研究将 Benchmarking 称为标杆管理，除了取其动词的词性外，也有强调其管理工具之意味。所谓标杆，最早是指工匠或测量员在测量时作为参考点的标记，后来渐渐衍生为衡量的基准或参考点。自从美国施乐公司于 20 世纪 70 年代末期开始倡导此观念后，Benchmark 便成为优异典范的代名词，即所谓的“标杆”。

对于标杆管理的含义，国内外学者从不同的角度对其进行了界定。

标杆管理理论创始人 R. C. 坎普[①]将标杆管理定义为：通过将产品、服务、实践与某个强大的特定的竞争对手或是行业权威相比较的持续流程，以此带动流程优化，实现目标。这个定义涵盖广泛，包括所有不同水平和类型的标杆管理活动，应用于跨国度、跨行业的产品、服务以及相关生产过程的可能领域。该定义的另一个好处是简单易于理解，可运用于任何层次以获取卓越业绩。它强调卓越的业绩，促使雇员将寻找最佳实践概念深置于脑海中，唯有最佳实践才能创造卓越业绩。该定义为国际标杆管理中心所采用。目前这种思维被广泛用于各类对比分析研究中。

美国生产力与品质中心（APQC）对标杆管理从流程的角度进行了定义，具体的体现了标杆管理的本质主题：向组织外部参照物学习的价值；使用结构化、正式的流程进行学习的重要性；持续地进行组织自身与一流实践的比较；驱使改善业绩行为信息的有用性。该定义也暗含了标杆管理的互动性并鼓励信息的共享。该定义的不足之处在于忽略了内部过程比较的可能性，未能强调寻求最佳实践的可能方法的概念。尽管如此，该定义还是被超过 100 家大型公司所采用。

Vaziri 认为一个定义应该尽可能简单、清楚，它应能让使用它的人知道该做什么以及如何达到其目标。他认为，标杆管理是将公司关于关键顾客要求与行业最优（直接竞争者）或一流实践（被确认在某一特定功能领域有卓越业绩的公司）持续比较的过程以决定需要改善的项目。该定义强调标杆管理与内部顾客和外部顾客的满意相关。

罗良清和刘逸萱[②]对标杆管理也做出了界定：所谓的标杆管理就是先决定某些组织功能领域的绩效衡量标准，然后寻求在这些特定领域内表现卓然有效的其他组织，比较组织本身与这些标杆组织之间的绩效差距，并通过分析转换其运作流程的做法来达到改善绩效，缩短差距的目的。也就是以一种系统化、架构化的方式来持续寻求最佳运作典范，并将其

---

① Sik Wah Fong，Eddie W. L.，Cheng，Danny C. K. Ho，“Benchmarking：a General Reading for Management Practitioners”，*Management Decision*，Vol. 36，No. 6，1998，pp. 407 – 418.

② 罗良清、刘逸萱：《标杆管理在地方政府绩效评估中的应用》，《统计教育》2006 年第 1 期。

作为对象，汲取对方精华的过程，其目的在使对象能够借此过程有效地提升绩效。

孔杰、程寨华①把标杆管理定义为：以在某一项指标或某一方面实践上竞争力最强的企业（产业或国家）或行业中的领先企业或组织内某部门作为标杆，将本企业（产业或国家）的产品、服务管理措施或相关实践的实际状况与这些标杆进行定量化评价和比较，分析这些标杆企业（产业或国家）的竞争力之所以最强的原因，在此基础上制定、实施改进的策略和方法，并持续不断反复进行的一种管理方法。把标杆管理同企业或国家竞争力结合起来，具有非常重大的现实意义，但此定义过于笼统，没有结合标杆的结果来定义，没有可行的标准。

田芳②结合我国的实际情况认为标杆管理是不断发现企业内外、行业内外的最佳理念或实践，将本企业的产品、服务或其他业务活动过程与本企业的最佳部门、竞争对手或者行业内外的一流企业进行对照分析的过程，是一种评价自身企业和研究其他组织的手段，是将企业内部或者外部企业的最佳做法作为自身企业的内部发展目标，应用于自身企业并进行本土化的改造的一种做法。

标杆管理就是先决定某些企业功能领域（如生产、行销、财务、服务，等等）的绩效衡量标准，然后再去寻求在这些特定的领域内表现卓然有效的其他组织，比较企业本身与这些标杆组织之间的绩效差距，并通过分析转换其作业流程的做法来达到改善绩效，缩短差距的目的。也就是以一种系统化、架构化的方式来持续寻求最佳作业典范，并将其作为对象，汲取对方精华的过程。目的在使企业能够借此过程有效提升营运绩效，以期与最佳作业典范并驾齐驱，甚至凌驾其上③。

鉴于对以上文献的回顾和分析，本书对“标杆管理”做出一个基本界定：标杆管理是一种面向实践、面向过程的以方法为主的管理方式。它是一个甄别和引进最佳实践的过程——包括那些使标杆管理具有独特性和有别于其他程序改进活动的主要理念，使之尽可能包含在我们探求

---

① 孔杰、程寨华：《标杆管理理论述评》，《东北财经大学学报》2004 年第 2 期。

② 田芳：《标杆管理及其在绩效评估中的应用》，硕士学位论文，大连海事学院，2004 年。

③ 陈光明：《标杆管理及其在业绩评价中的应用》，《企业管理》2003 年第 1 期。

最佳实践时将碰到的各种活动和目标中。它是一个寻找和实施最佳实践，而不只是比较好的做法的过程。它的首要目标是提高一个机构的绩效，基本思想是系统优化，不断完善和持续改进。

（二）组织标杆管理的基本理论与方法

标杆管理的基本理论和方法主要包括标杆管理的分类、标杆管理的内容、标杆管理的应用流程（步骤）、标杆管理应用中容易出现的问题及解决对策等。依据不同的原则可以做不同的分类。根据企业标杆管理的实际应用情况，萧星，胡明，董秀成等[①②③]将标杆管理分为 4 种类型：内部标杆管理、外部标杆管理、职能标杆管理和流程标杆管理。不同的企业在选取标杆时会运用不同的标杆类型。施良星[④]按照标杆管理的内容将标杆管理分为产品标杆管理、过程标杆管理、管理标杆管理、战略标杆管理，将其过程分为 5 个阶段，事实上这是一种结合标杆对象的一种分类方法。

不同的企业在具体实践过程中根据不同的情况将标杆管理划分为不同的阶段。施乐的 10 步骤模型、IBM 的 14 步骤模型、罗伯特·坎普的 5 阶段论及国际标杆管理交流中心的 4 阶段论。通常情况下将其划分为 4 个或 5 个步骤[⑤]，明确标杆管理目标，设计绩效指标体系，选取标杆，收集资料，制定行动方案；有学者根据企业学习过程分类将标杆管理分为 6 个步骤，较前面提到的 5 个步骤多了一项绩效评估，即注重于实施的效果研究；邹明信、徐学军[⑥]将标杆管理分为计划，组建专项团队，信息收集，分析，综合与交流，行动与调整 6 个阶段，进而又细化为 14 个步骤，每个步骤有关键点的确认，注重于过程的标杆管理。杨同宇、费军[⑦]将实施过程划分为 10 个步骤，整个过程与上面所列举的大致相似，只是步骤间的分合问题。综合以上对标杆管理步骤划分，基本上都包括以下几个

---

① 萧星：《回到基础——标杆管理》，《视窗》2006 年第 9 期。

② 胡明：《浅谈标杆管理》，《能源技术与管理》2005 年第 3 期。

③ 董秀成：《标杆管理——现代企业管理要法》，《中国石油企业》2003 年第 6 期。

④ 施良星：《标杆管理的内容及应用》，《现代情报》2006 年第 3 期。

⑤ 冷克平、唐琦：《标杆管理——企业竞争优势的新途径》，《辽宁经济》2002 年第 11 期。

⑥ 邹明信、徐学军：《企业标杆管理的应用探讨》，《价值工程》2005 年第 6 期。

⑦ 杨同宇、费军：《循环经济发展策略：基于标杆管理理论的分析》，《生态经济》2006 年第 1 期。

阶段：计划，分析，整合，行动，完成，每阶段有2到3个步骤。不过，上面的步骤只是标杆学习的一个流程，企业在实施标杆管理的过程中，应当从整个企业系统出发，持续循环地实施标杆学习。每一个循环都需要围绕标杆管理的目标、概念和对标研究的假设进行思考。

标杆管理的推行不仅仅是向先进学习的管理工作上的改进，而是要涉及所有生产要素的整合，包括企业布局、生产结构、物流供应链重组、组织结构重组等，如果不能掌握标杆管理的核心，在实施中必然会产生一系列问题，总结如下：

（1）企业伦理问题。需要建立具体的行为规则，包括不应该通过分享信息来获得竞争优势，但可以通过分享信息彼此改进或相互受益。另外，开展活动的企业不应该向标杆企业索要一些敏感性数据，也不应该为了使标杆管理活动能继续进行而给标杆企业施加压力，迫使合作者公开这些信息。数据资料应视为机密，不应该用来限制竞争或获得优势。

（2）法律问题。标杆管理要求参与者意识到这种标杆关系的一些法律问题，包括期望、所有者信息、知识产权、反托拉斯和不平等交易、证据、贬低和交易诽谤等。

（3）实施问题。标杆管理很有效，但实施中往往容易出现偏差。容易将注意力集中于数据方面。偏离顾客和员工，执行不当，意识和观念问题。

（4）费用问题。标杆管理无疑需要一定的经费，合理筹划可以大大降低标杆管理活动的成本。

陈爱中①②等针对标杆管理实施中容易出现的问题做出如下应对的决策：清晰厘定企业战略目标、适当选择标杆瞄准目标寻找产生差距的原因、制定改进方案、选择适当的标杆小组成员等。

（三）组织标杆管理理论与方法的应用回顾

标杆管理早期广泛地应用到企业质量管理、成本控制、人力资源管理、生产流程设计、企业文化建议等诸多领域，成为现代企业的一种重要的管理方法。国外有名的企业诸如雅芳公司，美孚公司等，国内的企

① 殷召乾、胡光杰、郭凯：《如何有效实施标杆管理》，《经济师》2006年第11期。

② 陈爱中：《论标杆管理的实施》，《山东财政学院学报》2006年第5期。

业如万向集团，青岛海尔等无不使用标杆管理来提高企业的绩效。雅芳公司在全美开展内部标杆管理的中心目的是解决客户服务中心的效率和规范化问题，作为一个全国性的销售网络，首先在整个销售范围内提供一套统一的服务体系，为相近经营领域和模式的企业树立了典范——即树立稻草人（最优化服务模型）在各部门间掀起变革运动的内部标杆方法，从而提高公司整个销售网络的效率。同样作为服务行业的美孚公司选择行业外的三个企业作为标杆，不断地向标杆企业靠拢，甚至多方位向不同的标杆企业学习使这些经验、特色与企业自身融为一体，形成企业新的竞争优势。[①] 万向集团是民营企业和乡镇企业学习标杆管理的典范，首先在全国范围内寻找、推荐，建立一个由数万家企业构成的优选企业样本库，以此为基础，通过进一步的筛选、评比、择优，选择一批国内标杆企业，构造出标杆库；同时又不画地为牢，把组织学习、不断变革提到战略高度，把西方先进企业作为交流、学习的"标杆"，学习先进的管理经验，建立国际标杆企业。[②] 海尔公司运用标杆管理的战略创新思想，防止和克服企业实施标杆管理导致的战略趋同，通过与标杆指标的比较找出自身差距与不足，从而不断改进提高。[③] 将标杆管理应用于电力企业的文章比较多，也有将标杆管理应用于电信部门、物流部门、大型饭店等，从而为各行业标杆管理的树立和应用提供了标准和典范。[④⑤⑥⑦]

近几年来，标杆管理更多的应用于政府部门绩效评价，作为政府部门绩效改进的有效途径。标杆管理对于政府绩效评价指标和标准有了很大改进，指导一个组织该从哪些方面进行改进，有助于我国公共部门提高行政效率，满足人民需求，也为公共部门的公共性与管理方法之间的

---

① 赵淑清：《雅芳的标杆管理》，《企业改革与管理》2001 年第 4 期。

② 李蔚：《从美孚看供电企业标杆管理》，《企业改革与管理》2006 年第 5 期。

③ 刘光明：《万向集团的标杆管理》，《企业管理》2004 年第 7 期。

④ 朱建武、李华晶：《海尔的实践：标杆管理中的战略创新》，《财经理论与实践》2002 年第 9 期。

⑤ 吴江：《供电企业标杆管理三要点》，《中国电力企业管理》2006 年第 5 期。

⑥ 叶泽：《电力企业标杆管理的启示》，《中国电力企业管理》2006 年第 5 期。

⑦ 张乐乐、刘亚峰、曾玥琳：《标杆管理在物流企业中的应用》，《物流科技》2005 年第 11 期。

矛盾提供了一个可行的解决方案[1][2][3]，具有全面性、灵活性，注重“整体流程”，以及集评估与比较于一身等优点。

目前，随着我国政府改革的进一步深化，企业化政府的呼声已经越来越高，标杆管理自身的特点和国外应用的成功经验都表明，源于企业战略管理的标杆管理法适用于市场经济条件下企业化政府的绩效评估。将标杆管理应用于人力资源管理方面的绩效评估，为人力资源的定量评估提供了依据，从一定程度上弥补了传统的偏重于定性评估、形式化、主体单一化的缺陷，成为一种新的人力资源绩效考核手段。[4][5] 将标杆比较作为一种工具应用于人力资源管理时，要注意与本企业的成长阶段相适应。

标杆管理方法的应用领域在不断拓展。有研究表明，世界500强企业中有90%的企业运用了标杆管理。随着经济的发展和环境的不断变化，我国将面临更多的机遇和挑战，应在管理工作中分析、研究和运用标杆管理方法，从而提高国际竞争力。

（四）组织标杆管理研究现状评析

标杆管理为组织提供了一个清楚地认识自我的工具，便于发现解决问题的途径，从而缩小自己与领先者的距离。今天，标杆管理在企业发展中的重要作用已经渐渐被组织所认同，它的使用范围已从最初度量制造部门的绩效发展到不同的业务职能部门，包括顾客满意度、后勤和产品配送等方面。标杆管理也被应用于一些战略目的，如度量一个企业在创造长期股东价值方面同产业内其他公司的差距。标杆管理的使用范围超出了企业，即使是非盈利单位也可使用。标杆管理已成为改善组织经

---

① 王红芳：《我国饭店业绩效管理的有效实现方式——标杆管理》，《企业管理》2006年第5期。

② 杨术：《标杆管理：地方政府绩效改进的有效途径》，《厦门特区党校学报》2006年第4期。

③ 张晓磊：《标杆管理：破解公共部门绩效评估困境的利器》，《铜陵学院学报》2006年第5期。

④ 乔艳洁、史丹：《试述标杆管理在公共部门人力资源绩效考核中的应用》，《当代经理人》2006年第21期。

⑤ 张明：《对标学习追求卓越——标杆比较在人力资源管理中的应用》，《人力资源》2005年第10期。

营绩效、提高全球竞争优势最有用的一种管理工具，随着市场竞争的日益激烈，为提高组织竞争力从而在竞争中占据有利地位，的确也取得了一定的效果。经过了一段时间的实践，令这些企业感到困惑的是，在生产效率大幅度提高的同时，企业的盈利能力和市场占有率却并未能够随之相应增长。实际上，在效率上升的同时，利润率却在下降，为什么会出现这样的状况呢？白晓君和孟凡波认为当前我国企业实施标杆管理中常常由于缺乏对于内外部条件的准确把握而陷入误区，而使标杆管理形似神不似。① 主要存在标杆主体选择缺陷、标杆瞄准的缺陷、标杆瞄准执行成员选择的缺陷和过程调整的缺陷、忽视创新性的缺陷。标杆管理是真正意义上的“拿来主义”，企业实施标杆管理必须抓住学习创新的关键环节，以适应企业自身特点并促进企业战略目标的实现为原则，既有学习，又有创新。Robert S. Kaplan 认为标杆管理的局限性在于往往忽视内部支持团体或者共享服务部门所提供的差异化产出，使得不加分析的数字化成本比较毫无意义，企业应该把标杆管理用于通用流程或服务。将成本与部门提供定制化服务的方案比较，衡量在差异化服务上的开支是不科学的。② 杨文培和姚任③认为标杆管理是一项很严谨规范的管理方法，我国在实施标杆管理中存在的误区在于仅注意一些定量的数据和定性的标准，没有动态的过程，而且更多地注重最终数量的比较，而不是过程的优化。企业的长效管理，是一种长久持续的学习改进过程，而不是一次性过程，也不是阶段性的突击活动或运动。它是改进企业管理的日常工作，甚至是要伴随企业整个生命周期的活动。徐中洲④则侧重于从选择标杆的角度去评价标杆管理中存在的问题，只选择大企业或选概念好的高科技企业，只向国外企业学或者只在行业内寻找标杆。标杆管理在国内的应用中还存在一些问题，如有些企业没有分析清楚系统需要优化的“要害”；有的企业提出的方案不具备操作性，甚至有些不切实际等。⑤ 主要的原因是这些企业忘记了标杆管理的根本点：模仿与创新并举的循环

① 白晓君、孟凡波：《标杆管理的得与失》，《企业管理》2003 年第 11 期。

② Robert S. Kaplan：《标杆管理的局限性》，《经理人》2006 年第 5 期。

③ 杨文培、姚任：《标杆管理的实施及其误区》，《煤炭经济研究》2004 年第 10 期。

④ 徐中洲：《走出标杆管理误区》，《农电管理》2005 年第 12 期。

⑤ 白晓君、孟凡波：《标杆管理的得与失》，《企业管理》2003 年第 11 期。

往复过程。片面理解标杆管理而惰于创新，不但与标杆管理的初衷背道而驰，而且不会从根本上提高企业的核心竞争力。任俊义和丁立波[①]则认为除以上原因之外，定标应该是阶段性的，如果过程太长或太过于复杂，易导致管理失控，最好选择大系统部分的一个或几个过程，以它作为开端，然后再逐渐向系统的下一部分推进。同时选择的标杆管理主题与整体战略和目标不一致。在战略层次上，领导团队需要监督标杆管理项目并确保它与整体战略保持一致。

由于标杆管理是从西方引进的管理技术，又由于我国复杂的国情，因此标杆管理研究还不是很深入。综合以上学者的研究，目前标杆管理研究存在的缺陷和不足如下：

（1）标杆管理是一个系统化的工程，对标杆管理理论的研究不能仅仅只停留在传统的思维框架下，应结合我国新的经济形势和复杂环境，分析影响企业经济的、政治的、社会的、文化的因素。如果单纯从某一方面予以分析，其结果肯定是片面的，对其理论缺乏综合的深层次的研究和探索。应当探索适合我国企业和公共部门现实情况的理论模式。

（2）标杆管理的应用中，缺乏对其效果的量化研究，没有建立一个具体的指标体系对标杆管理的每一步进行跟踪的量化的分析研究，只是为了赶时髦，或只是停留在口号上宣传，实效性较差，从而使标杆管理的实用价值大打折扣。

（3）大部分学者只是关注在企业层面进行标杆管理研究，很少涉及关于国家和区域以及组织等领域的标杆管理理论和实证研究。事实证明，国家和区域也存在树立标杆和发展创新的问题，区域发展对于国家起着不可估量的作用，而在国家层面，从经济、文化、政治制度乃至法律等领域都有向先进国家学习的必要性，从而尽快缩短与先进国家的距离，有树立标杆进行管理的必要性，因此亟待加强对这方面的研究。

（4）标杆管理带有很强的主观性和理论性，很多学者在对其进行研究时，往往只是借助于国外的理论，照搬照抄，没有考虑各组织的实际情况，有的甚至只是停留在理论层面的说教，而没有具体的分析每一个

---

① 任俊义、丁立波：《标杆管理：先进管理方法失效的思考》，《商场现代化》2006 年第 8 期。

环节，没有进行实地调研，只是静态方面的理论研究。标杆管理是一个持续改进的过程，无论是参照对象还是标杆管理对象都在随着外界环境的变化而不断做出调整，因此也处于不断的变化之中，要遵循动态和静态、理论和实际相结合的原则。

（五）未来可能的研究内容

标杆管理从20世纪90年代到今天是一种非常成熟的理论，应用于各行各业，也取得了非常显著的成果。标杆管理是企业通向成功的捷径，也是企业获取竞争优势的新方法，是企业绩效改进的有效途径。[①] 在企业实施标杆管理的过程中，也存在着如何立标，模仿与创新的关系等一系列问题。企业单一应用标杆管理有时会存在一些问题，因此结合以上国内外学者对此问题的研究以及存在的不足，我们可以从中得到一些重要的启示：首先是对理论应用的改进。由于每一种评价模型和管理手段都有各自的优缺点，在今后的理论应用时，不一定只运用一种理论，而是几种理论相互融合，综合使用。其次是研究思路的改进。将经济理论、数学理论等与标杆管理理论结合研究问题。标杆管理理论研究与其他方法相融合研究已经成为国际学界创新研究的前沿和热点之一，目前与作业成本法，平衡计分卡[②]和数据包络分析法[③]集成应用也有探索性的研究。国内对标杆管理的研究主要集中于其概念、内涵、步骤等方面，对于具体使用时应该如何考虑环境等因素则少有涉及。因此我们可以从以下方面研究如何结合现代的管理工具、经济模型和数学方法克服标杆管理在实际应用中存在的局限和弊端，这将是未来研究的方向。

（1）组织应根据自己的产品、服务、业务流程等的差异，建立各自的系统的标杆管理步骤，每一步骤应该包含的工作或者活动列表，并形成一些共识的理论，如作用、步骤、类型，指出每一步完成时应该达到的量化标准，以及完成每一步所需要的时间和所具备的条件。

（2）建立专门的标杆管理机构或者组织，包括建立标杆管理咨询或

---

① 王明明：《绩效改进的有效途径：标杆管理》，《情报资料工作》2004年第S_1期。

② 杨青飞：《标杆管理与平衡计分卡的综合运用》，《科技广场》2006年第6期。

③ 周卓儒、王谦、李锦红：《基于标杆管理的DEA算法对公共部门的绩效评价》，《中国管理科学》2003年第6期。

者顾问公司，使标杆管理活动产业化，建立专业的数据库系统供标杆管理使用。

（3）标杆管理中数量化方法的应用，如数据包络分析技术，用科学的方法树立标杆。

（4）从企业组织系统推广到政府组织、非政府组织、公共部门、团队、班集体甚至一个家庭，每时每刻都在实践着，都存在最佳实践的追求问题。要想实现和逼近最佳实践，就可以通过标杆学习方法，达到一种先进的知识管理模式；从经营管理活动，推广应用到其他活动如信息化建设等。

三　数据包络分析和标杆管理结合的文献综述

将 DEA 与标杆管理结合起来的文献研究有很多。黄建明①等为较好克服传统方法本身所具有的“相对有效性”的不足，提出了基于标杆思想的方法。运用此方法对部队编制效能进行评估，在理论上进行比较完善，评估结果与客观实际相吻合。同时，通过将“标杆编制”与非有效编制进行微观比较，可以找出非 DEA 有效编制的不足，并给出改进方向和方案。这种方法实质上是在有效的决策单元中加入虚拟的决策单元，这个虚拟的决策单元是从众多的功能相同的决策单元中提取的最佳效能的决策综合，然后计算比较被评价的决策单元与虚拟的最佳决策单元的距离，利用其在有效前沿面上的投影进行改进。朱小娟②认为标杆法的实质是与竞争力的定义相一致的，竞争力只有在比较中才能显露出来。同样利用这种方法进行产业竞争力研究，杨印生③等构造含 L－R 模糊数的置信 DEA 模型，按照在同类同规模决策单元的绩效评价中输入指标越小越好、输出指标越大越好的原则构造标杆单元，加上标杆单元后，其他决策单元的效率波动按照标杆单元的输入、输出指标的配置状况为标准

① 黄建明、王三喜、高大鹏：《部队编制效能评估的新方法——基于标杆思想的 DEA》，《火力与指挥控制》2008 年第 3 期。

② 朱小娟：《产业竞争力研究的理论、方法和应用》，博士学位论文，首都经济贸易大学，2004 年。

③ 杨印生、李宁、李高亮：《含 L－R 模糊数的置信 DEA-Benchmarking 模型与方法研究》，《统计与决策》2007 年第 18 期。

进行评价，除标杆单元外的其他决策单元的效率值总体上变小，用标杆单元对一般决策单元产生效率及信息上的影响，使得一般决策单元在效率评价上更加客观、准确，且在模糊条件下避免了效率评价中几个决策单元同时 DEA 有效的情况，为模糊下的 DEA 模型与方法的改进和发展提供了新思路。以上虽然构造标杆单元的方法不同，但具体操作方法一致，即都是为了解决 DEA 评价中相对效率问题。张玉岩、李蕾①②则将 DEA 作为标杆管理研究中的一种定量的技术方法来做。苗敬毅③等则运用分层次的方法剔除有效的 DMU 后重新评价，得到相对有效的标杆，即进行 DEA 的分级有效性评价。王晓林、陈子辰④侧重于运用 DEA 对候选标杆企业的遴选进行研究，通过综合分析国内外输入、输出为模糊数方法的研究，提出了一个适合于物流中心选取标杆企业的有效性论证的方法，如提出了利用小标杆作为虚拟新观点，同时结合 ∂ - 截集的模型，完成了候选企业的进行有效性的论证。以上研究，总结起来主要集中于以下方面：

（1）构造虚拟的决策单元，将有效决策单元与标杆再用 DEA 算法进行比较，选出有效决策单元。虽然标杆单元的确定采用不同的方法，但最终的评价方法大体相同。

（2）将 DEA 方法应用于标杆管理中，仅作为一种定量化研究的技术方法。

（3）将 DEA 方法与其他模糊数、AHP 等集成的方法用于标杆树立的量化研究。例如，运用改进的 DEA 模型——超效率 DEA 对决策单元进行排序，选出标杆，再运用标杆管理的方法进行研究；或运用标杆限定域的方法重新选取标杆企业，其基本思想是：传统的 DEA 方法不考虑输入输出指标的权重，为了反映评估决策者对各指标重要性的偏好，分别对

---

① 张玉岩：《基于标杆管理的高校竞争力研究》，博士学位论文，西安科技大学，2007 年。

② 李蕾：《基于 DEA 方法的建设项目集成化管理绩效评价》，《武汉理工大学学报》2007 年第5 期。

③ 苗敬毅、潘建新：《数据包络分析法评价技术进步的效果分析》，《职业圈》2007 年第 1 期。

④ 王晓林、陈子辰：《标杆管理中大小标杆量化分析》，《浙江大学学报》（工学版）2006 年第8 期。

输入指标和输出指标利用AHP方法进行比较，确定输入输出的上下限系数，构造具有限定域的DEA模型，从而确定标杆，能够避免客观确定权重的缺陷。

第四节　研究的主要内容和框架结构

一　研究的主要内容

本书研究的主要内容包括以下几个方面：

（一）基础理论与专门知识回顾

主要是对本研究要涉及的数据包络分析法、标杆管理与绩效评价和管理的有关基础理论和专门知识，包括现代综合评价方法以及选择、系统分析理论、若干现代数学，运筹学理论（主要包括线性规划和对偶）和标杆管理理论等，进行较为系统和科学的归纳和总结。

（二）企业标杆管理流程的研究

1. 企业标杆树立的研究

主要研究标杆的分类、标杆选择的技巧和方法、标杆选择的系统思考方法，以及基于数据包络分析法的标杆选择的方法研究。

2. 基于数据包络分析法的价值链的标杆管理研究

从企业生产流程出发，首先研究标杆管理流程中标杆内容的确定。立足于价值链的角度分析在价值创造和价值实现的过程中起关键作用的因素，将价值链与标杆管理相结合，运用两阶段的DEA模型从价值链角度确定企业标杆的内容。

3. 基于数据包络分析法的绩效的标杆管理的实施研究

这部分主要是考察标杆管理执行绩效，即标杆管理实施流程的绩效研究，从投入和产出的角度，运用DEA效率模型来分析企业绩效提高的方法。

4. 标杆管理能力成熟度研究

在以上标杆企业选定、标杆内容确定以及绩效标杆建立的基础上研究企业实施标杆管理的能力的成熟度，运用模糊综合评价法确定企业标杆管理能力所处的成熟等级，然后基于数据包络分析法进行标杆管理的实证研究。选取新能源企业——天合光能从标杆管理组织实施到标杆管理的运行效果进行实证研究，从实践的角度研究标杆管理对企业绩效提升的重大作用。并依据实证结果对企业实施标杆管理能力的提升做出相应的决策，指出企业标杆管理的最终目标在于实现从学习到模仿到创新的路径。

5. 产品生命周期管理成熟度模型的标杆管理框架

产品生命周期管理是用来应对更多全球竞争和越来越短的产品和组件生命周期挑战的重要工具，产品生命周期管理在整个企业运营中起着举足轻重的作用。研究企业所处的产品生命周期，在此提出一系列的产品生命周期管理的成熟度模型，引导企业的运作方式。

二 主要研究框架结构

在本研究中，由于企业管理的系统性，依据流程的观点，组织企业标杆管理的研究框架如下：

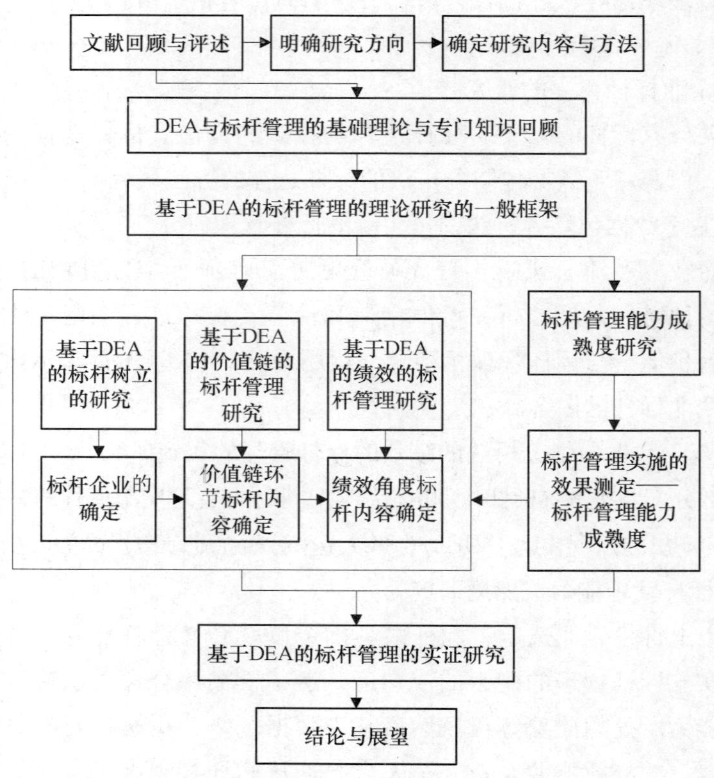

图1—3 企业标杆管理研究框架图

第五节　研究方法和技术路线

一　采用的研究方法

根据研究的目的和内容，本书的研究主要采用以下几种方法：

（1）文献回顾法：通过对数据包络分析法和标杆管理等相关理论的国内、外相关文献的梳理，了解数据包络分析法的一般原理、当前的研究情况和应用情况，标杆管理的应用和存在的问题。

（2）调查研究方法：采取调查研究方法对企业进行调查，设置调查问卷，从第一手资料，了解相关因素之间的关系。

（3）案例研究法：运用案例对企业实施标杆管理的状况进行研究，做到理论与实践相结合，突出应用性。

（4）系统研究方法：标杆管理研究是一个系统而且复杂的过程，贯穿了整个行业或部门的每一个工作环节，因此本书采用系统的方法和观点研究在一个整体目标的前提下各子系统间的关联性与互动性，注重逻辑关系的分析，在复杂而动态的环境中解决问题。以系统思维的方法解释动态能力的构成、体系和运作模式以及动态能力元素之间的整体关系，即通过关系与关系相互联结，研究各元素彼此相互影响。系统分析方法适用于对复杂问题的整体和综合分析，对研究对象进行整体的、多层次的、多方面的、多视角的综合分析研究。

（5）其他。在各种不同的研究过程中，亦将视情况需要采用其他的一些科学方法，以期达到最理想的研究成果。

二　研究技术路线

第一步，对国内外有关数据包络分析法，标杆管理以及两者相结合的理论和应用进行文献回顾，了解研究状况，分析研究问题，为研究提供比较科学的理论指导和进一步研究的基础。

第二步，从实施标杆管理的首要任务确定标杆企业着手，研究标杆选取的系统思考方法和标杆管理选取的技巧，探讨运用何种评价方法才能更科学地选择标杆企业，从而使得标杆管理的实施具有实际操作性。

第三步，在标杆企业确定的前提下，实施标杆管理的重要环节，确定标杆的内容。标杆内容的确定是一项非常关键的工作，它决定着企业主体的管理方向和路径，从而决定了标杆管理实施的结果。为了使得标杆管理的内容选取做到不遗不漏，更加全面地确定企业所要学习的内容，本研究从企业创造价值的每一个环节着手，研究价值创造的影响因素，在方法选择上，也选取两阶段的 DEA 模型，使得标杆管理内容的选取全面、科学。

第四步，企业经营的好坏关键看绩效，在上一步研究的基础上从投入产出的角度研究如何实现绩效的标杆管理。

第五步，将能力成熟度模型理论和方法应用到标杆管理分析中，探讨能力管理的成熟度问题，构建能力评价指标体系，研究标杆管理能力成熟等级，探讨提升能力的方法和路径。

第六步，在以上研究内容的基础上，从实证角度研究标杆管理的实施流程，以归纳企业绩效提升的关键环节，并研究企业实施标杆管理能力形成机制的模型构成，最后从增强能力形成效果的视角，探寻标杆管理能力增强的途径。

第六节　解决的主要问题和创新点

一　解决的主要问题

标杆管理作为现代管理工具在应用方面的研究已经取得一些成果，但研究还远远地不够系统，特别是关于管理过程的量化标准和标杆管理的应用广度方面，还有待深入、系统的研究。

通过系统深入的研究，可以解决如下重要问题：

（一）探讨关于 DEA 的理论和标杆管理理论相结合的问题

DEA 理论和标杆管理理论的模型和应用已经有相当多的研究，但关于两者相结合的研究还不够深入，本研究在应用已有理论的过程中尝试使用新的理论方法解决现实问题，力争在理论研究上有所突破。

（二）建立一个系统的企业标杆管理模式框架

关于标杆管理的步骤和流程的研究已经不少，但对于如何选择标杆项目、确定标杆内容，特别是企业的标杆对象如何精确树立的研究并不多。本书在综合现有研究成果的基础上，基于数据包络分析理论，提出一个组织标杆选择的模式框架，基于这一组织管理模式框架解决标杆对象的树立和标杆内容的确定问题。

（三）构建一个基于成熟度的企业标杆管理能力模型

这方面的研究在笔者掌握的文献中还没有发现。传统的标杆管理运用缺乏足够的定性分析和定量测量等方面的研究。20 世纪 90 年代全世界范围内企业界兴起对标杆管理理论的研究热潮。但遗憾的是，到目前为止，研究都是基于定性描述和分析，没有定量地展开研究。从组织或企业角度来看，在竞争中，确定的目标或现实的改进思路更容易考查企业的执行力。本书将建立一个关于组织的标杆管理能力成熟度的基本理论，为标杆管理实施的效果评价建立起合理的框架体系。

二　研究的创新点

（1）指导企业在选取标杆时的科学性和实际操作性。在系统思考的基础上，从选择标杆的技巧和方法入手，运用集成的 DEA 模型研究标杆管理中标杆企业的选取，这种方法克服以往选取标杆仅凭经验或从主观认识出发的盲目性和不切实际，指导企业在选取标杆时更具科学性和实际操作性。

（2）基于价值链的观点，将企业的运营流程通盘考虑。从分析企业标杆管理活动的价值出发，提出价值链的标杆管理的概念，依据价值链的链形结构构造两阶段的 DEA 模型，建立指标体系进行评价，确定标杆管理的内容。

（3）解决标杆管理提升中的困惑，给定具体的提升目标。借助能力成熟度模型理论，提出标杆管理能力成熟度的概念，依据企业价值创造的流程思想设计一个企业标杆管理能力成熟度评价体系，评价企业实施标杆管理的效果，并运用模糊综合评判法判别企业标杆管理能力成熟等级，根据所处的能力等级指导实施可行的实践活动，从而将能力提升到较高的等级，提高标杆管理的绩效水平。

第七节　本章小结

本章作为研究的开端，主要描述了研究的背景和现实意义、理论意义，同时对本研究涉及的几个重要的概念进行界定，对有关的标杆管理理论和数据包络分析法进行文献回顾与综述，确定了研究的主要内容，理出研究的框架，说明研究的创新之处和解决的主要问题，为使研究的结构清晰，描绘了研究的技术路径和运用的主要研究方法。

第二章

相关基础理论与方法

基础理论是解决经济和社会问题的基石和工具，运用管理学、统计学、数学和运筹学的知识，能够在一定程度上增强研究的可信度和说服力，经济和社会问题的解决都离不开相关基础理论的支撑。本书所涉及的理论较多，在此选取几个重要理论做一介绍，为后续研究的顺利开展做好铺垫。

第一节　数据包络分析法理论

数据包络分析法是以著名的运筹学家 A. Charnes 和 W. W. Cooper 等人于 1978 年提出的第一个模型——C^2R 模型为开端，以相对效率概念为基础的系统分析方法。

DEA 方法是在运用和发展运筹学理论与实践的基础上，逐渐形成的运用线性规划技术进行经济定量分析的非参数方法。具体来说，DEA 方法是使用数学规划模型比较决策单元（DMU）之间的相对效率，对决策单元做出评价。确定决策单元的主要指导思想是：就其“耗费的资源”“投入的资源”和“生产的产品”“输出的效率”来说，每个决策单元都可以看作一个相同的实体。即在同一视角下，各 DMU 具有相同的输入和输出。通过对输入和输出的综合分析，DEA 方法可以得出每个决策单元的综合效率的数量指标。据此可以将被评价的决策单元进行排队，确定有效（即相对效率高）的决策单元，并结合选取的输入和输出指标代表的因素，分析相对无效的决策单元的非有效原因和程度，给管理者和决策部门提供相关信息。DEA 方法还能判断各 DMU 的投入规模是否适当，并给出各 DMU 调整投入规模的正确方向和程度。DEA 方法把单输入和输出的工程效率的概念推广到了多输入和输出的有效性评价中去，不需要设定权重，能够避免主观因素的干扰，大大地简化了算法。①

在过去的 20 多年中，许多学者潜心研究 DEA 方法，有关的理论不断丰富和发展，应用的领域也日益广泛。DEA 方法成为分析经济社会现象，管理不同组织，进行技术分析的重要手段和工具。DEA 方法作为一种理想的多目标决策方法，能够为管理者和决策层提供思路、手段和方法，提高管理决策的准确性和效率。

一 数据包络分析法的基本理论观点

（一）决策单元

一个经济系统或一个生产过程可以看成是一个单元在一定的可能时间范围内，通过投入一定数量的生产要素并产生一定数量的产品的活动。虽然这种活动的具体内容各不相同，但目的都是尽可能地使这一活动取得最大的效益。由于产出是决策的结果，所以这样的单元被称为决策单元 DMU。因此，可以认为每个 DMU 都代表一定的经济意义，基本特点是具有一定的输入和输出，并且在将输入转化成输出的过程中，努力实现自己的决策目标。在 DEA 方法中，使用较多的是同类型的 DMU。

选取相同的 DMU，是指具有以下三个特征的决策单元：

（1）具有相同的目标和任务；

（2）具有相同的外部环境；

（3）具有相同的输入和输出指标。

（二）生产可能集

设某个 DMU 在一项经济活动中的输入向量为：$x=(x_1,x_2,\cdots,x_m)^T$，输出向量为 $y=(y_1,y_2,\cdots,y_s)^T$，于是可以简单地用 (x,y) 来表示这个 DMU 的整个生产活动。

定义 1　称集 $T=\{(x,y)\mid$产出 y 能用输入 x 生产出来$\}$为所有可能的生产活动构成的生产可能集。

---

① 魏权龄：《数据包络分析》，科学出版社 2004 年版。

根据实际情况和研究问题方便，一般假设生产可能集满足下面四条公理：

1. 凸性

对任意的 $(x,y) \in T$ 和 $(x',y') \in T$，以及 $\mu \in [0,1]$，有

$$\mu(x,y) + (1-\mu)(x',y') \in T$$

即如果分别以 x 和 x' 的 μ 和 $(1-\mu)$ 倍之和作为新的输入，则可得到原产出比例之和的新的产出。凸性表明，T 是一个凸集。

2. 锥性

若 $(x,y) \in T$ 且 $k \geqslant 0$，则 $k(x,y) = (kx,ky) \in T$，这表明若以原输入 k 倍为新的输入，则得到原产出的 k 倍是可能的。

3. 无效性

设 $(x,y) \in T$，若 $x' \geqslant x$，则 $(x',y) \in T$；若 $y' \leqslant y$，则 $(x, y') \in T$，这说明在原来生产活动基础上增加投入或减少产出进行生产总是可能的。

4. 最小性

生产可能集 T 是满足上述三个条件的所有集合的交集。

在满足这四条公理的基础上，对已有观测值 $(x_j,y_j)(j = 1,2,\cdots,n)$，可得：

$$T = \left\{(x,y) \middle| k\sum_{j=1}^{n}\mu_j x_j \leqslant x, k\sum_{j=1}^{n}\mu_j y_j \geqslant y, \mu_j \geqslant 0, \sum \mu_j = 1, k \neq 0\right\} \tag{2—1}$$

若令 $k\mu_j = \lambda_j$ $(j=1, 2\cdots, n)$，则

$$T = \left\{(x,y) \middle| \sum_{j=1}^{n}\lambda_j x_j \leqslant x, k\sum_{j=1}^{n}\lambda_j y_j \geqslant y, y_j \geqslant y, \lambda_j \geqslant 0\right\} \tag{2—2}$$

（三）生产函数与规模收益

在生产函数可能集概念的基础上，还有两个有关的概念。

定义 2 称集 $L(y) = \{x \mid (x,y) \in T\}$ 为对于 y 的输入可能集；称集 $P(x) = \{y \mid (x,y) \in T\}$ 为对于 x 的输出可能集，其中 T 为生产可能集。

定义 3 设 $(x,y) \in T$，如果不存在 $(x,y') \in T$，且 $y \leqslant y'$，则称 (x,y) 为有效生产活动。

定义 4 对生产可能集 T，所有有效生产活动（点）(x,y) 构成的 R^{n+s} 空间中的超曲面 $y=f(x)$ 称为生产函数。

显然，生产函数是在一定的技术条件下，任何一组投入量与最大产出量之间的函数关系，由于生产可能集具有无效性，即允许生产中浪费现象的存在，所以生产函数中 y 是关于 x 的增函数。

增函数的概念仅粗略的反映了产出 y 与投入 x 的相对不减性，但尚未清楚地描述出不减的程度。如果投入增量的相对百分比大于产出增量的相对百分比，表明投入规模的增加并未获得理想的产出效益；反之，表明产出效益的相对增加大于投入规模的相对增加；如果二者相等，则表明投入与产出规模的相对增加是同步的。

二 数据包络分析理论的基本模型

（一）数据包络分析（DEA）的基本模型之一——C²R 模型[①]

C²R 模型是一个典型的把直观思路条理化和数学模型化的最基本的 DEA 模型。

设有 n 个 DMU_j（$1\leqslant j\leqslant n$），DMU_j的输入、输出向量分别为：

$$x_j = (x_{1j},\ x_{2j},\ \cdots,\ x_{mj})^T$$

$$y_j = (y_{1j},\ y_{2j},\ \cdots,\ y_{sj})^T$$

由于生产过程中各种输入和输出的地位与作用不同，因此，要对 DMU 进行评价，需对它的输入和输出进行“综合”，即把它们看作只是一个总体输入和总体输出的生产过程，这样就需要赋予每个输入、输出恰当的权重，于是可以令 x_j 的权重为 v_i（$1\leqslant i\leqslant m$），y_k 的权重为 u_k（$1\leqslant k\leqslant s$），则输入和输出的权向量为：

$$v = (v_1,\ v_2,\ \cdots,\ v_m)^T$$

$$u = (u_1,\ u_2,\ \cdots,\ u_s)^T$$

定义 5 将下式

$$h_j = \frac{uy_j^T}{vx_j^T} = \frac{\sum_{k=1}^{s} u_k y_{kj}}{\sum_{i=1}^{m} v_j x_{ij}} \quad j=1,\ 2,\ \cdots,\ n \tag{2—3}$$

称为第 j 个决策单元为 DMU_j 的效率评价指数。

---

① 魏权龄：《数据包络分析》，科学出版社 2004 年版。

在这个定义中，总可以适当选取 u 和 v，使得 $h_j \leqslant 1$。精确地说，h_j 越大，表明 DMU_j 能够用相对少的输入而得到相对较多的输出。因此，可以通过考察当尽可能地变化 u 和 v 时 h_j 的最大值来检验 DMU_j 是否为最优。

可以构造下面 C^2R 模型：

$$\begin{cases} \max \dfrac{\sum_{k=1}^{s} u_k y_{kj_0}}{\sum_{i=1}^{m} v_i x_{ij_0}} = V_p \\ s.t.\ \dfrac{\sum_{k=1}^{s} u_k y_{kj}}{\sum_{i=1}^{m} v_i x_{ij}} \leqslant 1 & j=1,2,\cdots,n \\ u_k \geqslant 0 & k=1,2,\cdots,s \quad i=1,2,\cdots,m \\ v_i \geqslant 0 \end{cases} \tag{2—4}$$

这是一个分式规划问题，可以利用 Charnes-Cooper 变换，将分式规划转化成为线性规划。令

$$T = \frac{1}{v^T x_0}, \omega = tv, \mu = tu \tag{2—5}$$

则有

$$\begin{aligned} \mu^T y_0 &= \frac{u^T y_o}{v x_0^T} \\ \frac{\mu^T y_j}{\omega^T x_j} &= \frac{u^T y_j}{v^T x_j} \leqslant 1 \\ \omega &\geqslant 0 \\ \mu &\geqslant 0 \end{aligned} \tag{2—6}$$

于是可以变成下面的线性模型

$$\begin{cases} \max \mu^T y_0 = V_p \\ s.t.\ \omega^T x_j - \mu^T y_j \geqslant 0 \\ \omega^T x_0 = 1 \\ \omega \geqslant 0, \mu \geqslant 0 \end{cases} \tag{2—7}$$

下面的定理给出了分式规划模型（2—4）与线性规划模型（2—7）解的相互关系。

定理1 规划模型（2—4）与规划模型（2—7）在下述意义下等价：

1. 若 v^*，u^* 为规划模型（2—4）的解，则 ω^*, μ^* 也为规划模型（2—7）的解，并且两个规划模型的最优值相等。

2. 若 ω^*, μ^* 为规划模型（2—7）的解，则 ω^*, μ^* 也是规划模型（2—4）的解，并且两个规划模型的最优值相等。

由于线性规划模型（2—7）可以表示成：

$$\begin{cases} \max(\omega^T \mu^T)\begin{pmatrix} 0 \\ y_0 \end{pmatrix} = V_p \\ s.t.\ \omega^T x_1 - \mu^T y_1 \geqslant 0 \\ \omega^T x_2 - \mu^T y_2 \geqslant 0 \\ \cdots \\ \omega^T x_n - \mu^T y_n \geqslant 0 \\ \omega^T x_0 = 1 \\ \omega \geqslant 0, \mu \geqslant 0 \end{cases} \tag{2—8}$$

根据线性规划的对偶理论可知，规划模型（2—8）的对偶规划模型为：

$$\begin{cases} \min(\lambda'_1, \lambda'_2, \cdots, \lambda'_n, \theta)\begin{pmatrix} 0 \\ 0 \\ \cdots \\ 0 \\ 1 \end{pmatrix} \\ s.t.\ \sum_{j=1}^{n} \lambda'_j x_j + \theta x_0 \geqslant 0 \\ -\sum_{j=1}^{n} \lambda'_j y_j \geqslant 0, \theta \text{无符号限制} \end{cases} \tag{2—9}$$

引入新的变量 s^+，$s^- \geqslant 0$ 并令 $-\lambda'_j = \lambda_j$，可将对偶模型（2—9）表示成：

$$\begin{cases} \min\theta = V_D \\ s.t.\ \sum_{j=1}^{n} \lambda_j y_j + s^- = \theta x_0 \\ \sum_{j=1}^{n} \lambda_j y_j - s^+ = y_0 \\ \lambda_j \geqslant 0, j = 1,2,\cdots,n \\ s^- \geqslant 0, s^+ \geqslant 0 \end{cases} \tag{2—10}$$

并直接称模型（2—10）为模型（2—9）的对偶规划。

定理2　规划模型（2—8）和规划模型（2—10）均存在解，并且最优值 $V_D = V_P \leqslant 1$。

（二）数据包络分析（DEA）的基本模型之二——C^2GS^2 模型

1985 年，A. Charnes，W. W. Cooper，B. Golany 和 J. Stutz 等学者提出了不考虑生产可能集满足锥性的 DEA 模型，一般简记为 C^2GS^2。这种模型比较接近于客观实际，也是建立资源优化配置评价模型的基础。

C^2GS^2 模型具体如下：

$$\begin{cases} \min\theta = V_D \\ s.t.\ \sum_{j=1}^{n} \lambda_j x_j \leqslant \theta x_0 \\ \sum_{j=1}^{n} \lambda_j y_j \geqslant y_0 \\ \sum_{j=i}^{n} \lambda_j = 1 \\ \lambda_j \geqslant 0, j = 1,2,\cdots,n \end{cases} \tag{2—11}$$

或

$$
\begin{cases}
\min\theta \\
s.t.\ \sum_{j=1}^{n}\lambda_j x_j + s^- = \theta x_0 \\
\sum_{j=1}^{n}\lambda_j y_j - s^+ = y_0 \\
\sum_{j=1}^{n}\lambda_j = 1 \\
\lambda_j \geqslant 0, j = 1,2,\cdots,n \\
s^- \geqslant 0, s^+ \geqslant 0
\end{cases}
\tag{2—12}
$$

其中 $s^+ \in R^m$，$s^- \in R^s$，模型（2—11）和模型（2—12）的对偶问题为：

$$
\begin{cases}
\max\mu^T y_0 + \mu_0 = V_p \\
s.t.\ \omega^T x_j - \mu^T y_j - \mu_0 \geqslant 0, j = 1,2,\cdots,n \\
\omega^T x_0 = 1 \\
\omega \geqslant 0, \mu \geqslant 0
\end{cases}
\tag{2—13}
$$

其中 $\omega \in R^m, \mu \in R^s$。

定义6　若规划模型（2—13）的最优解 $\omega^*, \mu^*, \mu_0{}^*$ 满足

$$V_p^* = \mu^{*T} Y_0 + \mu_0^* = 1$$

则称 DMU_{j0} 为弱 DEA 有效（C^2GS^2）。

定义7　若规划模型（2—13）不仅有 $V_p^* = 1$，而且 $\omega^* > 0, \mu^* > 0$，则称 DMU_{j0} 为 DEA 有效（C^2GS^2）。

规划模型（2—13）与（2—10）都存在最优解，且最优值 $V_p^* = V_D^* \leqslant 1$，并且在 n 个 DMU_j（$1 \leqslant j \leqslant n$）中必存在 DEA 有效（$C^2GS^2$）的决策单元。

定义8　设模型（2—11）和模型（2—12）的最优解为 $\lambda^*, s^{*-}, s^{*+}, \theta^*$，则

1. 若 $\theta^* = 1$，则 DMU_j 为弱 DEA 有效（C^2GS^2）；

2. 若 $\theta^* = 1$，并且 $s^{*+} = s^{*-} = 1$，则 DMU_{j0} 为 DEA 有效（C^2GS^2）。

三　数据包络分析法的适用性

数据包络分析法的应用非常广泛，最多用于效率分析，也有用于规

模报酬分析、差额变量分析和敏感度分析等方面。

（一）对企业运营效率分析

通过选择企业投入和产出指标来评价运营绩效，运用 DEA 方法得出效率值，来评价决策单元是否具有效率。其中技术效率与纯粹技术效率之比为规模效率。效率值为 1 者，表示最有效率的决策单元，即整体运作上处于最佳状况。通过技术效率可以看出各决策单元是否有效地运用投入要素，以达到产出最大化，值越高，表示投入资源使用越有效率。规模效率表示该决策单元的投入项和产出项之间是否达到最佳状态。

（二）对企业进行规模报酬分析

通过计算 λ 值来判定各决策单元的规模报酬情况。规模报酬可以分为规模报酬固定、规模报酬递增和规模报酬递减三种情形。

（三）运用生产前沿面进行差额变量分析

用折线连接各点形成一个效率前沿，再以比效率前沿作为效率衡量的标准，得出各产出及投入项差额变量的分析，求得有效目标值，了解投入和产出项有多少改善的空间。通过计算与生产前沿面的距离，能够得出各决策单元在目前经营情况下的资源使用情况，以及可改善的方向和大小。

（四）敏感性分析

衡量对象的变动、不同投入与产出项的选择，以及项目数值的变动都有可能影响效率前沿的形状或位置。为了使结果具备说服力，必须进行敏感性分析，以确保衡量结果的可信度。敏感性分析主要在于减少或增加 DMU 数量，或是投入产出项，来观察所有效率值的变化。首先，效率评价结果可先按效率值将受评决策单元加以分类，效率值为 1 的 DMU，需进一步解释其稳健度；效率值小于 1 的 DMU，可结合不同意义的效率衡量模式，解释造成无效率的可能原因。其次，通过差额变量分析来达到改善目标。最后，通过敏感性分析，比较投入产出项个数或受评决策单元数量等改变对效率的影响。

第二节　标杆管理理论

从 20 世纪 60 年代 H. 詹姆斯·哈里顿（H. James Harrington）开始对

标杆管理进行流程研究起，标杆管理在管理学和情报学领域的理论日渐丰富。事实上，一直以来在管理和生产过程中使用的竞争对手活动分析、产品倒序制造、拆卸分析和竞争对手产品购买分析等也是标杆管理的具体活动。标杆管理选取在产品、服务和流程方面最强的对手企业或行业中领先和最有名望的企业为标杆，树立学习和追赶的目标，通过情报收集，在关注的领域做对比分析，定下标准和目标，跟踪学习、重新设计并付诸实施，这是一系列规范化的程序与流程。然后，将本企业的实际状况与标杆企业进行定量化评价和比较，分析它们达到优秀绩效水平的原因，在此基础上制定实施改进本企业绩效的最佳竞争策略，争取赶上和超越对手。

由此可见，标杆分析比传统意义上的行业竞争分析更进一步，即不仅要做到知己知彼，了解自身的竞争地位和竞争对手的情况，更要超越竞争对手，在本企业关注的领域得到提升或成为行业中的优中之优，强中之强。

一　标杆管理的原理

标杆管理内生的具有竞争的本质，较好地体现了现代经济管理中培育核心竞争力的本质特性，具有实效性和广泛的应用性，因此，与企业再造、战略联盟并称为20世纪90年代最重要的三大企业管理方法。

以下研究中，首先，从管理学的角度，通过对标杆管理活动的历史进行考察，理解标杆管理的发展演变过程；然后，通过标杆管理的正式定义和词典定义，给出具体的操作定义；接着，详细阐述标杆分析法的实施步骤和程序；最后，讨论标杆分析的方法论问题，得出标杆管理的实质和内涵。

（一）标杆管理理论的形成和演变

20世纪初泰勒倡导的科学管理理论体现了标杆管理的思想。泰勒提出的具体工作动作的标准化做法及管理制度，停留在生产操作层面确立标准的工序工时；真正意义上的最早的标杆分析活动是在企业层面开始的，并经历了一个循序渐进，不断深入和提高的发展过程，从产品分析、工艺流程分析乃至扩大到全球的最佳实践的标杆分析，最后上升到战略性的标杆分析。[1]

1. 第一阶段：标杆管理思想的萌芽阶段

20 世纪 70 年代初，长期处于世界领先地位的许多美国企业的产品和市场受到来自日本企业的挑战。美国企业发现自己的产品在功能、质量和使用便利性等方面确实不如竞争对手的产品好，于是，便开始瞄准竞争对手的产品，用拆解竞争对手的产品来研究产品的性能，以赶超竞争对手为主要目标进行比较、复制和学习过程。日本和欧洲从 60 年代就开始了这一过程，如丰田公司开发的“准时制生产”技术，是基于分析和改进大型超市的供应链管理技术后形成的。

2. 第二阶段：标杆管理概念理论的创始阶段

20 世纪 70 年代中期，许多美国企业发现拆解竞争对手的产品不能解决实质问题，关键是在工艺流程方面与竞争对手的差距太大。于是将标杆分析的比较范围从产品本身扩大到工艺流程的关键环节。施乐公司是这一阶段的典范。施乐公司的罗伯特·坎普的《标杆管理：寻找取得产业内最优绩效的最佳做法》（*Benchmarking*：*The Search for Industry Best Practices That Lead to Superior Performance*）一书，使标杆分析方法很快传播并应用到美国的各个行业，标杆管理成为管理学的一个重要方法。美国企业开始通过实地考察、和竞争对手建立合资企业、进行合作研究与开发等多种途径和方式开展对竞争对手的研究和学习，并逐渐引起了其他国家大企业的重视。这一阶段被普遍认为是标杆管理概念、理论和方法的真正创始阶段。

3. 第三阶段：标杆管理理论形成阶段

进入 20 世纪 80 年代，经营者开始认识到，不仅可以从同行业的标杆企业学习最佳做法，提高企业竞争力，而且还可以从其他行业的标杆企业学习管理实践和流程再造的做法。许多经营者发现，在生产工艺、技术、作业流程以及企业管理等方面，越来越多的最佳做法和最佳实践来自于行业之外。跨行业的学习和借鉴最佳企业的实践活动已成为这一阶段的主要趋势。

---

① 包昌火、谢新洲：《竞争环境监视》，华夏出版社 2006 年版。

4. 第四阶段：标杆管理理论完善发展阶段

在确定、了解和掌握成功者（包括竞争对手）的战略实践的基础上，企业开始重新进行内部环境、战略和业绩评估，从工艺流程、管理实践等方面转移到工业布局、生产结构调整、外部供应链重组和核心能力塑造等战略性领域。企业认识到进行战略性标杆管理分析是企业进一步提高竞争力，赶超竞争对手的客观需要。通常在这一阶段，标杆分析的问题比较集中，如对产业链上下游企业关系的调查、对企业研究与开发机构的调查等，目的在于进行战略思路和决策等方面的标杆分析。

随着企业的发展，企业的眼界更加开阔，不局限于在行业内寻求最佳企业和实践，搜寻范围已经扩展到全球，而且标杆分析的应用范围也超越了企业层次，扩展到产业层次和政府（国家）层次。进行全球范围内的标杆分析，涉及的问题更加广泛。不仅包括企业的工艺流程、生产技术方面的最佳实践，而且包括企业文化、企业内部环境、政府行政管理、教育制度和自然环境等影响企业战略定位和战略布局方面的环境的评估和研究。

标杆管理理论、对象和实践的演化，标志着对标杆管理的认识和应用日益成熟和深化，从而形成了成熟的标杆管理理论。

（二）标杆管理的含义特征

标杆管理的定义在第一章综述部分有详细的研究和讨论，不同的学者和组织从不同的角度理解标杆管理。总括这些定义，包含了以下这些关键词具有的特征内容。

1. 持续不断的过程

标杆分析必须是一种连续起作用的管理过程。行业领先企业必须持续不断地更新其实践活动以确保是行业最优的实践。只有规范地进行标杆分析的企业才可能达到最佳运作。

2. 比较分析和衡量的过程

比较分析包括定性与定量相结合的分析方法。比较是指将企业自身的经营管理活动与行业最佳者比较以发现其明显差异；衡量是指经营管理实践转化成具体的指标，这些指标可以被量化来显示不同企业之间的差异，即用能够真实客观地反映经营管理绩效的指标体系，作为标杆用的一套基准数据。

3. 表现为产品、服务和经营管理的一系列实践活动

标杆分析应用的范围很广，涉及企业的各个层面。一方面，企业可以全方位、全过程进行标杆分析；另一方面，企业要将具体目标界定清楚。

4. 选取标杆依设立的目标而定

挑选理想的标杆对象重在最佳。理想的标杆对象不限于特定产业，可能是竞争者、不同产业中的佼佼者、熟知的供应商甚至关系企业等。只要该组织有卓越之处，就可成为学习及观摩的对象。同时，企业在某一方面的标杆对象可能是一个，但就企业总体而言，标杆对象还可能是多个。只要是最佳的，不论局部还是整体都可以成为标杆对象。

5. 一个动态调整的过程

由于环境的动态性和复杂性，标杆的选取也要不断调适。动态调整标杆，必须考虑外部环境的变化随时变革以保持竞争力。标杆是与其他目标及行为相比的一种标准，是其他事物被衡量的参照点。

所有的定义中，美国生产力与质量中心对标杆分析的定义引入系统论的观点，关注的重点在实践以及最佳绩效方面，并蕴含着能动积极地努力和协作与共享的思想，更注重创新的思想理念。以往一些企业在具体实施这种管理模式时，存在对标杆分析的错误理解。如标杆分析是一种资源减少的机制，运用这种管理模式有可能使企业投入较少的资源。尽管由于许多企业不仿效行业最优实践而可能发生资源投入的增加，但实施标杆分析机制并不意味着一定会减少投入。作为标杆分析行为的结果，资源会重新配置到满足顾客需要和使顾客满意的最有效方式，这样才能保证在一定的资源状况下，企业充分组织生产和销售。更多情况下很可能需要资源的增长，包括人力和财力。表2—1列出对标杆管理概念的理解。

表2—1　　　　标杆管理的含义辨析

标杆分析的真正含义	标杆分析的错误认识
提供宝贵信息的行业或跨行业调研过程	提供简单的认为的片面的非调研得出的结果
发现过程，学习经历	盲目仿效，或抄袭

续表

标杆分析的真正含义	标杆分析的错误认识
耗费时间和精力、劳动密集、需要战略匹配的过程	只是一个阶段的企业决策指向，或单一部门的个别行动
一项能够借管理模式改善企业经营绩效的有效方法	一个流行的企业管理用语
持续的不断的流程	一时的行为或一个阶段的规划

以往的观点认为，竞争对手就是敌人，因此，站在对立的立场研究竞争对手，而不会和对手正面沟通与接触。标杆分析要纠正这种错误的认识。在标杆分析中，要收集大量的竞争对手的信息。许多信息涉及产品及管理流程（企业秘密），倘若没有竞争对手的正面合作，几乎是不可能收集到的，要征得竞争对手的理解和支持。因此，在实施标杆分析前，有必要先澄清这些观念和行动上的障碍。

二　标杆管理的实施要点

（一）确定标杆管理的主题

确定组织内需要比较和学习的内容，是标杆管理的起点，同时也决定着后续工作的内容和效果，在整个标杆管理活动中具有举足轻重的作用，是每个不同的组织通用的程序。

通过对企业自身状况进行较为深入、细致地研究，确定企业的战略目标。该主题可以是企业、产业和国家层面最关心的问题，或关键的竞争力决定因素，如企业的成本、供应链体系、人力资源管理模式、各种运输工具的成本、税收系统的效率、海关报关体系等。一般而言，所选择的标杆分析主题要能带动或促进竞争力或企业绩效的提高。从企业角度来看，企业的产品或服务是以顾客需求为导向的，因此确定标杆管理的主题是建立在对客户需求了解的基础上。标杆管理活动流程通常包括一系列要素，如标杆主体、活动目标、主题领域、数据和信息用途、数量、品质、成果要求、标杆活动频率等，整个分析过程如图 2—1 所示：

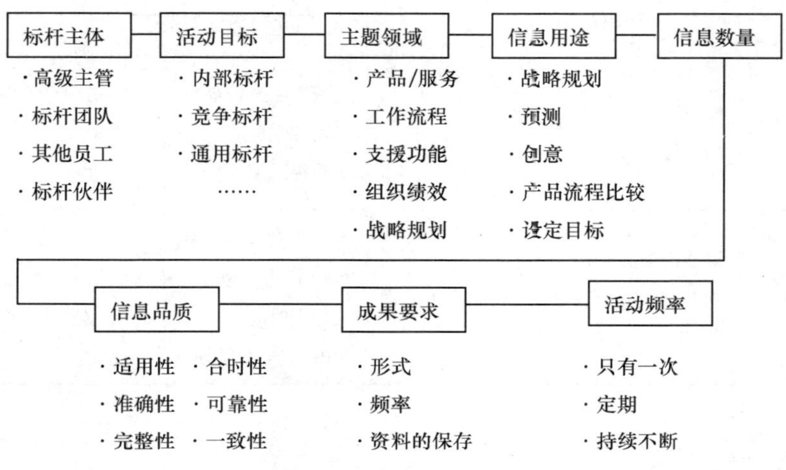

图 2—1 标杆管理的主题分析过程

1. 选择标杆管理主体

确认要使用标杆分析的特定个人和团体客户。可能包括委托进行标杆分析活动的主管（发起人）、标杆团队的实际成员，以及其他可能使用标杆分析成果的内部或外部与标杆管理活动相关的人或组织。

2. 设定目标

了解标杆分析活动的预期目标，找出标杆客户的需求重点。即确认企业需要的是内部标杆分析、竞争标杆分析、通用标杆分析，或是三者的混合，这三类标杆分析的区别见表 2—2。选取不同的标杆对象是和企业一定阶段的战略密切相关的。

表 2—2 三种不同目标的标杆管理

类型	对象	优点	缺点	实例
内部标杆	在不同地点、部门、业务单元从事类似活动	·资料易于收集 ·对于多元化公司较有成效	·视野狭窄 ·内部偏见	·美的公司不同部门的营销策略

续表

类型	对象	优点	缺点	实例
竞争标杆	面对同一客户群的直接竞争对手	·信息改善有实际意义 ·做法可以比较 ·资料收集持续	·资料收集较难 ·道德问题 ·敌视态度	·佳能 ·理光 ·柯达
通用标杆	被认定为拥有最先进的产品/服务/流程的组织	·有可能发现创新做法 ·做法可以一直持续 ·专业网络	·有些做法难以移植到不同环境 ·耗费时间 ·IBM（客户服务）	·沃尔玛（物流） ·格兰仕(成本管理)

3. 确定主题

以往组织间相互比照的主题仅局限于组织的结构或产品，这些是可以现成观察到的事项，标杆管理可以大幅度地扩充调查研究的领域。一般企业可以从表2—3中列出的项目得到启示，考虑标杆的主题信息。

表2—3　　标杆管理涉及的主题领域

主题领域	说明
产品/服务	产品及服务的功能和特色
工作流程	如何制造或销售一项产品或服务
非生产环节	与产品或服务的生产、销售没有直接关联的流程与程序，例如财务、人事等成本、营业收入、生产指标、品质指标
组织绩效	从财务的角度考察
战略规划	短期或长期规划，规划的流程

4. 控制信息数量和品质

信息需求量是分析客户需求的重要一环。企业确定的主题不同，要求分析的详细程度也大不相同，这会影响到收集、整理及加工标杆分析信息所需要的时间。分析的详细程度，通常取决于标杆分析人员对细节的关注程度，而不是实际可取得的信息量的多寡。一般将标杆分析的活动限定在一定的范围之内的信息量。根据企业设定的目标确定收集信息的广度和深度。

5. 报告要求

在确定标杆管理的主题时，通常要形成严密的分析报告。根据项目、客户以及注重文化的差异，标杆分析的成果报告包括标杆分析的流程及结果，或更侧重于根据标杆分析的信息输入资料来说明标杆的主题。

6. 活动频率

标杆分析活动的频率，是指在一段时间分析活动出现的数量。一般归为三类：

（1）只此一次的事件。标杆分析活动被界定为单一事件，通常被称作标杆分析专案，而不是标杆分析流程。

（2）定期活动。标杆分析被视为一种标准的作业方式，定期进行标杆分析活动。

（3）持续活动。作为一种持续性的活动，将标杆分析纳入经理人员和员工持续改善的目标。

以上是确定标杆分析主题内容要考虑的因素。在具体操作时，首先从改进和提高绩效的角度出发，明确企业的产出，亦即存在的理由和成功的关键因素；其次，对这些目标和内容进行分解，以便分析、量化和检查；最后，针对各项细分的内容，采用因果分析法，找出影响企业成功的问题。

（二）选择标杆企业

被选择的标杆企业应遵循两个原则：具有卓越的业绩，在行业中有最佳实践的领先企业；标杆分析的领域应与本企业有相同的特点。可供选择的标杆企业包括同行竞争对手、行业领先者或组织内部的职能部门，甚至是跨行业企业的一个相近的部门。具体选择时，要视标杆分析所涉及的业务部门、业务活动及其追求的目标而定。企业在做出标杆分析的决策之后，应该组成标杆分析项目小组，吸收有代表性的各方人士参加，并指定专人负责标杆分析项目的组织和实施。

标杆的选择具有动态灵活性。作为“标杆榜样”的典范包括持续的多个层次，在不同时期，企业应当有足够的灵活性，根据需要选择不同层次的标杆作为学习对象。

（三）资料和数据的调研和分析

资料和数据是开展标杆分析活动的基础，是对标杆分析内容的精确化和定量化。前期工作是设计一套科学的指标体系，这一指标体系应该能够系统地、定量地反映所要研究的内容。

资料和数据可以分为两类：一类是标杆企业的资料和数据，主要包括标杆企业的绩效数据及最佳实践，即标杆企业达到优良绩效的方法、措施和管理诀窍。这一类数据资料是比照的基准线，是开展标杆分析活动的企业学习追求的目的。另一类资料数据来自开展标杆分析活动企业的自身，反映的是其目前的绩效及管理现状。资料数据的来源主要有：政府统计部门、咨询部门、各种协会、顾客、标杆企业的雇员等等。这些资料数据主要通过访问座谈、问卷调查和实地走访等方法获取。从竞争对手那里获取资料数据难度往往很大，因而需要灵活性甚至创造性。采取的对策可以是与标杆企业协商，实现数据共享；也可聘请咨询顾问，通过他们进行数据的搜集、分析和应用。

根据收集的资料数据，通过评价指标体系对行业与标杆企业在绩效水平上的差距，以及在管理措施和方法上的差异进行比较分析，明确形成差距的原因和过程，最后确定最佳做法。通常先比较相同之处，再比较不同之处，然后分析影响企业某一方面成败的关键因素。

在差距分析的基础上，可以确立追赶的绩效目标，明确要标杆的企业的最佳实践。由于比较分析所确认的差距是根据本企业和标杆企业的现有绩效来确定的，而无论是本企业还是标杆企业，其绩效处在不断的变化之中。企业必须根据竞争环境的变化，相应进行预测，为制定切实可行的绩效目标提供可靠的依据。

（四）实施方案和措施的整合

标杆分析项目要付诸实施，需要企业领导和员工的积极参与配合。因此，项目小组必须利用各种途径，将拟定的方案、目标前景同全体成员进行反复交流与沟通，征询意见，争取全员的理解和支持，并根据成员建议，修正和完善方案，使全体成员在方案实施过程中目标一致、行动一致。

明确改进方向，制定实施方案。在明确最佳做法的基础上，找出弥补自己和最佳实践之间的具体途径或改进机会，设计具体的实施方案，并进行实施方案的经济效益分析。实施方案要明确实施重点和难点，预测可能出现的困难和偏差，确定对实施情况的检查和考核标准。项目小组要根据情报研究得出的结论，向企业管理层提出改进意见或建议，并制订详细的工作计划和具体的措施。计划一旦制订，就应该不折不扣地执行。在整个标杆分析的行动阶段，为确保计划的执行，企业管理层应给予强有力的支持，并加强对执行过程的监督、控制及信息反馈。对出现的偏差采取有效的校正措施，以努力赶超标杆企业，达到最佳实践水平。

（五）动态调整标杆企业

完成首次标杆分析活动后，必须对实施效果进行合理评判，并及时总结经验，对新的情况和发现做进一步分析。针对环境的新变化或新的管理需求，企业应持续进行标杆分析活动，以确保对最佳实践的跟踪。若标杆对象的绩效基准有了大幅度的变动，或行业内出现了比原标杆对象更好的绩效，企业必须调整自己的行动计划或选择新的标杆，以适应标杆分析的要求。

标杆分析活动成功开展以后，应被视作企业经营的一项职能活动融入日常工作中，成为一项固定的制度连续进行。标杆分析活动的最终成果应具备以下两个特点：

（1）在分析过程中，企业得出提升其竞争实力的关键点；

（2）各项标杆分析活动融入企业日常经营活动的整体中。

以上描述了推行标杆分析活动的一般程序，具体操作时应视企业的状况和需求做出具体的行动规范。

三 标杆管理的方法论

从方法论角度看，标杆管理是一种比较分析。比较分析是一种有价值的战略分析方法，其目的是为了进一步了解并挖掘组织的战略潜力。比较分析有两种不同的比较基础：纵向的历史比较和行业比较。

（一）历史比较

历史比较是将组织的资源与绩效状况与往年相比，找到重大的变化。这种比较方法可以揭示出一些不太明显的变化趋势，它促使公司重新评估其主要推动力，并且估计将来应该将公司的主要推动力放在什么方向。

另外，企业还可以通过历史分析来考察组织的资源与绩效状况，与前几年相比有哪些重大的变化。历史分析虽然不能直接反映企业的相对资源与绩效状况，但有利于企业正确认识本身发生的变化及对未来可能的影响。

以历史比较为基础的标杆分析，一般以企业经济效益现状与各种标准进行比较。通常进行两种比较：企业现实指标与上一年实际水平相比较；与本企业历史最高水平相比较。

（二）行业比较

行业比较是指对整个行业内外的经营状况的分析比较。行业比较会大大地改进历史分析效果，帮助公司展望其资源状况与经营状况。在分析和评估战略能力时，行业比较关心的是公司在整个行业中的相对地位。

仅局限在行业内的比较分析有不足之处，如公司会忽视这样一些事实：整个行业的经营很糟，不能与那些资源状况好的国家进行竞争，或者不能与一些利用其他方法满足顾客需求的行业竞争。在这种情况下进行行业间的比较，就可以较为明智地进行估计：与其他国家或行业的组织相比，自己公司的资源与经营状况如何。局限于行业内比较分析的不足使许多组织创建和发展了多种行业比较的方法。这些方法不是去建立"规范"，而是对最佳业务进行研究，并建立与最佳业务有关的衡量业务状况的标准。

标杆分析法更多是一种以行业比较为基础的分析方法，一般是由低到高的三个档次的比较：与同行业的平均水平相比较；与同行业先进水平相比较；与国际同行业最高水平相比较。

从标杆分析的操作步骤中可以发现，在整个分析过程中实际上需要立两次"标"，第一次是就比照的内容（分析主题）进行立标，第二次是就比照的对象（标杆企业）立标。后者基本上已毫无疑义地被确定为竞争对手和领先企业。以下的章节接下来重在通过归纳上文枚举的诸多内容演绎成价值链、形成核心竞争力的关键成功因素等比照模式，作为标杆分析的立"标"之本，详尽介绍标杆分析的具体操作方法，以确定企业在行业内的竞争优势。

四　标杆管理理论的实质和内涵

从对标杆管理含义的分析和标杆管理的实施过程分析可以看出，标杆管理具有以下特点：

特点一：通过学习解决创新问题，通过比较解决效率问题。标杆管理在西方管理学中也被称为标杆基准，用中国式的语言可描述为“比学赶帮超”。

特点二：从外部分析入手，以内部改进为目的。这种从外部到内部的分析路径、思维方式，可使企业完成过去认为难以实现的改进目标，具有转变管理者思维模式和视角的作用。

特点三：标杆管理是一个动态连续的过程，本质上是模仿和创新。标杆管理作为一种寻求并引进最佳实践以提高企业业绩的流程，要求企业在模仿的基础上，根据自身实际，重新思考和设计经营实践，在现有基础上取得突破。因此，它不是简单的模仿，而是要不断创新，其本身是一个动态、连续、递进的过程。

第三节　本章小结

本章对数据包络分析法和标杆管理的原理、概念和理论基础做了归纳和介绍。

（1）系统地分析了数据包络分析法在基于实践的基础上，运用线性规划技术评价不同单元之间的相对效率的基本理论观点，详细介绍了数据包络分析法的两个基本的理论模型——C^2R 模型和 C^2GS^2 的模型。后续的章节研究运用 DEA 的多种形式的对效率的相对比较，都是基于这两个基本模型的理论。

（2）从管理学的角度对标杆管理理论的基本原理包括历史演化过程、标杆管理在不同阶段的定义进行介绍，澄清了一些错误观点，为企业使用标杆管理方法指出误区，总结了标杆管理实施的要点和程序，讨论了标杆分析的方法论问题，得出了标杆管理的实质和内涵。以下章节的研究是基于流程的思想对标杆管理的理论和应用进行研究的。

（3）绩效管理是标杆管理的目标和终点。无论在公共部门还是企业，都非常重视这个指标。从绩效管理设计，绩效流程设计，到确定绩效目标，拟定实施计划是实现绩效的保证，也决定了标杆管理在流程控制中的方向。追逐利润是企业的终极目标，而其公共部门由于其特殊性，看待绩效的侧重点不同，因此在研究政府绩效管理时应该抓住本质和目标，即从公共部门的公共性和非营利性的特征出发进行分析。

第三章

基于数据包络分析的标杆管理的框架体系

通过对数据包络分析法和标杆管理进行理论梳理，本章主要是在定义和概念研究的基础上对现有的标杆管理原理、含义和特点进行分析，对标杆管理流程的实施以及成熟阶段标杆管理的执行进行研究，基于流程的观点结合企业的管理活动列出企业标杆管理研究的内容框架。

第一节　企业标杆管理框架体系

一　企业标杆管理流程

第二章标杆管理的实施已经列示了标杆管理中的关键活动。在实际运用过程中，不同的组织根据自身情况开发了不同的程序。如施乐的10步骤模型、IBM的14步骤模型等，这些程序都来自不同的实践活动。AT&T物料部门的程序除包含一般的程序外，还涉及管理层承诺、沟通问题等有助于成功地实施标杆分析的步骤。尽管各个企业或组织在实施标杆分析活动时采用的步骤不同，但其基本思路大致相同。主要区别只是根据企业的不同特点和情况，对步骤的内容划分进行详细描述。目前应用广泛且实施有效的流程是在基于施乐公司首创的标杆管理法工作流程上进行完善和补充的。

基于以上对标杆管理实施要点的分析和知名标杆管理企业的实施经验，标杆分析法工作流程框架上的完善和补充，可概括为5阶段10步骤，其流程步骤如图 3—1 所示。

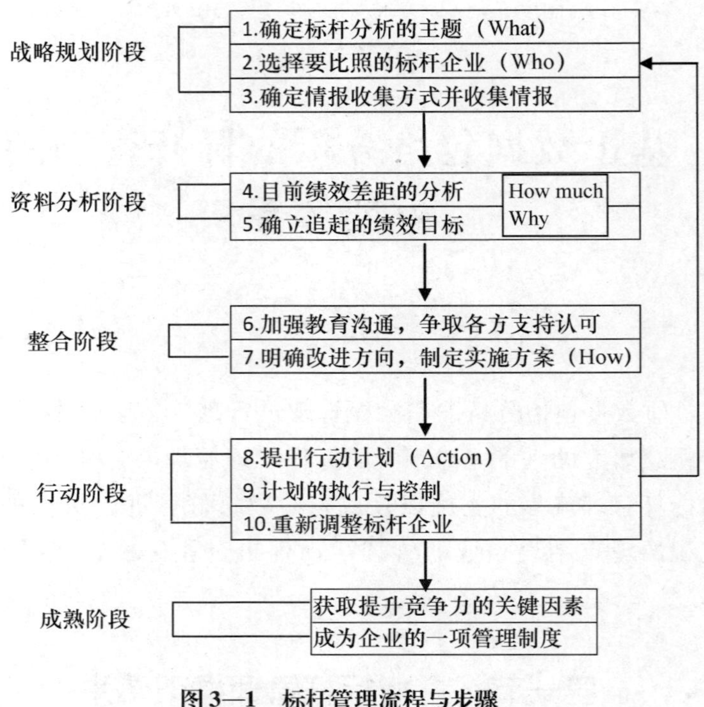

图 3—1 标杆管理流程与步骤

标杆瞄准的这 5 个阶段共涵盖 20 项活动，一项活动又可细分为许多具体的任务要项。在此将标杆管理简化成三个关键的活动事项，即选取标杆、确定标杆的内容、标杆管理过程中的效果评价——标杆管理能力成熟度。具体如图 3—2 所示。

二 标杆管理关键活动事项分析

（一）标杆选取

标杆通常有 5 种不同的类型。企业在选取标杆时既要有战略的思维，又要具备实际可操作性。任何一种标杆瞄准的对象和方法并非都是尽善尽美的，不同类型的标杆瞄准方法都各有利弊。因此，组织在实际选择运用时，考虑对每种方法加以权衡，综合运用。企业选取标杆必须要考虑现实性和可行性。如果一味追求高的标杆，最后可能因为差距太远无

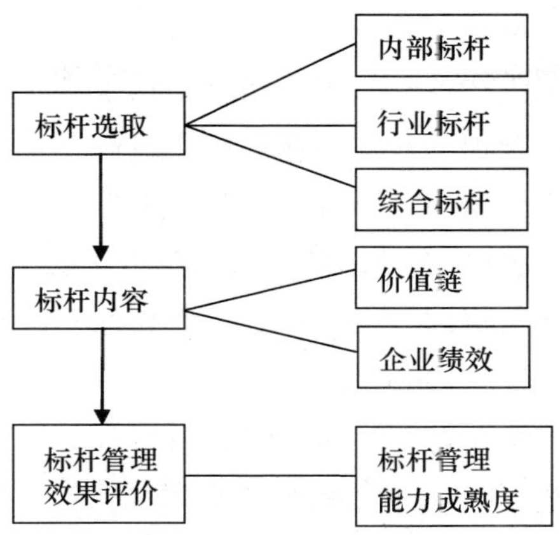

图3—2　标杆管理关键活动事项

法达到，最终不能实现标杆的目的。适当的标杆选取是标杆管理活动成败的关键。

（二）标杆的内容诠释

1. 标杆管理关键成功因素研究

A. Aaker（1984）认为，关键成功因素（Key Success Factors，KSF）来自产业分析，它是指这一产业最重要的竞争能力或竞争资产。成功的企业所拥有的优势必为产业关键成功因素（KSF）中的优势，不成功的企业则通常是拥有 KSF 中的某一个或几个。关键成功因素是进行行业分析时需要优先考虑的因素，也是环境监测和战略管理中重要的控制变量。它能显著地影响企业在行业中的竞争地位以及竞争优势的来源。关键成功因素会随行业特性、驱动力、企业经营目标、竞争状况、时间的变化及地域的不同而有所变化。对于企业经营者而言，若能掌握行业的关键成功因素，便能取得企业竞争的优势。[①] 判别企业的价值链标杆管理成熟度等级，是从微观角度来探索不同企业的价值增值和价值创造过程中可能的改进目标和改进方向。从宏观角度看，是以企业绩效作为分析基础，借助于这一分析过程，发掘对企业发展或生存具有影响的几个关键成功因素。企业若能掌握这些因素，便可取得相对于对手有利的竞

① ［美］詹姆斯·钱皮：《企业 X 再造》，闫正茂译，中信出版社 2002 年版。

争优势。

竞争优势是指企业在产业中拥有相对于竞争者较独特且有优势地位的关键要素，其外在表现是较佳的获利能力或高市场占有率。因此企业是否能建立或维持优势地位，有赖对关键成功因素的掌握。Ansott (1984) 认为，KSF 是确保企业绩效的必要竞争要素，将企业未来的发展战略建立在产业成功关键因素上，可使企业在激烈的竞争中取得相对优势地位。Aaker (1988) 将 KSF 分为两种形态：战略的必要性和战略的强势性。前者表明，即使拥有 KSF 也不一定能够提供竞争优势，因为竞争对手可以同时拥有，但缺少 KSF 则会导致严重后果；后者指企业所独有的能力和资源，而且这些技能和资源优于竞争对手。因此，Aaker 所指的 KSF 是能为企业带来持续竞争优势，尤其是“未来”的竞争优势的因素。

选取关键成功因素进行标杆管理分析对企业提高环境的适应能力，提高竞争力具有重要意义。在以下对标杆管理内容选取和绩效标杆研究中，借助关键成功要素进行研究是本研究采用的手段。

2. 价值链的标杆管理研究

随着知识经济和信息的发展，企业的经营环境发生了变化，突出表现在客户对于高科技产品的需求和企业技术进步两个方面。从客户需求角度看，传统的客户需求注重产品价格和质量，现代的客户不仅注重产品价格和质量，还注重消费品的个性化和实用性。这就使得以往单一、大批量的生产营销加快，技术含量提高，产品功能多样化。为适应市场需求和科技的快速发展，企业管理模式也在不断变化。JIT（及时制）生产管理模式和敏捷制造（agile manufacture）等都强调在复杂环境下，企业应适应市场需要，加强内部和外部协作，提高快速反应能力。但这些管理模式都偏重于企业内部生产环节的协调和企业内部各部门业务流程间的协调。新的经济环境要求企业要由以往的内部管理向内外部协调管理转变，即充分考虑外部因素和外部市场。只有这样，企业才能运用各方面的力量，适应市场需求，赢得竞争优势。

在这种市场需求快速变化、新产品快速推出的环境下，单纯通过对企业某一职能的优化来获取竞争优势，显然已不可行。于是，迈克尔·波特以价值链的形式，把企业各种职能活动与企业价值、利润的关系表示出来，并通过把企业价值链与竞争对手价值链相比较，找出本企业的优势和劣势，以巩固优势，克服劣势，超出竞争对手。

企业的价值活动千差万别。根据企业的职能属性进行归类，纳入价值链环节，便于进行价值链对比，发现企业的竞争策略。迈克尔·波特①在谈到引入“价值链”概念的必要性时说：“将企业作为一个整体，无法认识其竞争优势，竞争优势来源于企业在设计、生产、营销、交货等过程及辅助生产环节中所进行的许多相互分离的活动。这些活动无疑都对企业的相对成本地位有所贡献，并且奠定了标新立异的基础。”企业与同行业先进企业直接进行整体比较，很难知道对方的优势在什么地方，只有将自己的活动与对手的活动分别划入各个价值链环节作比较，才能找出自身的优点和缺点，制定相应的竞争策略。运用能力成熟度模型判断企业价值链所处的能力等级，研究在相应的等级上的改进和努力方向，能有效地提高企业的价值创造能力和竞争能力。

3. 绩效的标杆管理研究

在当今竞争日益激烈、科学技术日新月异的环境下，只从本企业出发确定标准的方法已无法满足企业竞争的需要。在实施标杆管理之前，很多企业也采用了一些外部绩效标准②，但只是简单地采用同业平均水平或百分比作为本企业的标准。由于缺少对其他企业的经营条件和核算方法的细致研究，确定的绩效标准对本企业的指导作用十分有限。

标杆管理的发展使解决业绩评估标准问题有了很大进展。首先，标杆管理给企业提供了一套可以用于任何评估标准的方法。既可用于财务评估标准又可用于非财务评估标准。其次，它还是一种革命性的评估和管理系统，能够转变管理层思维模式和视角，从外部入手，可以使人们了解以前认为是不可能完成的重大改进，拓宽企业视野，让企业投身外部市场的激烈竞争中。

业绩评价报告是业绩评价系统的总结性工作，是业绩评价系统对外的信息输出。在业绩评价报告中，进行差异分析是一项非常重要的内容。差异分析是将收入或成本的目标水平与实际水平相比较，并计算差异的过程。差异表明用以制定财务计划的某些假设没有实现，对

---

① ［美］迈克尔·波特：《竞争优势》，陈小悦译，华夏出版社1997年版，第33页。

② 付亚和、许玉林：《绩效管理》，复旦大学出版社2003年版，第319页。

重要差异进行调查可以发现哪些预期目标没有实现，并决定采取什么行动。

标杆管理的差异分析能有效地克服这一缺陷。标杆管理团队在完成基本分析之后，最后一项重要任务是制作一份报告。标杆管理就是组织将自身在某一领域的业绩与经营卓越的公司业绩进行比较，并发现改善机会的过程，所以，标杆管理报告就是一份业绩评价报告。就差异分析而言，标杆管理注重更为细致地比较。在标杆管理中，很多组织用关键成功要素来称呼一些重要的标杆流程。在开始寻找标杆管理的关键成功要素时，重要的一点就是，定义及测量方法必须力求明确。界定清晰的标杆管理内容，有助于规划衡量的策略，也有助于开展具体明确的衡量方法。

标杆管理这种细致的比较，使得组织与标杆企业的差距变得显而易见。标杆管理更大的改进在于：标杆管理活动的基本构成可以概括为两部分：度量标准和最佳实践。所谓度量标准，就是能客观反映经营管理绩效的一套指标体系，以及与之相对应的作为标杆用的一套基准数据。所谓最佳实践，是指行业中的领先企业在经营管理中所推行的最有效的措施和方法。上面所述的衡量比较，基本上是度量标准之间的比较。对最佳实践的分析，一方面，有助于我们认识产生度量标准差异的内在原因；另一方面，为组织自身的改进树立目标并提供指南。[①]

4. 标杆管理中动态能力的形成和衡量体系

标杆管理的基本思想是通过规范且连续地比较分析，帮助企业寻找、确认、跟踪、学习并超越自己的竞争目标。简单地说，标杆就是榜样，这些榜样在业务流程、制造流程、设备、产品和服务方面取得的成就，就是后进者瞄准和赶超的标杆。施乐公司（美国最佳案例研究中心）的全球对标网络总裁 Robert Camp 曾指出：对标是对产生最佳效果的行业的最优经营管理实践的一种探索。因此，它要求在经营管理中，达到最优模式和最优标准。也就是盯住世界水平，实践方面“优中选优”。只有盯住世界水平，才能把企业发展的压力和动力，传递到企业每一层级的员

---

① 盛明科：《政府绩效评估的主观评议与多指标综合评价的比较——兼论服务型政府绩效评估方法的科学选择》，《湘潭大学学报》（哲学社会科学版）2009 年第 1 期。

工和管理人员身上，从而提高企业的整体凝聚力。对标的关键，在于选择和确定被学习和借鉴的对象和标准。“标杆”是一个值得模仿的榜样，可以是人、模式、流程或是某一个具体标准。企业如果掌握了这种管理思维模式，就可以做到有效的“拿来”——把别人运用的好方法，有效地运用在自己的经营管理中，并加以改造、发挥。其核心功能是使企业向业内或业外的最优企业学习。通过学习，企业重新思考和改进经营实践，创造自己的最佳实战方法，最终从模仿变革为创新。

企业要在竞争激烈的市场中站稳脚跟，必须建立一个完整且独特的商业模式。基于对客户和市场的深刻了解，发现独特的价值诉求，并针对自身能力与实现独特价值的能力之间的差距，持续有序地打造与独特价值对应的独特能力，建立不断调整的既能抵御被模仿企业的报复与“收编”，又能阻止处于相近水平企业模仿的独特能力。这种能力就是基于模仿到创新的不断适应复杂多变的外部环境的动态能力。

动态标杆管理能力就是组织为应对国际金融危机，在实施标杆管理的活动中具备这样的素质：能够适应快速的环境变化，建立并运用一定的基础资源条件，找准行业内的先进企业，模仿其管理方式等，采用知识、技术共享的手段，学习先进知识和技术，按照组织的战略发展方向，通过资源整合等手段，有效配置资源，推动组织的技术创新和管理创新，形成适应环境变化的动态能力。动态标杆管理能力能够保证组织具有持续的竞争优势，最终实现组织绩效的持续提升。

动态标杆管理能力的提出，克服了传统的标杆管理在运用过程中不考虑环境的变化、僵化和照搬照抄的弊端，在环境、管理和绩效之间建立起沟通和联系，更明确地建立一个整合、构建、重置组织内外资源和能力的过程。通过追求组织持续竞争优势，提升组织绩效。动态标杆管理能力反映的是组织具有从已有资源提取创造价值的能力和应对环境变化而更新自身能力的特性。

三　基于 DEA 的企业标杆管理的内容体系

以上从标杆管理流程的角度出发分析了标杆管理的关键环节，包括标杆树立的选择、标杆内容的确定和标杆管理的结果评价——标杆管理能力成熟度，最终探讨企业在动态环境下提高标杆管理能力的路径——

实现从学习、模仿到创新的升华。结合不同研究内容的特点，选用不同的数据包络分析模型。企业标杆管理的研究框架如下图。

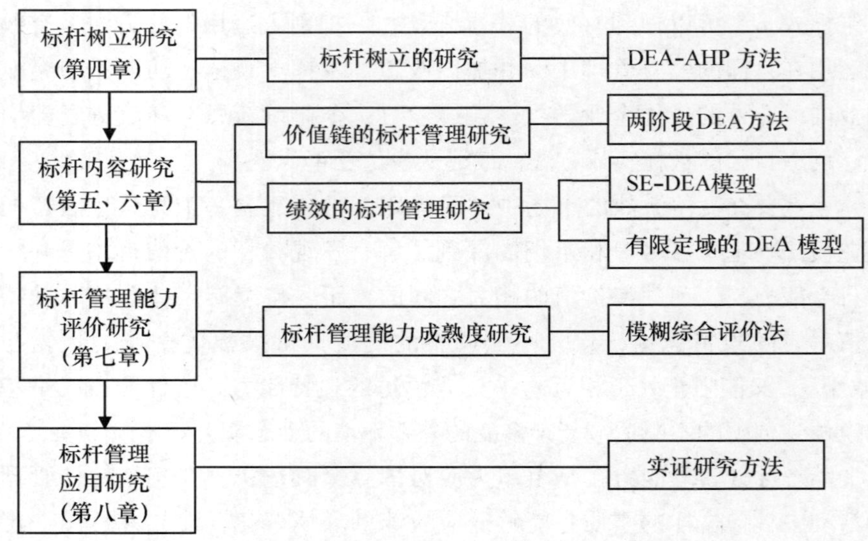

图 3—3　企业标杆管理的研究框架

第二节　本章小结

在第二章对数据包络分析法和标杆管理理论进行梳理的基础上，以标杆管理的流程为出发点，将标杆管理的流程分为三个关键的环节：首先，对标杆的寻找；其次，从企业价值链、绩效两个方面的视角，从企业整个经营管理过程，对标杆管理进行具体研究；最后，指出标杆管理在实施过程中形成动态能力，并对标杆管理动态能力的形成进行研究，对其能力等级进行评价，构建标杆管理能力成熟度模型。本章是对后面所有章节的统领。

第四章

基于数据包络分析法的标杆管理的标杆选取

孔子曾说："法乎其上，得乎其中；法乎其中，得乎其下。"企业运用标杆管理，标杆的选取就成了关键问题。标杆选取的好，对管理绩效的改进有很大帮助；如果选取的标杆不合适，作为标杆的对象不具有可比性或目标过高，标杆管理则难以取得预期的效果。对于企业和组织而言，设定富有挑战性、可操作性的目标是成功实施标杆管理的第一步。

第一节　标杆企业与被标杆对手的关系分析

标杆企业和被标杆对象之间在的关系取决于标杆对象的选择和确立。最常用的标杆选定方法是，一对一比较。一个组织开始标杆学习的起始阶段往往是选择几个其他的组织作为标杆对象，一个接一个进行比较，把每个标杆组织都当作学习对象，通常不让其他的组织知道不止一家企业被作为标杆学习对象，且下一个标杆对象是谁。第二种模式是，团队比较。几个组织共同加入标杆学习的实践中，所有的组织都被卷入比较中，变成了通常的实践活动，所有加入的同伴企业往往都能够得到更好的价值提升。第三种模式是人们过去常常使用的方法，即选取第三方机构作为中介，收集数据进行分析，把数据分析的结果传给组织。因为每个组织不一定都能观察到最好的实践，会导致学习的结果很难有所改变或突破。通过第三方中介组织获取最佳实践数据更适用于绩效标杆，见图 4—1。

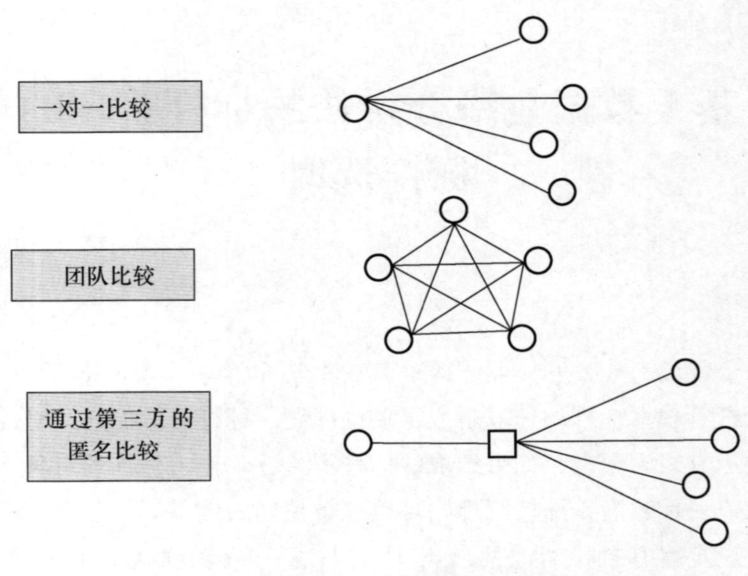

图 4—1 标杆企业关系

第二节 标杆的分类

依据不同的分类标准，标杆管理有不同的分类方法。企业从改进目标的不同角度选取标杆，有以下的分类方法：

内部标杆管理——以企业内部操作为基准的标杆管理。它是最简单且易操作的标杆管理方式之一。辨识内部绩效标杆的标准，即确立内部标杆管理的主要目标，可以做到企业内信息共享。辨识企业内部最佳职能或流程及其实践，然后推广到组织的其他部门，不失为企业绩效提高最便捷的方法之一。除非用作外部标杆管理的基准，单独执行内部标杆管理的企业往往有内向视野，容易产生封闭思维。因此在实践中，内部标杆管理应该与外部标杆管理结合起来使用。

竞争标杆管理——以竞争对象为基准的标杆管理。竞争标杆管理的目标是与有着相同市场的企业在产品、服务和工作流程等方面的绩效与实践进行比较，直接面对竞争者。这类标杆管理的实施较困难，原因在于除了公共领域的信息容易获取外，其他关于竞争企业的信息不易获得。

职能标杆管理——以行业领先者或某些企业的优秀职能操作为基准进行的标杆管理。这类标杆管理的合作者常常能相互分享一些技术和市场信息，标杆的基准是外部企业（但非竞争者）职能或业务实践。由于双方不是直接的竞争者，合作者往往比较愿意提供和分享技术与市场信息。不足之处是费用高，有时难以安排合作和交流的场合。

流程标杆管理——以最佳工作流程为基准进行的标杆管理。这类标杆关注的不是某项业务与操作职能或实践，而是类似的工作流程，可以在不同类型的组织中进行。这类标杆虽然被认为行之有效，但也很难进行，它一般要求企业对整个工作流程和操作有很详细地了解。每个企业应仔细评价自己的方方面面，开始流程标杆管理的唯一有效的方法是，要确定目的是为财务需要还是为满足顾客的需要。任何类型的标杆管理，挑战最大的一类是如何正确面对竞争者。

也有将其分为内部标杆、外部竞争对手标杆、外部行业内标杆、外部一般标杆和内外部综合标杆，这种分类方法事实上是和上面的分类是一一对应的。企业从本身入手，确定企业应该改进或急需改进的方向选取标杆。

第三节　标杆选择的技巧和方法

一　选择标杆管理的“基准”目标

企业确定了标杆管理的内容后，接下来的工作就是要选择标杆管理的“基准”企业。标杆管理的“基准”目标，即标杆管理的“杆”，是企业标杆管理想要模仿和超越的对象。它可以是本组织内部的最佳组织，也可以是竞争对手或者行业内外的最佳组织。产品标杆管理中，“基准”目标多为竞争对手，在某些情况下，为本行业的领袖企业。竞争对手的选择原则是：与本企业的产品处于同一细分市场，与本企业争夺相同的目标客户，产品的市场占有率与本企业相当，与本企业相比具有明显的竞争优势等。过程、管理、战略标杆管理的“基准”目标可以是竞争对手，也可以是企业及行业内外部的企业，如美孚石油，在提高服务速度、实现微笑服务和提供安抚以提高顾客忠诚方面分别选择了潘斯克公司、丽嘉卡尔顿酒店和“家庭仓库”公司作为标杆管理的“基准”目标。

二　标杆选择的系统思考方法

标杆选取要从企业管理系统的角度来考虑，具体来讲需要关注以下方面：

（一）标杆的合理选择与战略的关系

标杆的选取首先要在明确企业战略的前提下进行。不同类型及规模的企业在不同阶段都有自己的发展战略和相应的策略，这些都是标杆管理的方向和基础。考虑以流程的思路选择标杆，对标杆对象进行以流程为基础的分析工作，对流程的主要内容进行分析，是标杆管理的基础。

（二）时空因素

标杆选择必须考虑时间和空间因素，结合企业不同生命周期的具体情况来选择标杆。环境在不断变化，企业自身也在进行不断地变革，企业的资源要素也要随之更新，所以企业的标杆选取也要根据不同时期、不同状况而变化。

（三）前瞻性

标杆的选择应根据行业的前向一体化、后向一体化等企业发展模式，在关注行业内现有企业的同时，着眼于来自生产替代品或提供服务的公司竞争，以及潜在的竞争者，以发展的趋势选取标杆指标。尽管有的标杆对象只有几个个别方面表现突出，但正是这些方面资源的合理配置，才使其在某方面有好的表现。确定单一的标杆指标往往很难达到预期的学习效果。

（四）重视环境因素

环境是近年来企业发展必须关注的重要因素，环境变化的复杂性和动态性使得企业管理模式、生产和产品营销等各方面都要随之做出相应的调整策略。企业的发展受其内外部资源环境的影响很大，在实施标杆管理活动时要注意资源环境的可比性。标杆必须考虑到大致相同或相似的资源环境条件的选择，以及对不确定性的预判和估计。

三　标杆选择的技巧和方法

（一）合理的标杆对象选择

标杆对象的选择，应根据企业自身现有的基础灵活确定。对于中国企业来说，各行业最优秀的企业可以将世界一流企业作为自己的标杆，中小企业又可以把行业一流企业作为自己的标杆。但是失败者类型的企业若将行业一流甚至世界一流的企业作为自己的标杆对象，则未必行得通，先进企业的经营管理实践对失败企业而言虽然不能说毫无用处，但用处不大；如果这些企业把绩效水平在行业中处于中等水平或中等偏上水平的企业列为自己的标杆管理对象，产生的效果将会更显著。

（二）动态的标杆目标

任何一个优秀企业，如果不进行积极的管理变革，以保持企业的核心竞争优势，早晚会被市场淘汰出局，成为市场竞争的失败者。所以，企业在标杆管理的活动过程中，应当结合自身发展阶段的实际情况，适时、动态地向具有整体优势或优秀片段的企业学习，进行经营管理实践，而不是仅仅只瞄准一两个领先企业。

第四节　标杆管理中标杆选取方法研究

一　标杆管理中选取标杆的现行研究成果及述评

诸多学者对标杆管理的标杆选取进行了关注和研究。余景选从企业战略目标的角度出发研究选取标杆，认为战略目标是一切管理活动的出发点，企业选取什么样的最优实践作为标杆，也是由企业的战略目标所决定的。[①] 目前，在市场经济形势下，以客户为中心，企业从创造价值增值活动的价值链环节寻求最佳实践，确立标杆，这种方法是基于系统化的观点，立足整个系统最优化的选择，实现企业的总体目标。中国邮政业则侧重于从标杆管理分类方法的角度将标杆分为内部标杆、职能标杆、竞争标杆、流程标杆等四个类型，每个企业根据企业的需要和目标，从

① 余景选：《“标杆”的树立》，《科技创业月刊》2004 年第 6 期。

自身角度出发选取适合的标杆。[①] 有学者用5个步骤分类进行标杆管理：(1) 确定客户对标杆管理信息的需求，定义特别的标杆管理条目以及确定和保障需求资源；(2) 选择、监督和管理一个标杆管理团队；(3) 确定收集标杆管理信息的信息源；(4) 收集真实的信息；(5) 依照改善的建议和确立的方法实施。[②] 有文献将标杆管理划分为4个步骤：(1) 规划标杆管理项目；(2) 收集必要的数据；(3) 针对绩效差距和绩优企业的数据进行分析；(4) 根据适应的绩优企业进行改良。[③] 也有文献中研究标杆管理采用层次分析法（Analytical Hierarchy Process，AHP）：(1) 确定物流重要的成功的因素；(2) 确定所要分析的企业；(3) 业绩分析；(4) 确定能力水平；(5) 分析企业的状况和确定发展的行为；(6) 确定和实施改善计划；(7) 监督和修正。[④] 综上所述，各种管理模式基本上都是以数据交换、建立评价体系、制定改善计划为主线实施标杆管理。但是，不论哪一种模式，在进行关键的自我评价时，在评价的量化以及确定要改良量化目标方面，均未给出确定的结果。这会在具体实施标杆管理的过程中导致一定的盲目性。有学者用物元发散性思想，找到与待决策单元同名、同值、同征的单元，并收集它们的定性信息，然后用AHP给出了待决策单元标杆的选择方法，最后，通过收集标杆相应的数量信息，用DEA的方法给出标杆的最佳决策模型。[⑤] 这种方法较之前面几种选取标杆仅给出理论的方法前进了一步，此模型对基于定性信息选择标杆的问题给出了一种解决方法，具有科学性，但该模型更多运用的是定性信息，而没有挖掘最具有实际说服力的定量信息。

有学者使用的方法是，首先，对若干决策单元进行有效性判断。根据相对有效性原则，初选出部分绩效较好的几个DMU；然后，利用调查、网上查阅等方法，收集同类或相似部门的最佳工作绩效指标与数据，建

---

① 《标杆管理如何选“杆”》，《中国邮政》2008年第1期。

② Spendolin M. J.，*The Benchmarking Book*，New York：Amacom，1992.

③ Weston G. H.，*Strategic Benchmarking*，New York：Wiley，1993.

④ Korpel A. J.，Tuominen M.，“Benchmarking logistics performance with an application of analytic hierarchy process”，*IEEE Transaction on Eng Management*，Vol. 43，No. 3，1996，pp. 323－333.

⑤ 李长春、刘殿国：《基于定性信息标杆的选择方法和最佳决策模型》，《吉林大学学报》（信息科学版）2007年第2期。

立标杆 DMU；最后，将数个 DMU 用 DEA 算法进行再比较，进一步选出有效的 DMU。[①] 该方法标杆单元的组成数据均为拼凑起来的“绩优”数据，致使 DMU 过于理想化，“筛选”之后的几组有效的 DMU 的绩效条件也许会很高，结果将会导致企业很难或根本做不到选出标杆的绩效水准。为克服此类选取标杆过于理性化而难以实现的缺点，有学者提出根据系统的发展规划提出一个大标杆，再通过计算求解出一组合理的虚拟 DMU，即建立小标杆的数据。[②] 这种方法要求建立评价体系，但是，评价体系的建立和评价方法的选择是多样的，较为复杂，在实际操作时会因为选择不同的评价指标和研究方法，影响标杆管理的效果。

二　标杆管理标杆中选取的意义

以往的管理方式的实施，多从企业自身出发，很少考虑企业外部环境的变化。随着国际经济危机的爆发，国内出口比重较大的企业受到了重创，尤其是劳动密集型企业，如服装、电子、玩具等行业，大型企业的效率问题成为国家和研究者关注的对象。同样的出口加工型企业，为什么有的能在受到国外市场冲击的情况下从容应对；有的利润急剧下滑，产品出口萎缩，甚至破产倒闭。对于企业而言，要进行竞争者分析与自身分析，找出差距和不足，在现有的市场空间中寻求新的出路。便捷的方法就是向那些在外部市场变化情况下仍然能够保持优势竞争力的企业学习，从组织结构到战略，从生产率、产品质量到产品开发业绩，分析整个行业的运营和管理，找出最佳的标杆学习对象。标杆管理主要是一个明确努力方向的过程，是发现目标以及寻求如何实现这一目标的手段和工具，实现目标的意义在于获得绩效改良的最终结果。把标杆管理作为组织学习与变革调整，不仅是一种支持模仿和协作的工具，而且有助于创新思想的产生和企业性能指标的提高。

很多行业在实践中选取标杆时，一开始仅凭感性的判断或国家、地

---

① 关前峰：《基于价值链的房地产企业的标杆管理》，《产业与科技论坛》2008 年第 7 卷第 9 期。

② 王晓林、陈子辰：《标杆管理中大小标杆量化分析》，《浙江大学学报》（工学版）2006 年第 8 期。

区统计的数据表明某个企业或部门在某一方面做得比较好，就以其为标杆，作为改进的目标。但标杆选择仅仅凭经验和感觉而定，没有对资料进行科学的分析，缺少必要的理论支撑。实际中任何一个企业为了自身的发展，往往在刚开始选择标杆时，仅知道相关企业的一些定性信息，依据定性信息来选择标杆，实施一段时间后，会出现很多问题。随着企业生存约束越来越多，不仅包括组织内部结构和战略、资源等，而且包括不确定性和复杂性因素、外部环境造成的市场需求和技术创新步伐加快等诸多因素。研究表明，运用数学和运筹学等方面的知识，将经济问题转化为用量化的指标来表示，是一种行之有效的方法。本研究借助数据包络分析法（DEA）和层析分析法（AHP）来选取标杆，不失为一种有效的解决问题的方法。

三　基于 DEA 的标杆管理中标杆选取的 DEA - AHP 方法

（一）数据包络分析法（DEA）

数据包络分析方法是评价决策单元相对有效性的方法，是运筹学、管理科学与数学经济学交叉研究的一个新领域。DEA 方法可以用线性规划方法来判断组织的管理行为，在处理具有相同性质的部门（决策单元 DMU）进行多输入、多输出的比较方面有很大优势。该方法近年来被广泛运用到技术创新和生产力进步、投入产出比较、资源配置、金融投资和非生产性等各个领域的有效性分析，进行决策评价。运用数据包络分析法可以从影响企业绩效和竞争优势的关键因素着手进行分析。收集行业内不同企业或外部行业中所处竞争环境相同的企业，将影响因素作为输入，然后比较企业间的产出，把收入、利润或其他产出作为输出指标，判断该评价企业是否落在生产可能集的生产前沿面上。运用 DEA 方法进行评价时，决策单元的相对有效性与选取的输入和输出指标的量纲无关，无须进行无量纲化，避免选取量纲时由于主观因素使用的转换方法不同影响带来的评价结果。

应用 DEA 方法评价 DMU，确定输入和输出指标，评价的决策单元组成一个凸集，形成一个参考集。用数学的术语来表示，给定如下：

k 代表一个被评价的决策单元 DMU，（$k=1, 2, \cdots, K$）

I 代表输入，（$i=1, 2, \cdots, \mathrm{I}$）

J 代表输出，($j=1$，2，…，J)

那么 x_j^k 表示 DMU_k 的输入，u_j^k 表示 DMU_k 的输出。

对被评价的给定参考单元 R (k)，这个参考单元输入给定为 $x_j^{R(k)}$，输出为 $u_j^{R(k)}$，这些输入和输出组成的凸集，定义如下：

$$
\begin{aligned}
x_j^{R(k)} &= \sum_k \lambda_k x_i^k \\
u_j^{R(k)} &= \sum_k \lambda_k u_i^k \\
\lambda_k &\geqslant 0
\end{aligned}
\tag{4—1}
$$

λ_k 代表 k 在凸集中的权重，建立以下模型，计算被评价单元的有效值 θ：

$$
\begin{cases}
\min\theta \\
X_j^{R(k)} = \sum_k \lambda_k x_i^k \leqslant \theta x_i^k (i = 1, 2\cdots, I) \\
u_i^k \leqslant u_j^{R(k)} = \sum_k \lambda_k u_i^k \\
\lambda_k \geqslant 0
\end{cases}
\tag{4—2}
$$

求解线性规划方程，若 $\theta=1$，决策单元处于相对有效；若 $\theta<1$，决策单元处于相对无效。

DEA 成功地把效率相对较高的 DMU 集合与效率相对较低的 DMU 集合区别开来，确认 DEA 有效，就等于确认了相对比较优势的生产策略。从选取输入指标的角度来看，相对有效的决策单元在其产出的各个因素方面具有相对优势，从而能够将相对有效和相对无效的企业区分开来。由于是相对评价，总存在那么一个或多个企业落在生产可能集的前沿面上。因此，DEA 的度量和评价结果能促进相对无效的 DMU 和相对有效的 DMU 相互竞争，内生地具备了竞争的本质。通过 DEA 方法确定待评价的决策单元中的哪些决策个体是有效或无效的，通过比较得出的 DEA 效率测度是一种相对效率而不是绝对效率。遇到结果是多个相对有效的决策单元时，因为有效的决策单元的相对效率指标都为 1，所以在作为标杆时，目标太多，会使组织在进行标杆管理的时候无所适从。层次分析法是美国运筹学家 T. L. Satty 于 20 世纪 70 年代提出的一种通过求解组合权重来选取最优的决策的一种方法。借助这种方法，考虑在用 DEA 方法选取有效的决策单元之后，再结合使用层次分析法，找出最优的决策单元，确定要树立的标杆企业。

（二）层次分析法（AHP）

层次分析法[①]是一种定性与定量结合的多准则决策方法。它将决策问题的有关元素分解成目标、准则、方案等层次，在此基础上进行定性分析和定量分析的一种决策方法。应用层次分析法时，首先要把问题层次化，形成多层次的分析结构模型，然后利用较少的定量信息，把决策的思维过程数学化，从而求解多目标、多准则或无结构特性的复杂决策问题。其基本思想是引入1—9级标度法，不同准则相对于目标通过专家打分法或模糊综合评判等，将两两比较的结果构成判断矩阵。通过计算矩阵的最大特征根与特征向量，计算出某层次因素相对于上层各个因素的单排序权值后，用上一层次本身的因素权值加权综合，即可计算出某层次因素相对于上一层次的相对重要性权值，即层次总排序权值。这样，依次由上而下即可计算出最底层因素相对于最高层的相对重要性权值或相对优劣次序的排序值，就可以得到不同企业（决策单元）的最终排序。

层次分析法可以将数据包络分析法中选取的不同企业的输入输出指标放在一个总的目标前提下，作为评价对象选取的准则和依据，重新进行定量和定性相结合的评价，较之单纯的定性信息选取标杆更具有说服力，又克服了面对数据包络分析法选取的多个决策单元相对有效的结果，使得标杆选取无所适从，具有实际的可操作性。

其步骤大致如下：

1. 建立判断矩阵

判断矩阵是层次分析法的核心。判断矩阵是通过两两比较得出来的a_{ij}两目标相比，按照1—9重要性排序，以上各数的倒数，两目标反过来比较，由此得到的判断矩阵，设为：

$$A = \begin{Bmatrix} a_{11} & a_{12} & \cdots & a_{1n} \\ a_{21} & a_{22} & \cdots & a_{2n} \\ \cdots & \cdots & \cdots & \cdots \\ a_{n1} & a_{n2} & \cdots & a_{nn} \end{Bmatrix} \qquad (4—3)$$

① 秦寿康：《综合评价方法与应用》，电子工业出版社2001年版，第23—25页。

2. 权重的确定方法

由判断矩阵 A 确定权重 W 单排序的方法很多，但 T. L. Staay 提出特征向量法仍然是最理想的方法。该方法通过求解特征方程：

$$AW = \lambda_{max} W \tag{4—4}$$

式中，λ_{max} 为矩阵 A 的最大特征根，W 为对应于 λ_{max} 的特征向量。将 W 进行归一化处理，即得权重。所有这些工作都可以用 Matlab 软件计算。

3. 一致性检验

一致性检验是通过计算一致性指标和检验系数进行检验的。

一致性指标　$CI = \dfrac{\lambda_{max} - n}{n - 1}$　（4—5）

检验系数　$CR = \dfrac{CI}{RI}$　（4—6）

其中　CI 为判断矩阵的一致性指标，$CI = \dfrac{\lambda_{max} - n}{n - 1}$　（4—7）

RI 为判断矩阵的随机一致性指标

RI 值会随着矩阵阶数的增加而增加，如下表所示：

表 4—1　*RI* 值对照表

n	3	4	5	6	7	8	9
RI	0.58	0.90	1.12	1.24	1.32	1.41	1.45

当 $CR = CI/RI < 0.10$ 时，即认为判断矩阵具有满意的一致性，否则就需要调整判断矩阵，使之具有满意的一致性。

四　应用举例——绩效的角度

评价企业成功与否，一般是以绩效为衡量标准的。在当前的经济形势下，市场需求和购买力发生很大变化。在此，选取江苏省百强企业中的钢铁行业，用一定的投入和产出指标对同一行业的不同企业进行分析。投入指标用企业的土地使用面积、资本投入和劳动者数量来表征，资本投入以固定资产投资和流动资产投资之和来表示。劳动投入用企业从业人员数量来表示。产品销售收入作为一项基本的输出指标，可以反映某个区域同质企业的经济规模和总量，是最常使用的评价指标，用主营业务收入作为输出的指标。另外，采用主营业务利润指标可以反映企业的获利能力，用营业外收入总额从另一个角度来反映企业产出情况。各地原始数据见表4—2，输入输出数据从江苏省统计局网站和2007年江苏百强企业排名中得到。

表4—2　　江苏省百强企业中钢铁企业数据资料

输入 / 输出 / 决策单元	占地面积（亩）	总资产（百万）	员工人数（人）	主营业务收入（百万）	主营业务利润（百万）
1. 江苏沙钢	10500	10491	9800	7013	2505
2. 南京钢铁	9845	1621	11094	1615	710
3. 永钢集团	3500	595	4095	1063	385
4. 上海梅山	5145	1322	4965	997	324
5. 江苏淮钢	1350	546	3345	1002	334
6. 西城钢铁	1500	175	2000	426	145
7. 锡兴钢铁	1400	280	3973	356	135
8. 雪浪钢铁	375	149	1635	354	124
9. 苏钢集团	4000	436	4016	368	137
10. 铁本钢铁	6500	476	3662	323	112
11. 江苏锡钢	985.5	218	3183	273	95
12. 中天钢铁	8500	311	1606	272	92

将以上12家钢铁企业的输入输出指标代入线性规划（模型4—2），计算出各企业的DEA有效情况。测算结果如下表：

表4—3　　运用DEA方法测算的江苏省钢铁企业相对效率值

企业	效率	企业	效率
1	1	7	0.5793491
2	0.6787954	8	1
3	1	9	0.417592

续表

企业	效率	企业	效率
4	0. 579022	10	0. 3443574
5	1	11	0. 5241609
6	1	12	0. 5451939

从计算结果来看，企业1、3、5、6、8是相对有效的决策单元，位于生产前沿面上，同时为技术有效和规模有效，表明这些企业的投入产出效率都很高。其余7家企业均为DEA非有效。也就是说，这些地区的资源配置与实际产出的效率不符，它们的有效值排序见表4—3。尤其是铁本钢铁，有效值仅为0. 3443574。运用DEA方法，是对决策单元的相对效率评价，5家企业都处于相对有效状态，那么钢铁行业选取标杆，以5家中的哪一家为最好呢？

为选出最佳企业，再运用层次分析法，对5个相对有效的企业做出排序，找出标杆。设置总目标以对企业绩效进行评价，准则层分两个层次：第一个层次分为S1投入和S2产出，第二个层次分为占地面积、总资本、人力、主营业务收入和主营业务利润5个指标。构造层次如图4—2所示：

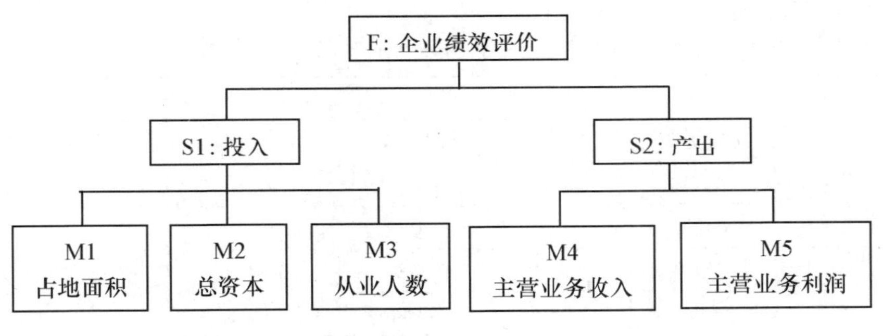

图4—2　企业绩效层次分析图

在进行企业的绩效评价中，征询企业专家的意见和文献资料，一致认为投入和产出两个指标同等重要，因此在此取 $F = \begin{bmatrix} 1 & 1 \\ 1 & 1 \end{bmatrix}$，特征向量

$W = [0.5, 0.5]^T$，最大特征根 $\lambda_{max} = 2$。对投入和产出构造如判断矩阵，如下表4—4，表4—5：

表4—4　　企业绩效评价投入和产出判断矩阵

S1	M1	M2	M3
M1	1	1/2	2
M2	2	1	2
M3	1/2	1/2	1

表4—5　　企业绩效评价投入和产出判断矩阵

S2	M4	M5
M4	1	2
M5	1/2	1

对构造的判断矩阵进行一致性检验并求解，结果如下：

$F = (0.1354, 0.2067, 0.1179, 0.2705, 0.2695)$

将表4—1中序号1、3、5、6、8的5个企业的数据进行无量纲化处理，如表4—6：

表4—6　　对5个相对有效企业指标无量纲化处理后数据

企业	投入			产出	
	占地面积（亩）	总资本（万元）	从业人数（人）	主营业务收入（万元）	主营业务利润（万元）
1	0	0	0	1	1
3	0.6914	0.9568	0.6987	0.8404	0.1096
5	0.9037	0.9616	0.7906	0.0973	0.0882
6	0.8889	0.9975	0.9553	0.0108	0.0088
8	1	1	1	0	0

用层次分析法将得到的5个指标权重乘以标准化处理数据，得到如下结果：

0.759406，0.850467，0.765542，0.323504，0.170834

运用DEA方法，得到江苏沙钢、永钢集团、江苏淮钢、西城钢铁、雪浪钢铁处在总体效率和纯规模效率的前沿面上，这5家企业共同的优点在于，虽然受多重因素影响，仍然能够及时调整营销战略，主动顺应市场变化，变以前以原料采购为主为以扩大销售为主，在市场需求萎缩的情况下，占领市场份额。其优势在于：（1）产品结构多元化和高新化；（2）劳动生产率和人均产钢量高，引进吸收先进工艺和技术，提高劳动生产率，降低每吨钢劳动生产成本；（3）进入国际市场的空间较大，与大的资源类公司形成长期合作关系和稳定的供应结构，同时注重下游产品市场的开发，建立有长效机制的战略合作，形成稳定的市场用户。但每个企业由于资源、能力等不同，面临共同的市场环境又有各自的应对策略。进一步运用定性和定量结合的层次分析法计算得出，永钢集团排名第一位。在结合专家的意见构造判断矩阵时，既考虑了投入和产出对企业绩效的重要性，又考虑了多种复杂因素的影响。永钢集团之所以能够排序第一，是因为采取有效的管理措施，实现专业化分工和协作，推动产业结构优化升级，提高产品科技含量和附加值，深化节能减排，从而提升了企业综合竞争力。同时，在国际金融危机形势下，为壮大实力，和沙钢“强强联手”，以资金为纽带，全面加强资源、市场、人才、技术、信息、管理和物流等各个领域的利益共享和交流合作，进一步整合资源，优化配置。选择永钢集团作为江苏省钢铁企业的标杆，是适当的、可行的目标，不至于由于目标过高而力不能及；同时，各企业面临相同的区位环境和政策资源，具有可比性和参照性。

运用数据包络分析法结合层次分析法选取行业标杆，既克服了传统选择标杆缺乏理论依据，只是定性评价某个对象的优劣的弊端，又避免了单纯使用DEA方法只能评价其相对效率，出现多个参照对象而使企业无所适从的局面。采用这种方法选取的标杆，既保持了其相对效率，同时又在多个相对有效的决策单元做出排序，内生的具有竞争的性质，使得标杆的建立具有实际意义。在同一区域内选取标杆可操作性强，较为科学，并且能够进一步结合数据包络分析法对影响钢铁企业的关键输入和输出因素提出改进意见和建议，使企业改进的思路和绩效提升的目标更加清晰。

第五节　本章小结

本章在传统的标杆管理分类的基础上，认识不同标杆的特点和适用性，运用系统的方法，论述在标杆选择过程中需要掌握的技巧和方法。并运用方法论指导实践，对以往学者在选取标杆时使用的定性和定量方法的文献进行回顾，在此基础上，用数据包络分析法和层次分析法相结合的方法（DEA - AHP）探索选取标杆的定量方法，使得选取的标杆更具有可行性和实用性，克服以往选取标杆的盲目和不切实际。DEA 方法是一种能评价相对效率的方法，而 AHP 则能够对相对有效的决策单元进行重新衡量，弥补了 DEA 仅能评价相对效率的缺憾。为说明这种方法的实用性，从企业绩效的角度出发，给出了一个案例。事实证明，这种选取标杆的方法使得企业标杆管理活动的目标更加清晰，也较为科学。

第五章

基于数据包络分析法的价值链的标杆管理

本章在对价值链理论回顾的基础上，以价值形成过程为基础，对标杆管理活动给企业带来增值的过程进行分析。首先，讨论价值链标杆管理的概念与特征，指出标杆管理活动的各个环节的价值增值，形成标杆管理价值链。它是标杆管理和价值链相结合的复杂系统。其次，分别以价值链创造环节的业务流程为基础，建立标杆管理价值链分析模型，即价值形成和创造环节的标杆管理的内容框架。本章研究的目的在于，从提高企业绩效的最根本环节——价值创造入手，分析和研究标杆管理对价值链环节的影响，找出企业标杆管理的标杆内容。

第一节 价值链的内涵、特点及其作用

企业采用的管理模式和管理方法归根结底是为了提高企业的经营绩效，提升企业的价值。经营过程是价值增值和价值创造的过程，企业的每项生产经营活动都是创造价值的经济活动，企业所有的互不相同但又相互联系的生产经营活动，构成了创造价值的一个动态过程，即价值链。[①] 价值链分析法是美国哈佛商学院著名战略管理学家波特在《竞争优势》一书中提出来的。波特认为，把企业作为整体来考察，是无法识别其竞争优势的，必须把企业各个活动进行分解，通过考察这些活动本身

---

① 张鸣：《价值链管理理论研究与实证分析》，东北财经大学出版社 2007 年版。

以及相互之间的关系，来确定企业的竞争优势。企业的价值链体现为价值系统的一系列活动，包括企业与外部环境（上游的供应商和下游的客户）所构成的产业价值链以及企业内部（公司的运作流程）的价值链，如图5—1所示。

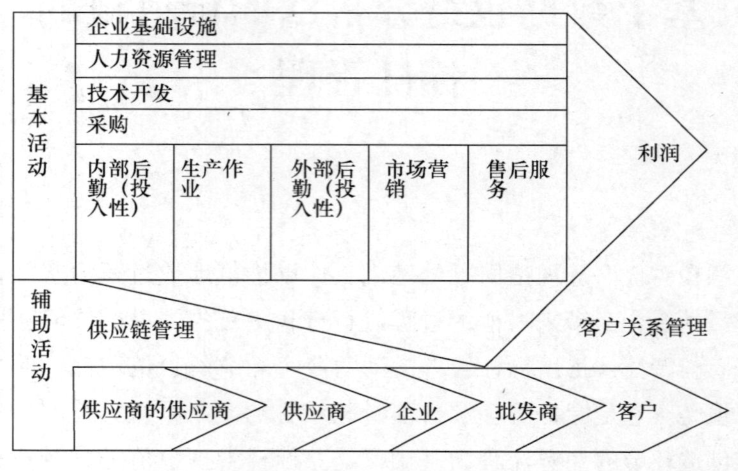

图5—1 企业价值链模式

一 价值链模式

企业是通过连续性的流程（生产—营销—增值）来进行经营，通过这些流程产生价值与利润，故称之为价值活动。价值链是一种用来检验企业所有价值活动及其相互之间的作用，以寻求竞争优势的一种系统的分析方法。由以上价值链分析图5—1可以看出，波特的价值链模式是由价值活动与利润两部分组成的。其中，价值活动是企业实施的各种不同的实体活动，企业各种流程基本上都可以分别归类到价值活动中，利润则是企业通过营销活动将产品或服务转化为货币后的增值额（企业获得的总价值减去实施价值活动的成本后的余额）。

价值链反映出企业生产经营活动的历史、重点、战略以及实施战略的方法，还有生产经营活动本身所体现的管理方式和管理理念。如果企业创造的价值超过成本，企业便有盈利；如果盈利超过竞争对手的话，企业便有更多的竞争优势，所以绩效是企业获取竞争优势的关键衡量因素。①

从价值链模式图可以看出，企业的生产经营活动可以分成基本活动和辅助活动两大类。

（一）基本活动

基本活动是指生产经营的实质性活动。可以细分为原料供应、生产加工、成品储运、市场营销和售后服务 5 种活动。这些活动与商品实体的加工流转直接相关，即企业最基本的生产和营销活动，是企业的增值活动。

（二）辅助活动

辅助活动是指用以支持基本活动且内部又相互支持的活动。包括企业投入的采购管理、技术开发、人力资源管理和基础设施，其中采购管理、技术开发、人力资源管理三种辅助活动维持整个价值链的活动，又分别与每项具体的基本活动有密切联系。企业的基本职能活动（企业基础设施）虽然不与特定的基本活动直接发生联系，但也支持着整个价值链的运行。管理活动贯穿在整个辅助活动中，体现为各种活动方式和规章制度等。

最初考察价值的创造活动是从企业内部来进行的，我们可以把企业内部的作业看成是一个价值创造过程的构成要素。随着理论研究的深入，价值链活动从内部拓展到企业生产过程相关的外部作业，即企业的价值链可以与其他伙伴的价值链相联结，包括供货商、批发商与客户。企业不仅可通过内部的价值链流程来提升企业价值，进而获得战略上的优势，也可以与外部的价值链建立强有力的紧密关系。产业价值链的管理应该结合内外部价值链，从上游供应商、制造商、营销伙伴、渠道到客户服务等每个环节，必须紧密相扣，包括通过企业价管理有效缩短生产周期、通过供应链管理降低采购的成本及时间，以及通过客户关系管理来统筹所有服务的完成。之所以把企业内部活动和外部的供应商等结合考虑，是因为企业价值增值的环节是由价值链上的每个节点环节共同决定的，

---

① 孟华：《推进以公共服务为主要内容的政府绩效评估》，《中国行政管理》2009 年第 2 期。

而不是由企业本身决定。从产业价值链的角度考虑企业的管理问题会使企业的管理更加全面而有效。

二 价值链分析的特点

从前面分析可知，价值链有如下特点：

（一）价值链是由每个相对独立的价值活动组成的

“价值链是一种将企业分解成许多战略性相关的活动的工具”。价值活动是由企业从事的物质和技术上的界限分明的各项活动联结起来的。

（二）企业价值链具有内部联系性

虽然企业的价值活动有基本活动和辅助活动之分，但它们并不是一些独立活动的综合，而是相互依存、相互影响构成的系统。“价值活动之间的联系是某一价值活动进行的方式和成本与另一活动之间的关系，竞争优势则来源于这些联系”。

（三）企业的价值链是一个系统的价值创造活动

企业的价值链不仅存在于企业的内部价值活动中，还体现在更广泛的企业外部价值实践活动中。这是一种纵向的联系。供应商的价值链、企业价值链、销售渠道的价值链和客户的价值链，分别构成价值链的上游、中游和下游部分。这些价值链影响着企业价值链本身。

（四）企业的价值链具有异质性和动态性

“企业的价值链千差万别，这反映了它们各自历史、战略和实施的成功，也代表着竞争优势的一种潜在资源。不仅企业间的价值链不同，即使同一个企业在不同的时期也会对价值链进行调整或重构而产生变化”。这表明企业的价值链具有个性化和动态性，说明企业的竞争优势是不断发展和变化的。

三 价值链理论对企业获取竞争优势的作用

价值链理论的核心是运用价值链分析来认识企业的竞争优劣势。迈克尔·波特认为，企业的竞争优势是通过企业的一系列生产经营活动，随着价值的形成而产生的。运用价值链理论作为分析企业竞争优势的战略工具，通过成本差异分析，找出企业在价值生产中的利弊，提高企业的竞争力。

波特认为，竞争优势来源于两个方面：一是企业的生产活动，即创造价值活动的本身，它是构成企业竞争优势的基础。二是价值链的联系，包括某一活动进行的方式与成本之间的关系或另一活动之间的关系，竞争优势往往来源于这些联系。有两种方式可以使这些联系为企业带来竞争优势，其一是优化，其二是协调。

运用企业价值链来分析企业竞争优势的基本思路是：

第一，识别企业的价值链环节。

第二，以企业的价值链来归集和分摊成本。

第三，分析价值链，确定竞争的优势、劣势环节。

第四，分析成本动因，并通过控制各种成本动因或重构企业的价值链途径，从战略高度上来降低企业的成本或提高产品异质性，以长时间地维持或巩固其竞争优势。

企业的价值分析活动主要是分析企业运行过程中的各主要活动（业务流程）的表现，价值链是企业内部资源结构的核心。内部资源的结构分析应从基本的价值链着手，逐一细分，每个基本的类型都能分为一些相互分离的活动。这些活动被分离或分列的基本原则是：（1）具有不同的经济性；（2）对差别化有潜在影响；（3）在成本中所占比例很大或所占比例上升。例如，工程玻璃的制造，加工过程的价值创造包括钢化彩釉、中空夹层、切磨钻、镀膜生产工序，内部后勤环节包括吊装、保管、设备调试安装维修等环节，外部后勤环节包括订单处理和物流过程。还有一系列的市场服务环节，包括技术支持、维修和争议解决等。

通过以上方法，构建企业的业务流程图，分析企业业务流程中的价值增值环节，将其中对企业获利有重要影响的环节连接起来，就构成了企业的关键价值链。

波特价值链理论对企业的作用是：

（一）有利于引导企业将资源集中于核心业务

运用波特的价值链理论，通过对企业的业务流程进行分析，能够找出企业价值链中的增值环节和非增值环节，便于企业对业务流程进行重组，对非增值但有增值潜力的环节，通过一定的改进使其具有增值能力，而对那些不具备增值潜力的环节，企业可以通过对外协助的方式，设置虚拟价值链，来实现产品生产。通过以上业务的重组，可以使企业将有限资源主要集中于价值增值较大的核心业务环节，实现产业分工和协作关系的细化。

（二）有利于提高企业的盈利能力

根据2/8法则，企业的80%的利润来自20%的核心业务。波特的价值链理论有利于企业在现有的产品或服务领域内找出对盈利有关键影响的20%的业务活动。一方面，通过分离出不利于企业利润增长的和增长潜力不大的环节，可以使企业的盈利水平增加；另一方面，由于有限的资源主要集中于盈利较大的环节，可以通过规模效益来增加企业的利润规模，因此，可以使企业在最简化的业务流程下实现盈利的最大化，进而构建竞争优势。

（三）有利于企业做出竞争战略的选择

波特提出用价值链作为分析评价企业竞争优势的战略工具，并据此提出了成本领先和成本差异化的竞争战略模式，为企业制定战略提供了理论先导。

第二节　企业价值链的标杆管理的可行性分析

确定标杆管理的对象和内容是标杆管理的基础阶段。在选取标杆内容时，容易直接对目标企业的产品或服务进行标杆。事实上，终端产品只是企业资源和能力经过业务流程整合后的产出，它是价值的凝结物，而不能体现价值的形成过程，因此也就无法反映标杆对象内部的竞争力要素。将终端产品直接作为标杆内容，往往会本末倒置、花费大量人力财力却收效甚微。开展对竞争对手的研究，就是运用价值链分析法，将获取的竞争情报，有针对性地渗透到价值链的各个环节，并分析各环节的运作情况，通过比较价值链和形成价值链的各种驱动因素，运用成本行为的知识来估测竞争对手的差异，而后确定企业有哪些特定环节具有竞争优势展开标杆学习，以消除所有无价值增加的作业，同时可增加有价值的作业。尽可能地提高运作效率，减少资源占用与消耗，降低成本，取得竞争优势。因此，正确确定标杆内容成为标杆管理关键的一步。将价值链理论与标杆管理相结合，运用到企业管理中去，能够较好地解决确定标杆内容的问题，为标杆管理的有序开展奠定坚实的基础。

价值链理论为企业标杆管理价值链的建立、分析提供了理论依据。以往学者对于标杆管理的研究多停留在标杆的流程研究上，很少考虑企业运用标杆管理的实际价值增值过程。企业在运用标杆管理的过程中，将标杆活动与价值增值活动紧密结合，就会实现价值增值。这个增值的过程就是价值链的标杆管理形成的过程。

一　企业标杆管理活动的价值

企业要识别和运用标杆管理价值链，首先必须认识标杆管理活动的价值，主要从以下角度来认识。

（一）模仿—创新的价值

标杆管理是企业将自己的产品、服务、生产流程和管理模式等同行业内或行业外的领袖企业作比较，借鉴学习他人先进经验，改善自身不足，从而提高竞争力，追赶或超越标杆企业的一种良性循环的管理方法。通过学习，企业重新思考和改进经营实践，创造自己的最佳实践，这实际上是个模仿、学习和创新的过程。这个过程包括模仿、模仿创新、创新等形式。

对于后发者来说，模仿是一个不错的选择。但模仿对后发者条件的同质化程度要求极高。在市场空间容量较大，即产业的“开创时期”，产业增长的高速度 、需求的旺盛可以掩盖条件的差异。但是，当产业发展进入成熟期，竞争全面爆发的时候，模仿者与创新者之间的差异将被放大，很可能使模仿者陷入困境。另外，由于创新者要保护自身的创新利益，会设立仿制的障碍，阻止模仿者的跟随。科特勒认为，以模仿为主要特征的追随战略并非是得到报酬的有效途径。为解决后发者和创新者之间差异带来的挑战以及突破仿制的壁垒，模仿企业必须在此基础上创造新知识，这个在模仿基础上创造新知识的过程就是模仿创新的过程。对于新知识的创造方式，与率先创新强调“干中学”相比，模仿创新突出的是“看中学”的特色，即在对率先创新者成功产品观摩的基础上，创造适合自身成长的独特性新知识。

（二）标杆管理的价值增值机理

标杆管理是一个学习的过程。企业的知识理论认为，在生产过程中最重要的投入是知识，而组织学习的本质是知识整合与协调（Grant，1995）。[①] 对于企业在运用标杆管理模式中的学习而言，根据企业能力的内涵，其学习能力表现为企业对企业内外的知识资源进行整合与协调等一系列行动。有效的企业组织学习能力能使企业创造、传播、转化、存储和分配知识以获取竞争优势。

从以往国内外学者提出的价值链与标杆管理相结合的理念和研究来看，关前峰[②]是以分析房地产企业的管理活动过程为基础的，研究未能与企业的实际业务流程相结合，不能为企业的实际价值增值服务；学者陈永隆[③]在讨论价值链与标杆管理活动时，注重的是目标价值链的选取对标杆管理活动产生的影响，没有从企业价值链的环节入手，讨论标杆管理价值链的企业价值增值，没有将标杆管理与企业业务流程相结合，形成价值增值的"标杆管理价值链"。企业运用标杆管理，将标杆管理与增值业务流程相结合，将标杆管理与价值链管理相结合，实施标杆价值链管理，才能保证企业在应用标杆管理的过程中不断得到创新，保证企业产品在生产中不断得到增值，由此给企业带来价值增值，形成核心竞争优势。

二　价值链的标杆管理的概念

价值链是企业生产经营过程中产生价值行为的活动集合链、顺序链，是企业认识其成本行为与现有和潜在的经营异质性资源的重要工具。[④] 迈克尔·波特认为，每个企业都是用来进行设计、售出、营销、交货以及对产品起辅助作用的各种活动的集合。所有这些活动都可以用价值链表示出来，如图 5—1 所示。

从价值链图示可以看出，价值链包括创造价值的活动和利润，企业

---

① Grant, R., "Toward a Knowledge-based Theory of the Firm", *Strategic Management Research*, Vol. 17, Winter 1996, pp. 102 – 122.

② 关前峰：《基于标杆管理的地产项目成本管理研究》，博士学位论文，哈尔滨工业大学，2009 年。

③ 陈永隆：《关于实施标杆管理的几点思考》，《商场现代化》2005 年 5 期。

④ 孟华：《推进以公共服务为主要内容的政府绩效评估》，《中国行政管理》2009 年第 2 期。

的每种价值活动都使得外购投入、人力资源（劳动力和管理）和某种形式的技术来发挥功效。因此，价值活动是由竞争优势的各种相互分离的活动组成的。每一种价值活动与经济效果结合的状况将决定一个企业在成本方面竞争力的高低。

传统的思维方式是把价值的影响要素锁定在企业的内部资源、管理程序、组织结构或行业选择等。这些因素固然重要，但是我们应当看到，无论怎样好的行业都会有经营破产的企业，无论怎么差的行业中都会有企业取得骄人的业绩；同样，我们也应当看到，资源的贫富也不起决定作用。因此，一个成功的企业在进行价值分析时，不再着眼于企业自身，甚至不再是对本行业的分析，而是着眼于整个价值链的价值创造体系的分析。在价值链系统中，供应商、制造商、分销商、零售商以及顾客将共同合作创造价值。这样一个价值创造系统，通过商业伙伴各自的核心能力以及不断改进使彼此间的关系更为和谐，成功地将整个价值链的价值做大。那么，价值链模式下的价值创造的影响要素不但要关注上述传统模式下的种种因素，更要从企业外部价值链条的角度进行分析。

企业实施标杆管理，那么在实施流程中也存在这样一条链状结构。伴随着标杆管理系列活动的实施，标杆管理在企业的价值创造活动中知识流、信息流等也随之产生，由此就产生了标杆管理与价值链结合的复杂系统——标杆管理价值链。企业标杆管理价值链是指从竞争战略的角度出发，以顾客的需求为导向，以企业的业务流程为对象，围绕某一核心主体，通过对企业管理模式和价值流的分析，构建的学习链与价值链交互作用的功能链结构模式。这是企业价值链的标杆管理的定义，同时也说明了企业价值链的基本内涵。企业价值链的标杆管理的目的，是通过对企业业务流程的价值链和知识链的分析，使知识链、价值链与企业实际业务流程更紧密地结合起来，为企业的价值增值服务，为企业构建核心竞争力作出贡献。

企业价值链的标杆管理也是一系列的价值活动，可以依据其实施活动分析列出各项价值活动。因此，价值链的标杆管理可以定义为企业实施标杆管理活动创造超越以往价值的价值，实现增值的一系列活动，这个过程是企业收集内外部资料，选取标杆，从标杆企业获取知识、技术等有价值的东西，通过组织内部的模仿、学习、模仿创新、创新等系列活动，再经过评估，转化成企业的有价值的服务或产品，并对外售出获取利润的过程。在这个过程中，企业的知识资本价值得以体现，并对企业的绩效产生影响。①

三 企业价值链的标杆管理的特征

通过前述对标杆管理和价值链管理的分析，可知企业价值链的标杆管理具备以下特征：

（一）以企业的战略主导为核心

企业的战略从原来的以产品为中心转移到以客户为中心，企业存在的价值是为其顾客创造价值，并通过实现顾客的价值来获取企业的收益。不能为顾客创造价值、不符合顾客需求的企业，产品是没有生命力的。因此任何企业的发展必须以顾客需求为导向。同样地，标杆管理价值链在实施过程中以客户为中心设计产品和服务，将顾客作为其创新服务的终极服务目标，企业一系列管理活动的界面后移，尤其是金融海啸带来的西方经济危机的冲击，企业更要为终端用户着想，以满足顾客需求为中心，为顾客创造更多更好的价值，快速地响应市场需求，在实现顾客价值的同时实现企业的价值。而不是以企业为中心，去考虑如何最大限度地降低成本来击败竞争对手抢占市场。最好的产品不是企业为用户设计，而是企业与用户一起设计，让顾客通过不同途径对产品提出具体要求，参与企业的学习模仿创新活动。

（二）以企业的业务流程为基础

企业标杆管理价值链是从标杆企业获取的知识、技术等形成的知识链与价值链交互作用的功能链结构。这里的知识链与价值链都是以企业的业务流程为基础的。价值链分析是以对业务流程的价值增值分析为基础的，通过业务流程重组与重构价值链，来获得低成本等竞争优势。标杆管理是通过不同的流程的学习模仿创造活动，产生相应的知识节点和创新技术，并以知识流和价值流的表现形式来分析标杆管理活动的价值增值。标杆管理价值链是在企业基本的价值创造业务流程的基础上构建的，标杆管理与价值链相互交叉、相互影响。

---

① 参见郭天明《基于价值链的公司价值创造研究》，经济科学出版社 2008 年版。

（三）以价值流和标杆管理相结合的活动为分析对象

标杆管理价值链其实是将标杆管理活动镶嵌于价值流缠绕而行的立体链条，标杆学习与价值流是标杆管理价值链分析的对象。标杆管理活动产生的信息流、知识流等向整个生产管理活动的下游传递并向上游反馈，同时也产生了相应的价值增值，伴随价值链形成价值流向下游传递，并最终形成了多元价值体。通过对标杆管理活动与价值流的分析，使企业能够明晰关键的标杆活动与价值链，确定核心的业务流程，有助于企业通过业务流程的调整与整合，在形成核心竞争优势的同时降低成本。

（四）以标杆管理对企业创造的价值增值分析为主导

价值链的标杆管理重在对标杆管理的应用，以企业产生的价值增值的过程为主要分析内容。标杆管理价值链的价值增值过程实质上是通过学习、模仿和创新等一系列知识、技术等的形成、价值转化与传递过程。通过深入学习、创新的价值增值机理与实现过程，企业可以识别对企业标杆管理价值链价值增值起关键作用的管理活动和因素，对企业的知识、技术、信息等进行筛选，区别对待，重点发展，从而达到提升企业价值增值能力与可持续竞争能力的目标。

（五）以形成自主创新及其价值转化能力为目标

企业标杆管理价值链是以形成企业的核心竞争力为目标的一种分析模式。这个核心竞争力包括企业的短期竞争优势和长期可持续竞争能力。价值链分析以企业价值增值为目标，忽视了顾客价值的实现；而标杆管理是一种管理模式，以标杆企业的某一方面或几个方面为目标，忽视了模仿和创新能力向价值转化能力的培育。标杆管理价值链以行业或跨行业先进企业做标杆，以学习、吸收、模仿到创新活动为管理对象，以价值增值为目标，寻找企业的关键标杆管理价值链，从而能通过建立创新能力，不断开发出符合顾客需求的产品和服务，从根本上形成企业的核心能力，为顾客重视的价值作出关键贡献。在此基础上形成的知识、技术和向价值转化的能力，才是企业的真正难以模仿的核心能力。有人认为关键技术能力是最难的，因而是核心的能力。核心能力不仅仅是技术能力，只要它能创造出持久的竞争优势，像分销能力、资本运作能力、制造能力等都可能成为企业的核心能力。这些观点在一定的前提下是正确的，这个前提就是这个能力对于企业当时的情况来说是欠缺的。从企业的整体角度来考察核心能力时，在不同时期和不同战略目标下，技术能力、产品化能力、分销能力、制造能力等并不是每个企业所必需的，或者不同企业的这些能力的强弱关系并不是绝对一样的，而且，这些能力的分散作用并不一定能形成良好的效果。必须根据企业本身的特点和企业经营战略的需要，找出其中对企业有关键作用的各种能力，并协调好这些能力之间的关系，才能使企业形成特有的竞争能力。通过企业的标杆管理价值链研究，可以了解企业与标杆在各个价值创造环节的差距，明确改进的方向，从而形成一种对企业发展起决定性作用的能力——模仿、创新及其价值转化能力。这种能力可以找出企业所需要的各种能力及其恰当的水平，并将以上各种能力组织和协调在一起，形成协同的效力，沿着一个明确的方向运动。这种能力是其他诸多能力的核心，是它们的灵魂。

（六）具有动态性和不确定性

价值创造过程受多种因素的影响，具有不确定性，同时由于环境等因素的变化，企业的价值创造活动也在随市场的变化而变化，因而又具有动态性。与传统的价值链不同的是，价值链的标杆管理的不确定性和动态性不只是来自市场竞争，而是来自包括与竞争对手和产业链有关的各个方面，同时也包括知识、信息等方面的风险。

（七）边际收益递增性

传统价值链管理的最终目的是，用系统的管理思想最大限度地降低企业进入市场的成本，通过成本的最小化谋求利润最大化。标杆管理价值链不仅仅强调成本的最小化，更重要的是，通过对标杆企业的学习、模仿和创新等一系列活动，创造新的价值。通过提高产品中知识价值的含量来降低产品中物化劳动的比例，为顾客创造个性化的价值。在知识经济时代，知识和技术等具有可低成本复制和传播、可重复使用、垄断性等特点，与传统物质经济形态下的产品边际收益递减性截然不同，它具有边际收益递增性。标杆管理的价值链最终是以知识创新为根本，企业通过模仿和创新使自己具有边际收益递增的特点。

第三节　企业价值链的标杆管理的流程

一　价值链的标杆管理分析

按照标杆管理的流程对企业进行价值链活动分析，具体操作如下。

制定出一套适合于价值链系统的指标体系是十分关键的，因为该指标体系合适与否决定了决策判断的依据是否正确。通常，我们把价值链系统分成两个重要的环节即价值创造环节和价值实现环节，价值创造环节通常是生产运营和组织管理环节，价值实现环节通常指的是营销和市场环节。

在一个价值链系统中，生产活动分为基本生产活动和辅助生产活动，显然，基本生产活动如加工生产过程是一个增值的过程，而存储、搬运等辅助生产活动却是非增值的。改善现有的价值链系统就要从基本生产活动入手，尽可能压缩辅助生产活动的成本和时间等，使之最小化。研究价值增值环节的重要指标构成也是价值链的标杆管理研究的核心内容，非增值环节不是研究关注的内容。

为了制定合适的指标体系，需要寻找实施标杆法的目标价值链。这一分析和学习的对象可以是直接的竞争对手。但由于向竞争对手获取数据相对较难，因此组织者的眼光可以放得远一些，突破竞争对手的框架①，到行业外寻找具有相似流程的企业来实施标杆管理，形成目标价值链。这一分析和学习的对象可以是在价值链形成流程方面的学习对象（见表5—1）。

表5—1　　　　美国企业在实施标杆法时确定的目标价值链

种类	最佳公司
战略制定	AT&T、数据设备、福特、IBM、摩托罗拉、得克萨斯仪器、施乐
账单处理	联邦快递、MCI、Fidelity 投资

① Bonow R. O.，"Tension between quality measurement，public quality reporting，and pay for performance"，*The American Medical Association*，Vol. 309，No. 4，2013，pp. 49 – 50.

续表

种类	最佳公司
客户满意	L. L. Bean、联邦快递、GE 塑料、施乐
配送和库存	L. L. Bean、沃尔玛
设备维修	迪士尼
柔性制造	摩托罗拉、Allen Bradley
营销	宝洁
产品开发	DEC、惠普、3M、摩托罗拉、NCR
质量控制	AT&T、IBM、摩托罗拉、Westinghouse、施乐
供应商管理	福特、Levi、Strauss、3 M，摩托罗拉、施乐
员工培训	迪士尼、通用电气、福特

首先，按价值链分析的目的将自身的各种生产经营活动进行细分，分解后的每一项子活动都应有自己的经济内容，即或者具有高度差异化的潜力，或者在成本中占有重要的百分比。然后，将可以充分说明企业优势或劣势的子活动单独列出，同时将那些不重要的子活动归并在一起，以供分析使用。活动的顺序应按工艺流程进行，但也可根据需要进行排列。但无论是按照怎样的顺序，企业的管理人都能从价值链中得到直观的判断。

二 搜集数据

为了搜集准确有效的信息资料，有必要对分析和学习对象直接进行现场调查，这能促进双方的真正交流，有助于获得有效的第一手资料。在现场调查时，要特别注意目标价值链中供应商与生产商、生产商与分销商的相互协调问题。

整条价值链的业绩是否突出，显然与处于同一价值链中不同角色地位上的企业的相互合作是否完美有很大的关系。

在分析作为标杆对象的目标价值链情况和行业的最佳实践时，一般需要明确两个问题：搜集的目标价值链的情况是不是比自己好？为什么？通过对这些问题的思考，真正起作用的最佳实践凸显出来，同时也能看到差距所在；其次，自己是不是过于强调业绩的量化了？是否忽视了数据之外的最佳实践？回答这个问题有助于透过种种数据的分析，找到最佳实践。

三　分析企业的竞争优势

企业竞争优势有三个主要来源：

（一）价值活动本身

价值活动是构筑竞争优势的基石。企业从事各种不同的价值活动，虽然所有这些活动对企业的成功都是必需的，但是确认那些支持企业竞争地位的价值活动仍然很重要。对于一个企业而言，在关键价值活动的基础上，建立和强化这种优势很可能获得成功。由于价值活动已列在企业的价值链中，同其他企业对比，就不难发现自身竞争优势之所在。

（二）价值链的内部联系

价值链并不是一些独立活动的综合，而是由相互依存的活动构成的一个系统。价值活动是由价值链的内部联系联结起来的，基本活动之间、不同辅助活动之间、基本活动与辅助活动之间都存在着联系。这些联系是某一价值活动的方式和成本与另一活动之间的关系，竞争优势往往来源于这些联系。例如，成本高昂的产品设计、严格的材料规格或严密的工艺检查也许会大大减少服务成本的支出，而使总成本下降。

（三）价值链的外部联系

联系不仅存在于企业价值链内部，而且存在于企业价值链与供应商、渠道价值链和客户价值链之间。供应商、渠道、客户的各种活动进行的方式会影响企业活动的成本或利益，反之亦如此。供应商是为企业提供某种产品或服务的，销售渠道具有企业产品流通的价值链，企业产品表示客户价值链的外购投入。因此它们各自的各项活动和它们与企业的价值链间的各种联系会为增强企业的竞争优势提供机会。

企业应对价值链的内部联系和外部联系给予高度关注。对这些联系进行规划，既可以提供独特的成本优势，又可以以此为基础，将组织的产品或服务与其他组织区分开来，实现差异化。而竞争者常常会仿效组织的某项活动或某个行为，却很难抄袭到价值链之间的这些联系。

四 选择形成竞争优势的方式

在认识了企业竞争优势的主要来源后，企业就应当选择形成竞争优势的方式。通常，企业价值活动间的内在和外部联系形成的竞争优势有两种形式：最优化与协调。

企业为了实现总体目标，往往在各价值活动间的内在联系上进行最优化的决策，以获得竞争优势。例如，企业在考虑产品设计与服务成本时，为了获得差异化优势，可能会选择成本高昂的产品设计、严格的材料规格或严密的工艺检查，以减少服务成本。在协调方面，企业通过协调各活动之间的联系，来增加产品的差异化或降低成本。例如，企业要按时发货，则需要协调企业内部的生产加工、成品储运和售后服务之间的联系。

价值活动的联系不仅存在于价值链内部，而且存在于企业与企业的价值链之间。其中，最典型的是纵向间的联系，即企业供应商和销售渠道价值链之间的联系。例如，通过影响供应商的结构，或者通过改善企业与供应商价值链之间的关系，企业和供应商常常会双方受益。在企业和供应商之间分配由于协调联系带来的各种收益，取决于供应商的讨价还价能力。又如，销售渠道对企业价格的抬价经常在最终销售价格中占有很大的比重，而销售渠道所进行的各种促销活动，又可以取代或补充企业的活动，从而降低企业的成本或提高企业的差异化。销售渠道也存在着与企业分配由于协调和优化各种联系所带来的收益问题。

五 整合与行动

在认识了企业价值链系统中的竞争优势和劣势以及行动目标之后，标杆管理有时会面临较大的阻力。标杆管理活动在初期资料收集阶段，会使很多人认识到本企业的差距和压力，许多人会对分析结果以及改进措施以“不是我们的”为由进行排斥。因此对前述分析所得的数据价值链内部成员需要进行必要的沟通，对分析结果达成一致认同。标杆法的具体实施过程也应逐步展开，并定期对其进行比较和评估。需要建立一个制度化的机制，即分析的结果应随环境的变化而不断变化。一旦价值链系统内的所有员工了解实施标杆分析的基本方法，并对这项活动赋予应有的地位后，就进入了成熟阶段。此时的标杆法已成为人们心目中的基本概念，成为价值链系统中各个流程、各个部门的自发的行为。

在日益强调价值链的整体竞争优势的今天，通过运用标杆分析法比照价值链系统核心业绩指标，就能找到最佳实践，同时也使价值链中这样或那样的不足显现出来，通过对比找出两者之间的差距。与“最佳实践”之间的差距就是发展的潜力，这为改善价值链系统的业绩、提高价值链的竞争优势提供了机会。

第四节　价值链的标杆管理的评价方法研究

一　价值链的标杆管理的基本价值活动分析

传统的价值链评价活动的目标在于衡量基本生产过程的成本与收益，从基本活动和辅助活动分析，识别在技术上和战略上有显著差别且相互独立的多种价值活动耗费的成本和产生的收益。主要流程[①]是：

（一）确定基本活动（Primary Activities）

基本活动一般可以细分为 5 种活动，而每一种活动又可以根据具体的行业和企业的某一步细分成若干活动。

（1）内部后勤（Inbound Logistics），即原料的供应，是指与产品的投入品的进货、仓储和分配有关的活动，如原材料的装卸、入库、盘存、运输以及退货等。

（2）生产经营（Operation），即作业加工，是指与将各种投入转化为最终产品相关联的一切活动，如机械加工、装配、包装、设备检测等。

（3）外部后勤（Outbound Logistics），即成品储运，是指仓储和将产品发送给买方相关联的各种活动，如最终产品的受订单、送货等。

（4）市场营销（Marketing and Sales）。市场营销是指与促进和引导购

① 张鸣：《价值链管理理论研究与实证分析》，东北财经大学出版社 2007 年版。

买行为相关联的各种活动，如广告、定价、销售渠道等。

（5）售后服务（Services）。售后服务是指为了保持或提高产品价值进行的活动，如培训、安装、修理、零部件的供应和产品的调试等。

行业不同，每一项基本活动体现出来的竞争优势也有所不同。对于分销商而言，原料的供应与成品的储运是最重要的活动；对于一个从事商业服务活动的企业而言，成品储运是关键要素；对生产精密仪器的企业来说，售后服务是最重要的活动。总之，各类基本活动都会在不同程度上体现出企业的竞争力。

（二）*确定辅助活动*（Support Activities）

在任何行业里辅助活动一般可以分为 4 种，而每一种活动又可依据行业的不同进一步分成若干独具特色的活动。

（1）采购管理（Procurement）。采购管理是指采购企业所需投入品的职能，而不是被采购的投入品本身。这里的采购是广义的，既包括原材料的采购，也包括其他资源投入的管理。例如，企业聘请咨询公司进行广告策划、市场预测、管理信息系统设计、法律咨询等都属于采购管理。企业的采购部门是为企业整体服务的，其采购政策也适用于整个企业。但某项具体的采购活动一般与某项基本活动或辅助活动有关。在分析企业的采购活动时不能笼而统之，要具体问题具体分析。此外，采购活动的费用在总成本中可能只占很少的比重，但它对企业采取低成本战略或差异化战略起着重要作用。因此，改进采购管理活动，可以在很大程度上改进被购买的投入品的质量和费用以及更高效地利用该投入品。

（2）技术开发（Technology）。技术开发是指可以改进企业产品和工序的一系列技术活动。这是一个广义的概念，既包括生产性技术，也包括非生产性技术。因此，企业的每项生产经营活动中都包含着技术，只不过其技术的性质、开发的程度和利用的范围不同而已。有的属于生产方面的工程技术，有的属于通信方面的信息技术，还有的属于领导的决策技术。这些技术开发活动不仅仅是与企业最终产品直接相关，而且支持着企业的全部活动，成为判断企业实力的一个重要标志。

（3）人力资源管理（Human Resource）。人力资源管理是指与企业员工的招聘、雇用、培训、提拔、退休、评价以及工资、福利等相关联的各项管理活动，这些活动支持着企业每项基本活动和活动辅助及整个价值链。人力资源管理在调动职工生产积极性上起着重要作用，影响着企业的竞争力。

（4）基础设施（Administrative Support）。基础设施是由企业的组织结构、控制系统以及企业文化等大量活动组成，包括总体管理、计划、财务、会计、法律、政治事务和质量管理等。由于企业高层管理人员能在这些方面发挥重要影响，因此，企业高层管理人员往往也被视为基础设施的一部分。企业基础设施与其他辅助活动不同，它不是通过单个活动而是通过整个价值链起辅助作用。

波特的价值链的基本生产活动，关注生产中产生价值的每一个环节，分析各个生产活动的价值耗费和利润产生。立足于生产型企业，以客户为中心，将企业标杆的价值链环节简化为如图 5—2 所示。

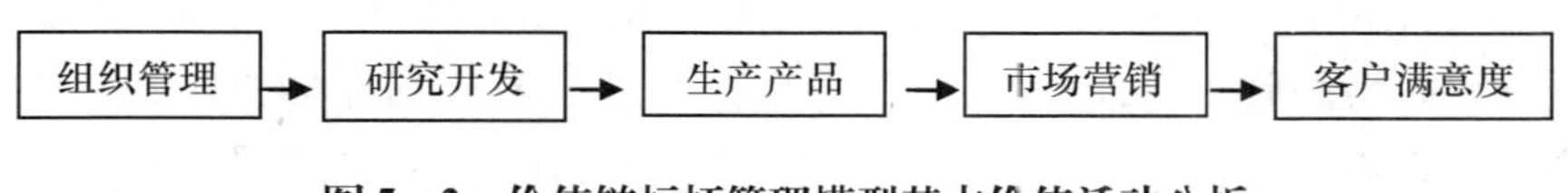

图 5—2　价值链标杆管理模型基本价值活动分析

其中，组织管理阶段主要定义为企业管理层的决策和管理活动，体现为组织能力。Teece① 等认为组织能力由知识组成，并由组织内部学习产生，是组织学习与积累新的技能和能力的机制，其目标是部署与协调各种资源。

实施标杆管理，更重要的是学习外部的竞争对手或国际先进企业的实践和经验，与外部环境进行信息、资金、人才、物资、技术等的交流。由于企业面对的是不断变化的环境，环境的变化必然导致交流的改变，进而影响企业的资源和能力的配置，引发组织战略调整。向标杆企业学习更体现在，在迅速变化的环境下，企业针对技术变迁和标杆企业竞争能力的提升，更加有效地配置资源的能力。企业基于对现有资源和外部资源的整合运用，突破路径依赖，通过开发组织的内

---

① Teece, D. J., Pisano G. and A. Shuen, "Dynamic Capabilities and Strategic Management", *Strategic Management Journal*, No. 18, 1997, pp. 509 – 533.

部流程，对组织进行调整和运行优化，对组织管理能力进行修正和更新。它是一种企业活动的学习模式，通过标杆学习将新的直觉、知识和创意引入到企业的变化—保持—复制—选择循环中去，对其进行评估和选择，吸收和同化新知识，调整现有的管理流程和战略规划，使企业的战略组织和管理能力在标杆学习中，随着时间的推移在价值链环节中实现其价值。组织的学习能力主要在于对外部知识的吸纳能力[①]，吸纳能力主要体现在对知识和信息的获得、吸收、转化和使用四个环节中。获得知识即知识的吸纳；吸收知识是指知识的积累和传递；转化知识是产生新思想，采用头脑风暴法，找出解决问题的新方法（Zott，2003）。[②] 使用知识是指追求主动性和明确解决问题的新方法。Zollo 和 Winter（2002）认为：吸纳能力是一种学习能力。吸纳能力可以通过强化创新能力，增加组织对外部环境变化的预知能力，促进企业组织的调整和变革。[③] 知识的载体是个人，因而组织的吸纳能力取决于组织成员的个人吸纳能力，但这并不意味着组织的吸纳能力是简单的个人吸纳能力的叠加，所以，组织吸纳能力强调了外部环境与组织之间，组织构成的子系统之间，以及组织与组织之间沟通模式的重要性。[④] 因此，组织吸纳能力的提升需要一个能够保证组织成员在组织内部识别、沟通、吸收、应用和利用不同知识资源的结构模式。总之，组织学习能力主要体现在：一是在组织内部实现知识和资源的共享；二是在组织内外建立有效的沟通渠道（Harringen，Guimaraes，2005）。[⑤] 反映学习能力的指标主要有知识获取的技术状况，组织高层对知识获取的重视程度，

---

① 徐金发、林枫：《企业吸收能力：内涵、构成及测量分析》，《情报杂志》2009 年第 7 期。

② Zott C.，"Dynamic Capabilities and the Energy of Intra-Industry Differential Firm Performance: Insights from a Simulation Study"，*Strategic Management Journal*，Vol. 24，No. 2，2003，pp. 97 – 125.

③ Zollo M. & Winter S. G.，"Deliberate Learning and the Evolution of Dynamic Capabilities"，*Organization Science*，Vol. 13，No. 3，2002，pp. 339 – 351.

④ Jansen，Van Den Bosch，Volberda，"Managing Potential and Realized Absorptive Capacity: How to Organizational Antecedents Matter"，*Academy of Management Journal*，Vol. 48，No. 6，2005，pp. 999 – 1015.

⑤ Harrigen，Guimaraes，"Corporate Culture，Absorptive Capabilities and IT Success"，*Information and Organization*，Vol. 15，2005，pp. 39 – 63.

对知识管理的战略投入率，获取途径的数量，知识管理专人专职机构，业务流程的文档化，规范化程度。在这一层次，资源可以分为有形资源（机器、设备、厂房、现金、有价证券等，同时包括价值链上的顾客资产、战略伙伴资产等）、无形资源（专利、商标、许可权、商誉等）和人力资源。根据哈默和普纳哈拉德的观点，一个组织的资源禀赋只与组织的竞争能力有间接关系，组织的关键能力在于对组织的资源和能力很好地结合并产生最大的效能，这种整合资源和能力的能力具有增加附加价值、不可模仿性和动态调适资源的特性，对资源进行杠杆运用的能力包括：集中资源、融合资源、应用资源、保存资源、恢复资源和增值资源等。

研究开发活动是指基本价值链中的技术开发活动，研发能力是企业根据市场需求，研究、开发、模仿和改进产品的能力体现。在研发阶段，研发能力主要体现为研究开发能力和输出性成果体现的创新产出能力。研发能力主要体现在研发设备价值比率、研发人员比率、R&D 经费比率等指标，创新产出能力体现在专利批准率、开发成功率、新产品销售率、新产品利润率、新产品开发周期等指标。① 标杆管理的核心在于学习、模仿和创新，研究开发阶段是企业创新的阶段，能够使企业获得新技术、新产品，新技术和新产品能降低企业的成本，使企业具有不同于竞争对手的特色，使企业取得成本和差异性优势。学习能力、研究开发的投入速度和新产品的适销对路是企业的关键成功因素。

生产过程中标杆管理活动主要体现在生产流程的再造。在既定生产技术环境下，它是通过对生产流程中活动的整合、组织结构的变革、运行机制的重建等来实现的，主要通过提高生产流程效率和质量来体现标杆学习。生产流程效率指生产流程在一定时期内提供产品或劳务的速率快慢及劳动耗费的高低。具体表现在订单评审周期、制定生产计划周期、产品生产周期、设备修复周期及生产成本的变化。在网络通信技术和决策支持系统等信息技术的支持下，通过开展并行工程活动，可以缩

---

① 时鹏将、许晓雯、蔡虹：《R&D 投入产出效率的 DEA 分析》，《科学学与科学技术管理》2004 年第 1 期。

短订单评审周期；ERP系统的应用、柔性生产系统的引进等，可以缩短生产计划的制定周期；优化产品生产工艺流程，合理布置工作地，可以缩短产品的生产周期；生产作业支持流程团队的高效运作可以提高设备故障的修复速度；简化或删除一些不必要的活动，可以减少劳动力的投入，从而降低生产成本。生产流程质量指生产流程充分而可靠地提供产品或劳务的程度。由此，生产流程质量表现在两个方面。一是表现在设备能力的充分利用上；二是表现在工作质量上，如产品合格率、返工率。在车间制造子流程的再造方法中，合理配置生产设备、优化工艺流程可以较高程度地实现工序同期化，减少设备空闲，使生产能力得以充分利用；生产流程团队的工作方式、工人薪酬与流程绩效挂钩、对操作者授权，这些可以充分调动工人的工作积极性，提高产品的质量。生产阶段是生产产品和实现价值增值的阶段。企业要取得竞争优势，就要在尽量短的时间内，以最低的成本，生产出符合预定质量标准的产品，创造最大的价值。员工的生产效率是缩短生产周期时间和降低产品成本的关键因素，员工的生产效率又取决于员工素质和员工满意度。所以产品质量、生产周期、产品成本、员工满意、员工培训等因素都是企业取得竞争优势的关键因素。供应商提供了原材料，原材料对于产品质量和成本有着非常重要的影响，令供应商满意，企业能获得价廉物美的原材料，所以供应商满意也是企业取得竞争优势的一个关键因素。所有生产流程的再造能力最终体现在生产制造能力。生产制造能力是指把研究开发成果转化为符合设计要求的可批量生产的产品的能力。生产制造能力包括三个基本方面，一是企业装备的先进性，二是工人的技术等级、适应性和其他素质，三是工艺设计和管理能力。对于中小企业而言，制造过程主要是将研究开发的新产品批量生产出来，工艺设计和管理能力比大企业弱，因此衡量中小企业生产制造能力的指标采用设备水平先进程度、现代制造技术采用率、引进技术达产率、工人技术水平、标准化工作水平等。由于有些量化指标，如现代制造技术采用率和引进技术达产率，从目前的统计制度和数据中难以得到，因此本研究主要采用生产设备水平、工人技术水平以及标准化工作水平，作为评价科技型中小企业生产制造能力强弱的指标。

从生产运营过程到价值链的分析，无不是一个系统的过程。在标杆学习中，优化和控制企业的生产流程是通过生产流程中各个环节的整合、组织结构的变革、运行机制的重建等方法来实现的，这取决于组织的学习能力和资源配置能力，进而将组织的知识和技术转化为可以带来新产品的产出能力。技术和生产流程需要协同运作，将知识和技术转化为创新产品。主要包括：产品制造能力、业务整合能力、流程再造能力等。

市场营销活动指外部后勤（这里主要指物流）和市场销售，这些活动都是价值链中的关键环节，主要可以通过市场调研费用投入比重、营销人员投入比重、营销费用投入比重、产品市场占有率等指标来反映。企业进行战略决策前，要进行市场调查，确定顾客的需求，然后由研究开发部门根据顾客的需求研究、开发产品。接着，组织生产并由营销部门将生产出来的产品销售给顾客。在这个经营过程中，提高顾客满意度是企业的终极目标，也是生产管理流程一直追求的目标。在市场营销阶段，企业将产品和服务交付给顾客，顾客对产品和服务的满意程度决定其支付行为。顾客忠诚度、顾客获得率是顾客满意程度的反映，市场份额也在一定程度上来自于顾客满意度，这几个指标和顾客获利能力共同决定了企业的利润状况。另外，及时送货是顾客满意的一个基本因素，也是企业取得竞争优势的一个关键成功因素。售后服务环节是提高顾客满意度、建立顾客忠诚的重要阶段，这个阶段要求及时对顾客的投诉做出响应并及时成功地解决顾客的投诉。这两个因素反映了售后服务的速度和质量，是这个阶段的关键成功因素。在此，将市场与盈利结合在一起考虑，主要指企业产品、服务对于外部市场的匹配和适应程度，即市场对企业产品和服务的接受和认可程度，是企业能力价值实现程度的客观体现。总括起来主要包括：产品竞争能力、市场营销能力、市场反应能力、客户管理能力等。

依据对经营流程的价值链企业生产经营管理活动的分析，可以总结出企业经营管理生产阶段的关键要素，如图 5—3 所示。

二　基于 DEA 的企业价值链标杆管理评价模型的建立

数据包络分析模型的一般应用，多集中于评价一个阶段投入产出的效率。对企业而言，生产过程都是多阶段的生产过程，是一个持续创造

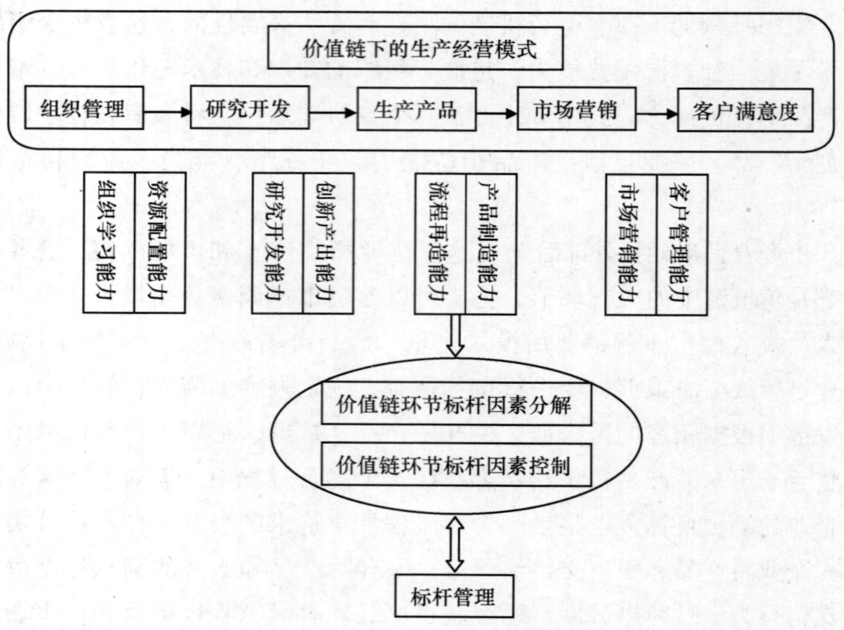

图 5—3 企业价值链关键因素标杆

价值的过程，这样的阶段可以按工序分，也可以按产品类别分，还可以按产品的生产、销售等价值转化环节来分。利用传统的数据包络分析模型对这些多阶段生产过程进行评价，通常采取将整个多阶段生产过程看成是一个单阶段的生产过程，考虑最初的投入以及最终的产出来进行评价；或者对多阶段生产过程的每一个阶段进行评价，仅考虑每一个阶段的效率。前者对数据的利用不充分，忽略了中间各阶段的输入产出，浪费了大量的信息，而且测算出的相对效率和实际不太相符；后者只能测算出各个阶段的相对效率，无法得出整个生产过程的相对效率。价值链上的标杆内容确定，需要对各个环节的投入、产出和效率状况都要有确切的计量，然后才能找出流程环节的标杆方向。基于这种考虑，采用分阶段的 DEA 链式结构模型。

Troutt 等人研究了供应链和价值链等链形过程的效率评价，该过程被视为价值链或者供应链的代表性结构，如图5—4所示。①② 其基本思想是以链形系统的最终加权产出的最大化为目标，以链形系统的最初加权投入为常量，以各级子过程之间的缓冲为约束来构造线性规划。

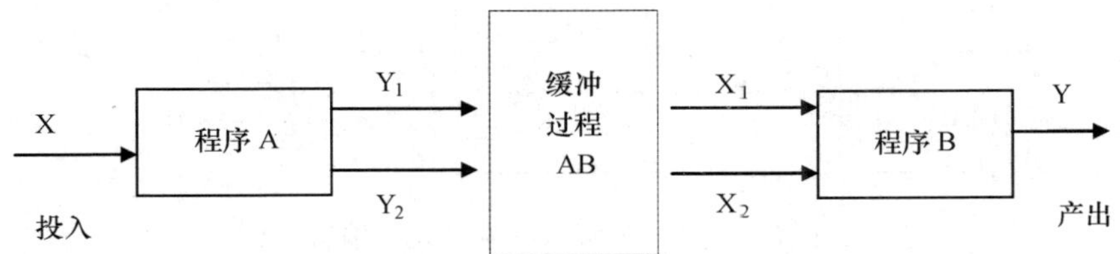

图5—4　Troutt等人的链形结构思想

任祝景、杨峰等人构造阶段性评价模型用于银行系统的效率评价，选取中间输入输出阶段，分阶段对银行效率进行评价。③④ 虽然建立模型的初始考虑有所不同，目的也不太相同，但评价的过程基本相似。

为了使研究更符合企业的生产运营规律，考虑将企业价值链环节分为两个阶段。假设有 s 个决策单元，每个决策单元都有 m 种类型的输入，l 种类型的中间输出（针对 m 种类型输入的输出）以及 n 种类型的最终输出。第 j 个决策单元（记为 DMU_j，$1 \leqslant j \leqslant s$）的输入输出过程见图5—5。

在图5—5中：

$x_{ij}=DMU_j$对第 i 种输入的投入量，$x_{ij}\geqslant 0$，$i=1，2，\cdots，m$；

$y_{rj}=DMU_j$对第 r 种最终输出的产出量，$y_{rj}\geqslant 0$，$r=1，2，\cdots，n$；

$z_{kj}=DMU_j$对第 k 种中间输出的产出量，$z_{kj}\geqslant 0$，$k=1，2，\cdots，l$；

---

① Troutt M. D.，Ambrose P.，Chan C. K.，"Optimal Through put for Multistage Input-Output Processes"，*International Journal of Operations and Production Management*，Vol. 21，No. 1，2001，pp. 148 – 158.

② Troutt M. D.，Ambrose P.，Chan C. K.，"Multi-Stage Efficiency Tools for Goal Setting and Monitoring in Supply Chains"，*Successful Strategies in Supply Chain Management*，2004.

③ 任祝景：《两阶段DEA模型及其在商业银行经营效率中的应用》，硕士学位论文，上海交通大学，2008年。

④ 杨峰：《含有多个子系统的决策单元的DEA效率评估研究》，博士学位论文，中国科学技术大学，2006年。

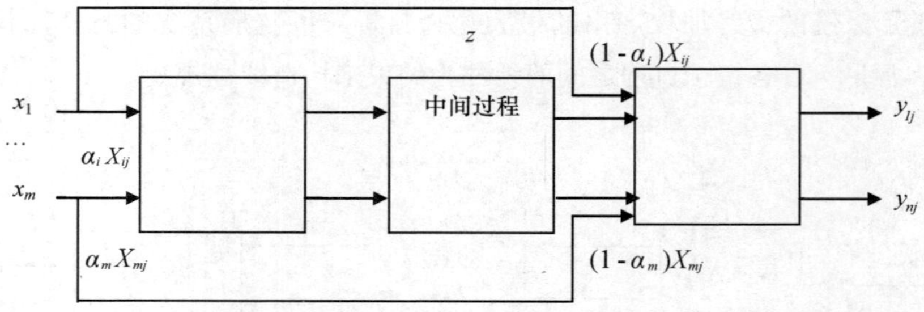

图5—5　价值链环节分阶段输入输出

α_i = 第 i 种输入第一阶段的投入量比例，$0 < \alpha_i \leqslant 1, i = 1,2,\cdots,m$；

u_i = 对第 i 种输入的一种度量（权），$i = 1, 2, \cdots, m$；

v_r = 对第 r 种输出的一种度量（权），$r = 1, 2, \cdots, n$；

w_k = 对第 k 种输出的一种度量（权），$k = 1, 2, \cdots, l$；

a_i = 第一阶段相对于第二阶段的权重，$0 \leqslant a_i \leqslant 1$；

为方便计，

$$X_j = (x_{1j}, x_{2j}, \cdots, x_{mj})^T,\ X_0 = X_{j0}$$

$$Y_j = (y_{1j}, y_{2j}, \cdots, y_{nj})^T,\ Y_0 = Y_{j0}$$

$$Z_j = (z_{1j}, z_{2j}, \cdots, z_{lj})^T,\ Z_0 = Z_{j0}$$

$$\alpha = (\alpha_1, \alpha_2, \cdots, \alpha_m)^T$$

$$U = (u_1, u_2, \cdots, u_m)^T$$

$$V = (v_1, v_2, \cdots, v_n)^T$$

$$W = (w_1, w_2, \cdots, w_l)^T$$

$$e = (1, \cdots, 1)^T$$

这里 X_j，Y_j和 Z_j（$j \in J$）分别为 DMU_j的输入向量，最终输出向量和中间输出向量（第一阶段的输出向量及第二阶段的部分输入向量）均为已知数据。a_i为第一阶段相对于第二阶段的权重向量，可以由历史资料或实际统计的数据得到。

对决策单元 DMU_j来说，输入 X_j被分成了两部分，$\alpha^\circ X_j$ 作为第一阶段的输入，剩下的 $(e-\alpha)^\circ X_j$ 作为第二阶段的一部分输入。首先考虑第一阶段，对于权向量 $U \in E^m$和 $W \in E^l$，决策单元 DMU_{j0}在第一阶段的效率评价

指数为 $\frac{W^TZ_0}{U^T\alpha^\circ X_0}$，约束条件为 $\frac{W^TZj}{U^T\alpha^\circ X_j} \leqslant 1, j \in J$；再考虑第二阶段，对于权系数 $U \in E^m$、$W \in E^l$ 和 $V \in E^n$，$\mathrm{DMU_j}$ 在第二阶段的效率评价指数为 $\frac{V^TY_0}{U^T(e-\alpha)^\circ X_0 + W^TZ_0}$，其中 $U^T(e-\alpha)^\circ X_0 + W^TZ_0$ 为第二阶段的总输入，约束条件为 $\frac{V^TY_0}{U^T(e-\alpha)^\circ X_0 + W^TZ_0} \leqslant 1, j \in J$。

根据传统 C^2R 分式规划，得到如下两个分式规划问题：

$$
\begin{aligned}
&\max \frac{W^TZ_0}{U^T\alpha^\circ X_0} \\
&\text{s. t. } \frac{W^TZ_j}{U^T\alpha^\circ X_j} \leqslant 1, j \in J \\
&0 \leqslant \alpha \leqslant e \\
&U \geqslant 0, W \geqslant 0 \\
&U^\circ \alpha \neq 0
\end{aligned}
\tag{5—1}
$$

其等价的线性规划问题为：

$$
\begin{aligned}
&\max \omega_1^TZ_0 \\
&\text{s. t. } \mu_1^T\alpha^\circ X_j - \omega_1^TZ_0 \geqslant 0, j \in J \\
&\mu_1^T\alpha^\circ X_0 = 1 \\
&0 \leqslant \alpha \leqslant e \\
&\mu_1 \geqslant 0, \omega_1 \geqslant 0
\end{aligned}
\tag{5—1$'$}
$$

$$
\begin{aligned}
&\max \frac{V^TY_0}{U^T(e-\alpha)^\circ X_0 + W^TZ_0} \\
&\text{s. t. } \frac{V^TY_0}{U^T(e-\alpha)^\circ X_0 + W^TZ_0} \leqslant 1, j \in J \\
&0 \leqslant \alpha \leqslant e \\
&U \geqslant 0, W \geqslant 0, V \geqslant 0 \\
&(U^\circ(e-\alpha), W) \neq 0
\end{aligned}
\tag{5—2}
$$

其等价的线性规划问题为：

$$
\begin{aligned}
&\max \theta_2^T Y_0 \\
&\text{s.t. } \mu_2^T(e-\alpha)\circ X_j + \omega_2 Z_j - \theta_2 Y_j \geqslant 0, j \in J \\
&\mu_2^T(e-\alpha)\circ X_0 + \omega_2 Z_0 = 1 \\
&0 \leqslant \alpha \leqslant e \\
&\mu_2 \geqslant 0, \omega_2 \geqslant 0, \theta_2 \geqslant 0
\end{aligned}
\tag{5—2)'}
$$

为同时考虑整个价值链的效率问题，根据分式（5—1）和分式（5—2）设定问题的两个阶段的重要程度，确定权重 $a \in (0,1)$。a 表示第一阶段生产过程相对于第二阶段的重要性，$(1-a)$ 表示第二阶段生产过程的重要性，将多目标规划问题标量化（数值）处理，可得到如下的两阶段DEA 模型：

$$
\begin{aligned}
&\max\left(a\frac{W^T Z_0}{U^T\alpha\circ X_0} + (1-a)\frac{V^T Y_0}{U^T(e-\alpha)\circ X_0 + W^T Z_0}\right) \\
&\text{s.t. } \frac{W^T Zj}{U^T\alpha\circ Xj} \leqslant 1, j \in J \\
&\frac{V^T Y_0}{U^T(e-\alpha)\circ X_0 + W^T Z_0} \leqslant 1, j \in J. \\
&U \geqslant 0, W \geqslant 0, V \geqslant 0,\ 0 \leqslant \alpha \leqslant e \\
&U\circ\alpha \neq 0,\ (U\circ(e-\alpha), W) \neq 0
\end{aligned}
\tag{5—3)}
$$

以上两阶段分式规划模型（5—3）可以解决如下问题：

（1）以往的DEA 模型和构造的多阶段DEA 模型，对于生产系统乃至公共部门的研究，多集中于效率研究。价值链环节的标杆管理研究侧重于投入向量，即对价值链环节要素的改进，也就是选择更为关键的标杆向量。

（2）采用此模型淡化在传统的价值链评价中仅考虑反映绩效（如利润、销售收入等）的会计指标。加入中间变量——产品，强调生产过程是价值产生的重要环节。同时，把第一环节的若干因素加入，作为第二阶段的输入来评价有效性，能充分考虑价值生产环节的诸多要素对企业最终绩效的影响，增加标杆内容的可能性。

（3）价值链、供应链在企业生产运作过程中均属于链状结构，不存在回路、环路，前后存在因果可解释关系，构造分阶段模型，运用前后链状可解释关系，更容易获取企业可以学习和标杆的内容。

（4）运用两阶段模型可以反映不同的经营管理环节。第一阶段实质上是反映不同的组织和生产管理方式，在既定条件下生产产品的能力，因此，经营管理方式、人力资本挖掘和生产制造能力是这一阶段标杆重点关注的内容；第二阶段将营销等指标作为产出变量，可以反映企业的营销能力等。

三　变量设定

企业的价值创造环节在生产环节，价值实现在销售环节。运用两阶段 DEA 模型将价值链分为两个环节，即生产环节和市场环节。前一阶段主要考虑了管理、技术、生产等不同的职能部门，后一阶段主要考虑市场和销售因素，能较全面地涵盖价值链环节。企业价值创造环节投入的是包括技术、工艺、知识、经验以及组织管理模式在内的含义广泛的企业特殊资产，因此将第一阶段的输入定为组织学习能力、资源配置能力、研究开发能力、生产制造能力四类。企业实施标杆管理的目的是为了学习、模仿，最终达到创新的目的，将创新产出能力作为输出。衡量生产过程能力的指标一般是用总产量表示，将创新产品能力和总产量作为第一阶段的输出。反映创新产出能力的指标是创新产品总数。不同行业之间存在着较大差别，如石油行业的创新产品很少，而运输服务行业的创新产品较多，并且产品创新总数主要反映被引入市场的新产品数量，并不考虑这些产品在引入之后能否取得实效。OSLO 手册认为，单纯地用创新产品总数来衡量企业的创新能力是无意义的，合理的方法是用创新产品数占企业产品数量的比例来刻画企业的创新绩效和创新力度。因此，与国际主流研究接轨，本研究采用创新产品数占企业产品总数的比例（以下简称为“创新率”）和创新产品销售收入占总销售收入的比例（以下简称为“创新产品销售比例”）。此指标放在第二阶段作为输出指标。考虑到企业产品的多样化，运用统一的计量口径——总产值来表示。第二阶段的输入用第一阶段的输出表示，即在生产能力既定的前提下，用市场占有比例、创新产品销售比例、产销率、客户满意度四个指标作为第二阶段的输出。如图 5—6 所示：

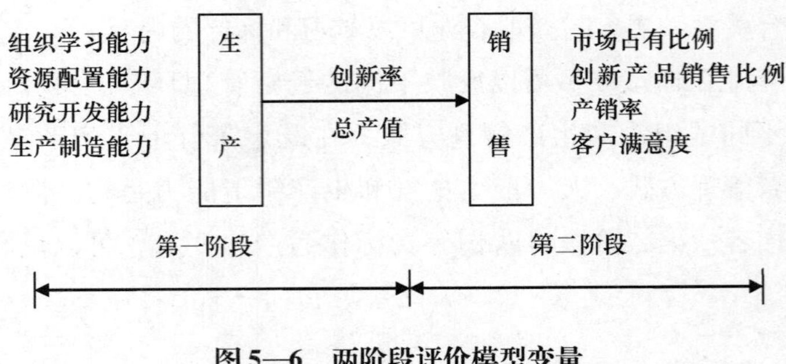

图 5—6 两阶段评价模型变量

四 价值链标杆管理指标体系的建立和指标解释

(一) 价值链标杆管理两阶段的指标体系的建立（见表 5—2、表5—3）

设定变量之后，依据前面对企业价值创造和形成过程的价值链环节的分析，第一阶段生产环节即价值创造环节构建如下指标体系，见表5—2：

表 5—2 第一阶段价值链标杆指标

组织学习能力 X_1	学习发现能力	X_{11}	定性
	学习执行能力	X_{12}	定量
	学习推广能力	X_{13}	定量
	学习反馈能力	X_{14}	定性
	获取知识途径的数量	X_{15}	定性
资源配置能力 X_2	资金投入年增长率	X_{21}	定量
	年非正常损失比重	X_{22}	定量
	企业净资产年增长率	X_{23}	定量
产品研发能力 X_3	研发设备价值比率	X_{31}	定量
	研发人员比率	X_{32}	定量
	R&D 经费比率	X_{33}	定量
生产制造能力 X_4	机器设备先进程度	X_{41}	定量
	生产能力利用率	X_{42}	定量
	标准化工作水平	X_{43}	定性
	工人技术水平	X_{44}	定量

续表

创新率	Z_1		定量
总产值	Z_2		定量

表 5—3　　第二阶段价值链标杆指标

创新率	Z_1	定量
总产值	Z_2	定量
市场占有比例	Y_1	定量
创新产品销售比例	Y_2	定量
产销率	Y_3	定量
客户满意度	Y_4	定量

（二）定性指标的分析与计算

定性指标难以用数量来描述，在以往的研究中，大多由评价者根据自己对评价内容的理解以及对被评价对象的了解进行评价，评价的基准含糊不清，每个评价者没有统一的衡量标准，因而会导致评价结果的可比性较差。为此，我们对定性指标的评价采用专家调查法，即邀请一批专家，让他们按一定的标准对定性指标分别打分，最后对有效分数进行加权平均。分数采用百分制，分五个等级，即优、良、一般、较差、差。等级与分数的对应关系如表 5—4 所示，在评价时可参考该表对各定性指标进行打分。

表 5—4　　定性指标等级与分数对应关系

优	良	一般	较差	差
$90\% \leq x \leq 100\%$	$80\% \leq x < 90\%$	$70\% \leq x < 80\%$	$60\% \leq x < 70\%$	$x < 60\%$

X_{11}表示学习发现能力

此指标反映企业员工在获取知识和技术方面敏锐的感知力，包括技术层面和设备层面，对外部信息知识的有效跟踪与获取，特别是对同行业先进技术、新产品面世等方面的关注能力。可通过问卷调查由有关专家按百分制打分，加权平均进行测度。

$$D = \frac{1}{n}\sum q_i \times p_i$$

其中，D 表示学习发现能力水平，n 表示当年所请专家人数，q_i表示某专家所给的分值，p_i表示对应的权数。

X_{14}表示学习反馈能力

可通过问卷调查由有关专家按百分制打分，加权平均进行测度。该指标反映企业人力资源学习结果达成目标的能力程度，与绩效考核密切相关，受高层主管的支持、员工能力、奖罚措施等多方面因素的影响，其计算公式如下：

$$D = \frac{1}{n}\sum q_i \times p_i$$

其中，D 表示学习反馈能力，n 表示当年所请专家人数，q_i表示某专家所给的分值，p_i表示对应的权数。

X_{15}表示获取知识途径的数量

知识可以通过以下五种方式来获取：依附在商品上，通过交易流通；通过与其他公司间的关系（大多是使用者与生产者）流通；通过产业与大学互动促进流通；通过公共机构（非大学）与公司的互动促进流通；通过人员流动。OECD（1997）则将知识获取的方式归类为产业联盟、产业与大学互动、产业与研究机构互动、技术扩散、人员流动（Smith，1995）。知识获取的途径决定了组织学习的速度和质量。

X_{43}表示标准化工作水平

标准化工作水平是指企业生产制造的标准化程度。

（三）定量指标的分析与计算

X_{12}表示学习执行能力

此指标反映企业人力资源对于学习的积极性和付诸实际的能动性。可以用企业每年的职称晋升率来衡量组织 HR 的执行能力。其计算公式如下：

$$学习执行能力 = \frac{该年获取职称晋升人数}{总人数}$$

X_{13}表示学习推广能力

在此，用培训周期来反映企业学习的推广能力。培训周期是指企业中平均每个人接受培训的时间间隔，周期的长短反映企业为学习推广所提供的机会的多少，受企业的战略和外部技术变革等的影响。时间按天计算，一年计为 365 天，用 365 乘以员工总数再比上年总培训机会来表示。其中员工总数按具体企业具体年度的年初末的统计数据平均计量，年总培训机会用当年企业培训次数与每次人数的乘积表示。其计算公式如下：

$$T = \frac{365Q}{b_i N}$$

其中，T 表示培训周期，Q 表示员工总数，b_i 表示当次培训人数，N 表示企业当年的培训次数。

X_{21} 表示资金投入年增长率

此指标反映企业投入资金的年增长率，表明企业整合内外部资金用于生产经营的力度。其计算公式如下：

$$资金投入年增长率 = \frac{该年投入资金 - 上年投入资金}{该年投入资金}$$

X_{22} 表示年非正常损失比重

该指标是一个反映了企业经营方面的风险管理效果指标，用企业当年的非正常损失与年收益之比来表示，比如某决策失误给企业带来的可计量或推算的损失。年收益采用企业当年的会计数据，其计算公式如下：

$$年非正常损失比重 = \frac{年非正常损失}{年收益}$$

X_{23} 表示企业净资产年增长率

此指标反映企业资源增值程度，是结果导向指标。其计算公式如下：

$$企业年净资产值增长率 = \frac{该年企业净资产 - 上年企业净资产}{该年企业净资产}$$

X_{31} 表示研发设备价值比率

在企业设备总值中，专门用于研究与开发的设备价值占企业设备价值总额的比率，反映企业研究与开发活动的物质保障程度。其计算公式如下：

研发设备价值比率 = （企业用于研究和开发的设备价值/企业设备价值总额） ×100%

X_{32}表示研发人员比率

反映企业在技术创新活动中的人力投入。其计算公式如下：

研发人员的比率 =（从事研发的技术人员总数/企业职工平均总人数）×100%

X_{33}表示 R&D 经费比率

R&D 经费比率指企业的科研活动的经费与企业销售收入的比值，反映企业对技术开发的重视程度以及技术开发的能力。其计算公式为：

研发经费比率 =（研发活动经费/企业销售收入）×100%

X_{41}表示机器设备先进程度

企业的生产主要靠生产设备，生产设备的好坏直接决定了企业生产产品的性能与质量，也决定了能否适应创新的要求。生产设备水平是按国际先进水平、国际一般水平、国内先进水平、国内一般水平和其他等五个档次，分别计算各档次水平的生产设备占总设备的比例，各档次的权重分别为 1，0.8，0.6，0.4，0.2，采用加权平均法计算。其计算公式为：

生产设备水平 =1×国际先进水平（%）+0.8×国际一般水平（%）+0.6×国内先进水平（%）+0.4×国内一般水平（%）+0.2×其他（%）

X_{42}表示生产能力利用率

反映企业实际利用的生产能力。其计算公式为：

生产能力利用率 =（实际利用的生产能力 + 企业设计生产能力）×100%

X_{44}表示工人技术水平

该指标用于反映企业生产人员的素质。拥有优良的设备只是制造能力的基础，生产工人的素质决定了设备是否得到有效利用，从而保证企业的生产活动是否能优质高效地完成。计算公式为：

$$\text{工人技术等级} = \frac{\sum_{i=1}^{n} w_i r_i}{\sum_{i=1}^{n} r_i}$$

i 表示技术的等级。工人的技术等级划分为 3 级，第 1 级为初级工，第 2 级为中级工，第 3 级为高级工。

r_i表示第 i 级工人数

w_i表示第 i 级工人的素质权重，与之相对应可设定为 1，2，3

Z_1表示创新率

其计算公式为：

创新率 = 创新产品数/企业产品总数

Y_1表示市场占有比例

企业某种产品的市场销售额占本地区同类产品销售量的比率，反映企业的市场控制力，能直观地反映企业在市场竞争中的态势。市场占有率越大，说明企业的营销能力和产品的竞争能力也就越强。其计算公式为：

市场占有率 =（本期企业产品销售额/同期市场同类产品销售总额）× 100%

Y_2表示创新产品销售比例

是指创新产品销售收入占总销售收入的比例。其计算公式为：

$$创新产品销售比例 = \frac{创新产品销售收入}{总销售收入}$$

Y_3表示产销率

是指在一定时间内已销售出去的产品与已生产的产品数量的比值。其计算公式为：

产销率 =（一定时间内已销售的产品数量/同期生产的产品数量）×100

Y_4表示客户满意度

反映客户对企业产品质量、性能、安全性、可靠性、经济性、外观及售后服务等方面的综合满意程度。顾客满意度越高，企业越容易提高产品的市场占有率，有利于推出新产品，有益于在市场资源配置中获得优势地位。该指标通过抽样调查取得数据。其计算公式为：

客户满意度 =（被调查者中满意人数/全部调查人数）×100

（四）数据的确定与工具选取

在价值创造过程的标杆内容确定中，第一阶段输入的指标选取，不同的指标代表不同的方面，定量定性都有，选择使用模糊评价方法比较合适。模糊评价法是利用模糊集理论进行评价的一种方法。由于模糊的方法更接近于东方人的思维习惯和描述方法，因此它更适应于对社会经济系统及工程技术的问题评价。模糊综合评价主要涉及四个要素：因素集 U、评语集 V、单因素评价矩阵 R 和权重向量 W。模糊综合评价模型的建立步骤如下：

步骤 1：确定评价指标集 U。

步骤 2：确定指标权重集 W。

步骤 3：建立评语集 V 及分值集 F。假设建立五级评语集 V =（V_1，V_2，V_3，V_4，V_5）=（强，较强，一般，较弱，弱），相应的分值 F =（10，8，6，4，2）。

步骤 4：对 U_i进行三级模糊综合评判。对 U_i的每个因素进行单因素评价可得到模糊评价矩阵 R_k, $R_k = \begin{bmatrix} r_{11} & r_{12} & \cdots & r_{1n} \\ r_{21} & r_{22} & \cdots & r_{2n} \\ \vdots & \vdots & \vdots & \vdots \\ r_{m1} & r_{m2} & \cdots & r_{mn} \end{bmatrix}$

其中 k 表示评语集的级数，r_{mn}（i = 1，2，4，6；j = 1，2，3，4，5）表示 U_i属于第 m 个评语 v 的隶属度。根据前面步骤建立的模糊关系矩阵 R_k 与各评判等级赋值的模糊合成，就可以得到各个具体指标的得分情况。其算式采用 M“$\oplus$ - ＊”（加权平均算子）的合成运算方式：

$$B_k = R_k * \mu^T$$

然后，通过 B_k 和指标权重集 W_k 的模糊合成，就可以得到第一阶段的输入值。

$$C_k = W_k * B_k$$

五 算例

本算例采用 2006 年江苏省科技厅关于企业创新能力的基本情况问卷调查。企业出于商业保密的考虑，往往不愿提供原始数据，因此在设计问卷时，考虑到权重系数的确定方法有多种，德尔斐法、专家打分法主要靠主观判断进行决策，容易受到个人主观认识、以往的经验和学识的影响，缺乏科学性。判断矩阵分析法、统计分析法依靠数学模型解决问题。系统科学毕竟是一门边缘学科，大部分复杂系统事实上很难完全用定量的数学模型解决。在此采用层次分析法（AHP）来确定权重，这是一种定量与定性相结合，将人的主观判断用数量形式表达和处理的方法，改变了长期以来决策者与决策分析者之间难以沟通的状态，是确定权重相对较科学的方法（具体方法见第四章）。根据上面的理论基础，我们设计了问卷并进行了抽样调查。问卷调查过程包括三个步骤：（1）采用文献调研以及专家讨论的方法完成指标体系的初步设计；（2）召集部分企业界人士对测量指标的难易程度、代表性和实用价值进行评价，以收集反馈意见并做必要修改；（3）在科技厅的帮助下，通过各科技局将问卷发放到下属的各个企业。此次调查共分为 8 个行业，共发放问卷 383 份，回收问卷 257 份，其中有效问卷 234 份，回收率达到 67. 1%，有效样本比例为 91%。样本中包含具有竞争力的高科技企业，也包括一些大型的国有企业，选取行业的时候侧重于选取具有科技含量的新兴产业，并兼顾了不同规模，对企业所属行业、规模以及类型的充分考虑表明所获取的数据具有代表性。

在此选取江苏省钢铁企业的调研资料依据模糊综合评判法得出的上述指标值（具体数据获取将在第八章实证部分详细列示），如表 5—5 所示。

表 5—5　　江苏省钢铁企业数据资料（计算整理得出）

输入 / 输出 / 决策单元	X_1	X_2	X_3	X_4	Z_1	Z_2	Y_1	Y_2	Y_3	Y_4
1 江苏沙钢	0. 82	0. 9	0. 88	0. 9	0. 53	10013	0. 11	0. 83	0. 89	0. 92
2 南京钢铁	0. 8	0. 91	0. 9	0. 88	0. 4	2615	0. 082	0. 87	0. 90	0. 88
3 永钢集团	0. 72	0. 88	0. 85	0. 86	0. 55	2063	0. 042	0. 76	0. 79	0. 87
4 上海梅山	0. 77	0. 85	0. 86	0. 87	0. 38	1997	0. 031	0. 58	0. 86	0. 9
5 江苏淮钢	0. 74	0. 78	0. 79	0. 84	0. 21	2002	0. 035	0. 77	0. 69	0. 86
6 西城钢铁	0. 8	0. 81	0. 82	0. 81	0. 45	1425	0. 023	0. 62	0. 77	0. 93
7 锡兴钢铁	0. 7	0. 76	0. 89	0. 77	0. 2	856	0. 015	0. 71	0. 67	0. 8
8 雪浪钢铁	0. 71	0. 73	0. 76	0. 78	0. 24	854	0. 017	0. 67	0. 86	0. 78
9 苏钢集团	0. 73	0. 8	0. 71	0. 75	0. 22	868	0. 014	0. 80	0. 7	0. 86
10 铁本钢铁	0. 72	0. 69	0. 8	0. 69	0. 34	823	0. 016	0. 73	0. 8	0. 85
11 江苏锡钢	0. 65	0. 77	0. 76	0. 76	0. 18	773	0. 01	0. 72	0. 72	0. 77
12 中天钢铁	0. 68	0. 79	0. 69	0. 75	0. 27	772	0. 014	0. 64	0. 80	0. 8

由于本研究的目标在于确定标杆管理的内容，因此第一阶段选用基于输入有效性的 C^2R 模型，代入计算，结果如表5—6 所示。

表5—6　　第一阶段企业效率值运行结果

企业	有效值
1	1
2	0.7219932
3	1
4	0.719652
5	0.4408569
6	0.8888889
7	0.4219548
8	0.5260274
9	0.4793308
10	0.7884058
11	0.3748493
12	0.6047431

从结果看，企业1 和企业3 相对有效，其他10 家企业相对无效。表明相对有效的企业在不减少产出的情况下，无法等比例地减少各种输入资源，也不能单独减少某种消耗或增加某种产出，相对其他弱 DEA 有效和非 DEA 有效的企业，其第一阶段即生产绩效是好的，消耗和产出比达到最优，规模也达到最佳。那么对于相对无效的企业来说，可以依据其在有效前沿面上的投影进行判断，投影的公式是：

$$\begin{cases} \overline{x_{ij}} = \theta x_{ij} - s_i^{0-} \\ \overline{y_{rj}} = y_{rj+s_r^{0+}} \end{cases}$$

其中，θ, s^{0-}, s^{0+} 为模型的最优解。

此变换提供了非有效的决策单元转化为有效决策单元的方法，更重要的是解决了在标杆管理过程中标杆内容的确定问题。即依据运算的结果得出的非有效的决策单元中松弛变量值不为0 的输入值即为将要标杆的内容。运算结果如表5—7 所示。

表 5—7　　　　　　第一阶段企业相对有效性运行结果

企业	效率值	X_1	X_2	X_3	X_4	Z_1	Z_2
		S－（1）	S－（2）	S－（3）	S－（4）	S＋（1）	S＋（2）
1	1	0	0	0	0	0	0
2	0.7219932	0.0364	0.00979	0.0232	0	0	0
3	1	0	0	0	0	0	0
4	0.719652	0.0477	0	0.0273	0.0268	0	0
5	0.4408569	0.0322	0	0.01451	0.0312	0	0
6	0.8888889	0.12202	0	0.0334	0.0164	0	261.909
7	0.4219548	0.0319	0	0.0656	0.0112	0	0
8	0.5260274	0.0593	0	0.0289	0.0350	0	46.2181
9	0.4793308	0.0612	0.0312	0	0.0151	0	0
10	0.7884058	0.12256	0	0.10527	0.0124	0	452.309
11	0.3748493	0.00648	0	0.00596	0.00256	0	0
12	0.6047431	0.0578	0.0457	0	0.0314	0	240.745

在此选取非有效的决策单元企业 4，构造新的 DMU_4：

$$DMU_4 = 0.0477XDUM_1 + 0.0273\ DUM_3 + 0.0268\ DUM_4$$

经过这样的变换之后，可以使得企业 4 变为相对有效，也就是在企业的学习能力、研发能力和生产能力都不足的情况下，资源配置效率处于较好水平。企业 4 要想进一步提高其生产能力，必须强调组织具有较强的发现能力，即能够感知组织所需要的技术、知识、经验和信息等，建立和加强从外部途径吸纳知识（一方面是资源与能力，另一方面是机会）的特殊能力，同时也要关注组织内部的调整及行业发展动向。吸收性知识能够在企业内部和外部资源与能力之间起到桥梁作用。① 这也是关于整合内外部资源的能力所表现的其中一个方面。在组织管理方面更多表现在组织对外的交流，包括知识、人才、信息等方面的交流，内外部培训等方面，它更加关注组织的动态效率，把静止效率放在次要的地

① Foss, N. J., Eriksen B., "Competitive Advantage and Industry Capabilities", In: Mentgomery (Ed.), *Resource Based and Evolutionary Theories of the form*: *Towards a Synthetic*, Kluwer Academic Publishers, Boston, 1995.

位。开拓性动力通过促进创新和创造新的规则与能力为组织的竞争优势提供了长期的基础。组织在进行组织学习时，显性的和外部的知识被转换为非正式的特定组织知识，即学习的新知识（增量）与先前的知识积累（存量）相结合，转变成具有针对性的意会知识，推动组织动态能力的进化；另一方面，组织学习通过把关联的和正式的知识以解决某一问题最佳实践的方式固定下来，以程序惯例的形式在组织进行延续和推广。

研发能力的不足原因大多是研发经费投入不足、专业人才投入不够等。在调研过程中，约半数以上的企业研发投入不及销售收入的1%，最低的仅有0.1%，可见，研发资金的投入已到了捉襟见肘的程度。造成这种局面的原因在于：一方面，许多企业由于债务繁重、体制不健全以及短期行为等原因，不愿在研发上更大地投入；另一方面，企业创新研发资金投入缺乏有效的引导和监督机制，激励创新的改革措施也未能配套跟上；此外，许多企业由于缺乏资金渠道和贷款信誉，很难筹措到必要的资金。可见在标杆内容确立的过程中，许多管理问题，如企业观念的更新，人力资源相关政策的出台等也应得到相应的重视。

企业价值创造过程中，不但要看开发设计成果的数量，更要看这些成果的质量，即企业能否由生产者通过一定的工艺制造出产品。从世界范围看，很多国家在加强生产制造能力方面做了很多工作。1985年，里根政府为应对咄咄逼人的日本制造的攻势，专门设立了“产业竞争委员会”，突出强调生产制造能力对美国的重要性。1986年，美国麻省理工学院成立了工业生产率委员会，组织大量的专家学者研究如何恢复美国竞争力。① 如今，美国汽车、钢材、机床等行业东山再起，美国工业竞争力连续排在世界前列，其生产制造能力的提高起到了关键的作用。我国工业企业管理者不注重生产设备的改造、对生产技术工人的配套培训跟不上、高级技术工人流失严重等因素，致使相当一部分工业企业生产制造能力不尽人意。从被调查的工业企业的原始数据中可以发现，有72%的企业没有国际先进水平的生产设备；剩下的企业即使拥有国际先进水平

① 李兆友、张瑞雪、王璐：《提高生产制造能力　打破制约中国企业技术创新能力的瓶颈》，《科技成果纵横》2005年第1期。

生产设备，但比例普遍较低，占所有生产设备的比例大多在10%以下。虽然生产设备的新度和技术工人素质两项指标能力级别普遍较高。但高不足喜，因为技术工人中高级技术工人最多的一家企业仅有52人，这与国外知名企业的差距是显而易见的。由此可见，我国工业企业在生产制造能力方面还有待进一步提高。

再以企业12为例，企业12在此组决策单元中也处于相对无效的状态。在按照以上运行的结果构造新的决策单元之后，总产量提高240。其他非有效的企业在选取标杆内容上也如上述分析。

以上是对第一阶段的标杆内容选取的分析，根据历史资料分析和调研结果表明，企业价值实现过程和价值创造过程处于同等重要的地位，因此，在两阶段的DEA模型中DEA输入权数都取0.5。在第二阶段的DEA模型选取中，是基于输入指标（即第一阶段的输出指标）不易变或不可控的前提下，所以选取基于输出有效性的C^2R模型。

表5—8　　　　　　第二阶段企业效率值运行结果

企业	有效值
1	1
2	1
3	0.742953
4	0.6920672
5	1
6	0.7487721
7	1
8	1
9	1
10	1
11	1
12	1

从结果（见表5—8）看，在12家企业中，有9家企业处于相对有效状态，只有3家企业处于相对无效状态。这说明，这9家企业从营销能力

和客户管理能力等方面来说都是很强的，当然这也与我国在调查期内正进行大规模的基础建设，对钢材的需求量增大等有直接关系。再进行深入分析，在产量既定的前提下，或生产能力等规模水平一定的情况下，从反映企业价值实现环节的市场营销能力和客户管理能力的指标——市场占有比例、创新产品销售比例、产销率、客户满意度四个指标来分析钢铁企业的市场状况。企业 3、4 和 6 相对无效。由于 DEA 理论中的锥性要求在现实生产中很难达到，因此，用“投影”方法计算出特定 DMU 为达到有效状态而要将输入、输出指标调整到的目标值，就可以为这些企业明确地分析标杆改进的内容，同时也可以为公司和行业的经营管理提供具体、明确的建议。表 5—9 是企业的相对有效性运行结果。

表 5—9　　企业的相对有效性运行结果

企业	有效值	Z_1	Z_2	Y_1	Y_2	Y_3	Y_4
		S－（1）	S－（2）	S＋（1）	S＋（2）	S＋（3）	S＋（4）
1	1	0	0	0	0	0	0
2	1	0	0	0	0	0	0
3	0.742953	0.0563	0	0	0.0429	0.0766	0
4	0.6920672	0	0	0	0.3949	0	0
5	1	0	0	0	0	0	0
6	0.7487721	0	0	0	0.2487	0.2360	0
7	1	0	0	0	0	0	0
8	1	0	0	0	0	0	0
9	1	0	0	0	0	0	0
10	1	0	0	0	0	0	0
11	1	0	0	0	0	0	0
12	1	0	0	0	0	0	0

以企业 3 为例，创新产品销售比例、产销率两个指标分别再增进 0.0429 和 0.0766，同时其学习能力应相应减少。这说明，企业 3 需要加大创新产品的推广和销售力度，加大营销的力度。在此，值得考虑的问题是创新产品的市场化问题，其一，营销问题，其二，创新产品的实用性。在两阶段的标杆内容的选取和分析过程中，把创新作为中间变量，

在两个阶段中都有体现。因此企业在进行标杆实施的时候，在营销阶段应注意以下几个问题：

（1）企业的创新能力最终表现为自主创新产品占领市场的能力，因此产品竞争能力是企业创新能力的首要内容，也是企业创新能力的外在特征和结果，是其他创新能力要素相互作用所形成的竞争潜能与优势的具体表现，是影响企业创新能力的关键因素。创新产品具有较强市场竞争力的基本要素是：良好的品牌、较高的诚信度，主要表现为购销合同中产品质量、数量和价格的兑现情况。价格是影响双方交易最敏感的因素。企业制定一套科学合理、相对稳定的定价机制，保持价格的相对稳定性，必将增加企业信誉，促进合作和推动企业发展。

（2）企业创新产品的竞争能力直接并主要取决于综合营销能力。自主创新产品开发是否符合消费者需求，价格是否具有自主创新能力，促销手段是否恰到好处，分销体系是否通畅等，都对企业自主创新能力具有相当大的影响。符合消费者需求的产品可以增加顾客忠诚度，合适的价格可以提高企业的竞争优势，而通畅的分销体系则直接关系到产品或服务的销售空间，也影响产品的销售效率。因此，可以说，企业营销能力是企业产品自主创新能力的载体，是提高企业创新能力的关键要素。市场营销能力是企业最终把自主创新产品推向市场，使消费者接受的能力，是把创新的成果转换为企业利润的能力。再好的研发成果，如果不能接受市场的考验获得消费者的认可，只能是失败的创新。可以说，市场营销阶段是检验创新成功与失败的关键环节。因此，销售能力的强弱直接反映了企业创新能力的优劣，市场营销能力较强的企业，能够根据不同的自主创新战略、领先战略、跟随战略采取不同的市场策略。例如，利用壁垒维持市场份额还是拓展新的市场，或是扩大市场份额。我国许多企业自主创新失败的原因就是市场营销能力不足，不能让自主创新产品迅速占领市场，使消费者接受新产品，最终丧失创新红利和持续创新所需的资金。因此，创新企业要善于培养自己的市场营销能力，通过强有力的营销能力，确保企业的创新成果走向市场，最终实现创新价值。

市场营销能力主要包括市场研究能力和市场销售能力两个方面。市场研究是市场销售的前提，市场销售是市场研究的目的，两者相辅相成，共同成为营销能力的有机组成部分，是对市场进行调查分析、把握市场动力的能力。价值链环节集合了多种技术与市场相结合的活动。企业价值实现包括产品市场化阶段，需要对市场进行充分的分析研究。在研发的构想阶段，就要求企业具备较强的市场分析能力，这样企业可以通过分析消费者需求、竞争态势，根据企业面临的不同市场类型进行创新决策。盲目主观地开发研究，是科技成果难以转化成生产力的主要原因，也是造成创新效益低下的主要原因，因此，企业必须具备市场调查、分析和预测的能力。

市场销售能力是把企业产品推销给客户的能力，是把企业产品变现的能力。市场销售能力主要受以下几个因素的影响。第一，分销网络的完善程度。分销网络是企业产品流入市场的渠道，分销网络的完善程度对企业产品的销售有决定性的影响。创新企业要建立自己的销售网络，才能保证新产品顺畅地流入市场，与消费者见面，并能快捷地收集关于创新产品的反馈意见。第二，推广和促销方式的有效性。产品推广和促销方式是影响消费者消费心理的重要方式。适宜的产品推广和促销方式，能让更多的消费者认识产品、了解其特点并愿意接受它，从而不断发掘潜在的需求。第三，品牌的有效管理。企业的品牌是企业的一种无形资产，对企业的生存和未来发展有着至关重要的意义。企业只有进行有效的品牌管理创新，才能维持自身良好的企业形象，保护自身的经济利益。第四，售后服务能力。售后服务也越来越多地影响消费者的购买决策。创新产品由于其新颖性，第一次进入市场，难免有一些缺陷，这更需要企业提供良好的售后服务，增加用户对产品的信赖度，同时，通过与消费者有效的沟通，利于产品的改进，提高新产品的声誉，扩大产品的销售范围。

六 关于价值链的标杆管理内容选取的说明

熊彼特认为，垄断的市场结构有利于企业创新。在熊彼特看来，那些拥有垄断力量的大企业具有规模经济等优势，因而具有研发能力和技术创新的条件，小企业由于资金缺乏、实力较弱、技术人员稀少，难以承担技术创新的重任，因此，竞争性环境能给企业研发以更大的激励。垄断是企业创新获取补偿和超常利润的保证。没有垄断或没有一定的垄断，企业创新的成本就不能得到补偿，更不能为企业赚取利润。从这一点看，垄断有助于企业技术创新。但是，垄断达到一定限度就扼杀了竞争，同时也阻碍了技术创新和进步。一些实证研究表明，在许多行业，小企业也能对技术创新作出重要贡献。小企业由于机制灵活，面临的竞争压力较大，在技术创新效率和时间上都明显优于大企业。综合熊彼特的观点可以发现：垄断和竞争对企业创新的影响程度与行业的集中程度有关。当行业趋于集中和正在集中时，集中和创新活动是正相关的，即市场集中度的提高能够激励企业的创新活动。但当行业过度集中时，两者之间是负相关的，即高度的市场集中将抑制企业的创新活动。垄断对企业实施标杆管理不利，垄断会阻断知识、信息和技术的交流。竞争对于标杆管理则有双向的作用。一方面，竞争不利于标杆资料的收集；另一方面，从发展的角度来看，竞争会增强自身的竞争力，从而使整体实力增强。在标杆管理的过程中，与先进的企业对标，企业标杆起点提高，更利于企业的成长。

第五节　本章小结

本章首先分析了企业价值链的内涵、特点和作用，阐述了企业的价值链分析对企业获取竞争优势的意义，引出在价值链环节实施标杆管理的可行性。接着，分析标杆管理价值链的特征，与价值链的流程相结合，得到企业在价值链环节实施标杆管理的流程。由于价值链环节是企业价值创造和实现的重要环节，本章主要解决标杆管理的标杆内容的确定工作，因此，本章最后从价值创造入手，从生产和营销两个阶段对价值链环节进行分析，确定标杆内容，借鉴 Troutt 等人的链形结构思想，建立两阶段的链式 DEA 模型，分析了链式 DEA 模型对于价值链标杆管理的适用性，从而有效地解决了标杆内容的选取问题，充分考虑企业整个价值创造和实现过程。然后，用实例来说明这种方法的实用性，为标杆管理的标杆内容确定从定量的角度找出一种可行的方法。

第六章

基于数据包络分析法的绩效的标杆管理

企业的价值创造和价值实现贯穿整个管理、生产和营销环节，选取合适的标杆和确定标杆的内容是标杆管理的重要环节，评价企业实施标杆管理的效果，即衡量企业在一定时期内对标杆目标的实现程度，用绩效作为管理运营的评价目标，对企业一定经营期间的资产运营、财务收益、资本保值增值等经营成果及其相关联的各个方面进行真实、客观和公正的评价。本章主要探讨绩效和标杆管理结合的可行性，以及选取何种方法对绩效的标杆管理进行研究，并从标杆的角度找出绩效改进的方向，为前一章生产运营过程的标杆活动提供评价的方法和标准，同时也为以后章节的研究做好铺垫。

第一节　标杆管理与绩效管理相结合的可行性

一　绩效管理与标杆管理的共同特点

绩效管理是指管理者和个人经过沟通制定绩效目标计划、进行绩效考核，以某种方式激励员工持续提高业绩，并最终实现企业目标的一种管理过程。标杆管理与绩效管理都是企业的管理方法，两者的共同之处有：二者实施的最终目的都是为了实现企业既定目标；都侧重通过各种方式激励员工不断提高自我；都是一个持续改进的过程，是企业不断自我超越的良性循环过程。

二 以目标为预期的绩效管理考评制度需要引入标杆管理

（一）建立绩效管理考评制度的作用

从委托代理理论的视角看，绩效考评制度是解决委托人对代理人的激励与约束问题的一项有效的制度安排。在中央企业中存在众多委托代理关系，由于委托人和代理人之间的期望目标不同，所以需要一套系统的绩效考评制度来使集团目标与代理个人的行为协调一致。绩效管理关注的是如何对经营者的努力程度进行客观反映与激励，以改善企业集团的业绩。关注绩效的实质在于关注这些评价信息的实际效用，即什么样的评价信息可以运用和如何应用这些信息来进行管理等。

（二）绩效考评评价指标的变化

目前，我国中央企业采用《国有资本金绩效评价规则》进行绩效评价。该评价体系首次把企业整体素质、内部控制、公众形象、未来潜力等方面的非财务指标纳入绩效评价系统，并将工商类竞争性企业绩效评价指标体系分为三个层次，即基本指标、修正指标和评议指标。同时，它对指标采取了综合评分的方法，使得企业更加关注考核发展能力，提高管理水平和改善人力资源状况。2003 年底，国资委颁发了《中国企业负责人经营业绩考核暂行办法》，将国有资产经营的责任落实到企业负责人，体现了年度考核与任期考核相结合，结果考核与过程评价相统一，并通过指标分类，较好地考虑了不同行业和企业的特点，衔接了企业短期发展和中长期发展目标，实现了考核和薪酬的挂钩。从国家政策可以看出，集团公司绩效考评已经从注重评价转换到注重管理，从事后的、被动的静态指标反映发展到过程中主动的、动态的行动驱动。

（三）标杆管理与绩效考评管理结合的可能性

现行的绩效评价与管理体系吸收了很多国外优秀绩效评价与管理思想的精华，包括平衡记分卡和 KPI 评价法、EVA 法、MBO 法等。评价标准是分析评判评价对象的标尺，是评价体系的关键与核心。确定了评价标准才能使评价指标有据可依，以便对评价对象绩效做出公正、恰当的判断；同时制定详细、规范的评价标准，才可以减少评价工作中人为因素对评价结果的影响，增强了评价的可信度，也使评价结果具有客观性和权威性。在现行评价体系中，计量指标评价标准值由国家财政部依据全国企业（单位）会计决算及财务报告分户数据资料，并按照国家标准划分的企业行业规模类型统一测算和颁布。在此基础上，由企业参照企业绩效评价标准管理的特点及参考标准，另行制定与标杆管理相结合的指标评价程序，即可将标杆管理引入绩效评价与管理中。

三　标杆管理应用于绩效管理的意义

标杆管理已被西方国家的企业认定为改善企业经营绩效、提高企业竞争力的最有用的管理工具。它对于绩效管理的意义主要体现在：

（1）促使经营者去发现问题，促使组织找到整体经营过程中的“短板”。通过关键因素的发现与分析，迅速改善企业经营绩效。

（2）企业的战略目标被分解为各个年度的“标杆指标”，把对“标杆指标”完成的评估结果与薪酬挂钩，推动“战略”的实施。标杆的指标彼此联系、相互补充，共同构成了战略绩效的标杆指标体系，使组织的每个成员都有明确的绩效目标，使本组织内部力量统一起来。

（3）促进了企业激励机制的完善。由于代理理论的存在，现代企业的所有者必须设计一套良好的激励机制，来引导经营者朝着股东利益最大化方向发展企业。绩效评价标准的选择直接影响到激励机制的成功与否，建立以行业水平为基础的标准来评价经营者的业绩，更好地体现了对经营者按绩效付酬的原则。目前不同的行业都在摸索中实施标杆管理，初步实践使得不少行业在探索标杆管理的实践中取得了突破性的进展。如2005年国家电网公司出台了《关于开展国家电网公司创一流同业对标工作的指导意见》《国家电网公司创一流同业对标工作管理办法》等有关文件，以安全生产、资产经营、电网运行、市场营销、供电质量、设备管理、人力资源、信息系统和基建管理类共979项指标，在区域公司、省电力公司和地市供电企业之间进行对标，初步建立了对标指标体系。对标管理的实施有5个步骤：分析现状、确定标杆、对标比较、最佳实践、持续改进。对标坚持全面比较、动态比较、持续改进、完善提高等原则，开展差异性分析、阶段性分析、单一性分析和综合性分析。建立5项制度，即信息发布制度、评估制度、过程控制管理制度、专报制度、交流制度。注重业务流程和工作流程的完善，管理手段的创新，以及指标数据和管理经验等，将标杆管理的理念引入绩效管理。从实践来看，由国家电网公司组织开展的创一流同业对标工作，对全面提升电网企业的管理水平、提高工作效率和职工队伍素质具有非常大的促进作用。各个单位通过大力开展与先进单位的对标活动，发现存在的问题并加以解决，为公司发展打下了坚实的基础。国家电网公司积极进行整改，将标杆管理应用于绩效管理的流程，探讨流程设计的基本思路。基于标杆管理和绩效管理的共同点，标杆管理应用于绩效管理的显著效果，以及电力、石油等不少行业的实践，将标杆管理与绩效管理进行有机结合，建立以标杆管理为主线的企业绩效管理流程。

以标杆超越法为基础的绩效管理体系，可以更好地适应当今社会环境日新月异的变化和市场竞争日趋激烈的需要。一方面，标杆超越法是将企业发展的目标和方向定位于外部现实的基础上，传统的目标设置是一种通过对过去数据和内外环境进行分析来预测未来的方法，此方法往往会因为外部环境的变化速度远远超过企业预期规划而导致目标设置失败；另一方面，它可以使企业绩效指标体系的设计更加关注于满足顾客需要，因为标杆企业之所以成功，是因为他们的管理实践能更好地满足顾客需求；再者，通过标杆分析可以发现企业与标杆对象相比存在的差距，从而可以激发企业中个人、团队和整个组织的潜能，充分发挥潜力，提高企业绩效。

四　标杆管理应用于绩效管理的特点和存在的问题

（一）特点

以标杆管理为主线的绩效管理的各个步骤组成一个循环往复的过程。在流程进行过程中标杆目标是静态的，而达到战略目标后，原定的标杆目标又因为自身的发展而发生了变化，因而企业集团需要瞄准数据库对标杆进行及时更新，可见这是一个不停地追踪标杆的持续改进过程。

（二）存在的问题

由于标杆管理侧重指标量化，因而也会导致一些缺陷：首先是容易使员工形成单纯追求量化指标的思想，被考核者关注的是可清晰理解的量化指标，一些难以量化的工作将被忽略；其次，并不是所有影响企业绩效的因素都可以量化，片面追求量化指标会导致过高的管理成本。

五 绩效的标杆管理理论

绩效的标杆管理是指一个企业实际测量的绩效与预先根据一定的标准或方法设定的参照标准之间的比较。依据标杆管理的资料和数据收集，可以确定一个地区内富有效率的标杆企业，并测度效率较低企业的相对绩效，这样就可以比较这些企业的相对效率，衡量出不同竞争对手企业的绩效水平。一个严格的绩效标杆可以解释所有同类型企业的相对效率。管理者通过选择一个合适的效率参照点，来激励他们缩小与尖端企业的差距。标杆管理正是要通过调研工作来收集不同竞争对手的各种信息，从而确定本企业的战略目标，包括绩效改进方面的信息。绩效标杆最明显的特点是，它的激励是建立在相对比较的基础上的。通过奖励那些比参照绩效具有更好绩效的企业，来促进企业效率的提高。绩效标杆的应用有两个关键的因素：一是选择合适的参照绩效；二是绩效测量使用的方法。参照绩效的选择方法很多，管理者可以选择绩效最好的领先企业作为基准，即前沿标杆；也可以选择有代表性企业的绩效，比如平均值作为基准，即均值标杆。根据参照绩效选择方法的不同，绩效测量方法一般可分为两类：前沿绩效标杆方法和均值绩效标杆方法，前沿绩效标杆方法主要运用修正的最小二乘法、随机前沿分析法以及数据包络分析法等计量分析方法，均值分析方法主要用回归分析方法，如最小二乘法，也可以用全要素生产率方法。

第二节 绩效与标杆管理结合的研究综述

绩效评价一直以来是国内外学者研究的热门课题，并取得了显著成果，从简单的绩效测量到完善的绩效评价指标的建立，从单一指标对比为主发展到具有很强的综合性的市场指标和会计指标，再到多个指标的综合绩效评估。企业绩效评价实质上是运用特定的指标和标准，采用科学的方法，对企业一定经营期间的资产运营、财务收益、资本保值增值等经营成果及其相关联的各个方面进行真实、客观和公正的评价，以此来衡量企业在一定时期内对目标的实现程度。[①] 通过绩效评价，可以发现评价单元的实力状况以及它们的差距和优势，从而发挥优势，克服劣势，充分挖掘潜力，达到进一步提高绩效的目的，通过这些评价分析也可以发现评价单元当前所处的客观基础和基本状况。企业绩效评价方法历来是各个企业求发展首先要重视的环节。好的绩效评价方法及结果能够为企业带来事半功倍的效果，对企业的长远发展有着不可估量的作用。纵观这些研究，不难发现无论是对杜邦分析体系、经济附加值还是对平衡记分卡的研究，对于业绩标准该如何设定、业绩以什么为最优参照点却一直含糊不清，难以对企业绩效做出合理评价。随着企业经营环境的不断变化，企业仅仅与其自身或在同行业间进行的业绩衡量比较，已不足以使企业形成或维持其核心竞争力。企业应当跳出原有的框框，在更广泛的跨行业范围内，去寻找代表最先进的业绩标准。

绩效评价是为了发现企业的差距和优势而对企业的经营成果的评价，而标杆管理的发展使业绩评价标准有了很大进展，它以行业中或跨行业的领先企业作为标杆和基准，通过资料收集、分析比较、跟踪学习等一系列规范化的程序，以持续与系统化的流程来评估其产品、服务与工作流程，以达到改进绩效，赶上并超过竞争对手，成为强中之强。目前绩效和标杆管理相结合的研究多集中于对公共服务部门或政府组织的绩效研究[②]，从标杆管理流程的角度建立绩效管理体系，这些研究仅局限于对二者相结合的方法的探讨和得以实施的可行性的探索，缺乏具体的可操作方向。也有关于标杆和绩效相结合方法的研究，比如蔡榕生和吴祈宗以“中国企业供应链管理绩效水平评价参考模型”（Supply Chain Performance Reference Model，SCPR）作为评价指标体系，根据供应链绩效评价的特点，对备选的多条供应链进行聚类分析，确定候选标杆集，再根据企业的实际状况，得到最终标杆集[③]，这项研究实质是以绩效为出发点选

① 盛亚：《企业创新管理》，浙江大学出版社 2005 年版，第 27—43 页。

② 郭海芳：《上市公司绩效评价方法的理论研究》，《科技情报开发与经济》2006 年第 16 卷第 15 期。

③ 蔡榕生、吴祈宗：《基于聚类分析的供应链绩效标杆选择研究》，《科技和产业》2005 年第 5 期。

取标杆的研究。

将 DEA 和标杆结合起来研究的文献在第一章已经综述。实质上在大多情况下标杆管理是对 DEA 算法的修正。① 数据包络分析法是一种对选定的决策单元相对效率进行评价的一种方法，无法对评价的决策单元进行排序，区分决策单元的优劣，具有它自身无法克服的局限性，它只具有相对有效性。首先，评价结果可能会忽略其他指标值，而判定该决策单元有效，即不能从综合全面的指标上确定有效单元；其次，DEA 要求输入、输出数据为正值，这也是模型存在的一个缺陷；再次，当决策单元个数比较少、输入输出指标比较多时，容易出现多个决策单元同时 DEA 有效的情况，对决策者造成困扰；最后，更重要的是，所谓"相对有效性"是指在对相同（相似）部门间进行评估时，对部门间的绩效进行比较，最后选出绩效较好者作为 DEA 有效决策单元，因此，就会存在被评价部门本身的绩效并不是很好，但根据 DEA 算法，仍然能够评价出相对 DEA 有效的结果，这与实际评价要求不一致。② 为了改进 DEA 评价结果中无效决策单元的绩效，可以将 DEA 算法与标杆管理有效地结合起来使用。将 DEA 能够处理多输入、多输出评价系统的优点与标杆管理对比评价的特点相集成，可以形成综合评价方法。利用该方法可以确定有效的评价单元，为系统中的无效决策单元提供改进的基准目标，同时，另外新增加的决策单元也能够找到相应的标杆，进行更加准确的分析与评价，提供改进绩效的信息，从而对整体性能的完善起到关键作用。③④ 模型对指标依赖性大，如果一个指标显著高于其他决策单元的相应指标，模型使用传统 DEA 方法得出的"相对有效性"结果，而标杆管理是绝对效率的评价，将二者结合起来，可起到互补的作用。

---

① 刘红萍：《城市用地扩张控制过程的绩效研究》，《统计与决策》2008 年第 20 期。

② 王谦、周卓儒：《公共部门绩效评价的标杆管理与数据包络分析》，《西南交通大学学报》2004 年第 5 期。

③ 刘敬严：《超效率 DEA 模型及灵敏度分析在标杆管理中的应用》，《工业工程》2008 年第 4 期。

④ Homburg, Carsten, "Using Data Envelopment Analysis to Benchmark Activities", *International Journal of Production Economics*, Vol. 73, No. 1, 2001, pp. 51 – 55.

第三节　企业绩效和标杆管理相结合的模型构建和评价指标的确定

一　绩效的标杆管理的流程

标杆管理是一种通过将本企业的生产管理活动与企业内最佳部门的生产管理活动，与竞争对手和行业内外一流企业的生产管理活动进行对照分析，发现自身生产管理上存在的不足，并把企业内外部最佳管理方法作为模仿和追求对象，应用于自身并对自身进行优化改造的一种管理方法。相对而言，标杆管理是一个过程，即一系列的行动、步骤、活动造成一个结果，就是对最佳实践的识别和引进，以改善绩效。标杆管理是实现组织设定的标杆目标的过程。在这一过程中，组织需要通过完整的体系和具体的实践逐步达到预期的目标，实现既定的业绩，并且标杆管理还是一个持续改善的过程。其基本流程见图6—1。

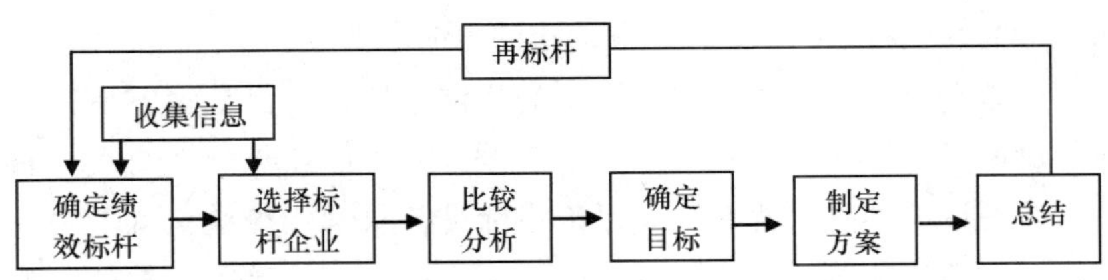

图6—1　绩效的标杆管理的基本流程

二　绩效评价体系的构成

总括以往学者的研究，绩效评价一般包括以下几个部分：确定绩效评价对象、建立绩效评价模型、确立绩效评价指标体系、确定绩效评价标准、选取绩效评价方法等。

（1）绩效评价对象。根据评价的目标，绩效评价的对象涉及行业所有的成员，或区域的所有企业，或国内、国际的先进企业，关系到战略目标的实现效果。这种效果比较抽象，难以直接衡量，需要对其进行分解后再测量、分析、综合，得到整体绩效。

（2）绩效评价模型，是指如何依据绩效战略目标划分而形成能进行度量的指标体系。在绩效评价中常用的模型有杜邦分析法、EVA、平衡计分卡模型等。

（3）绩效评价指标体系，是指通过哪些关键指标来反映绩效，它是绩效评价的基础，主要反映企业整体运营状况以及同行业之间的横向联系和价值链节点企业的纵向关系，而不是孤立地评价某一企业的运营状况。一个理想的评价指标体系应能够反映顾客、企业价值链和供应链等之间的关系，在选取指标时注重财务指标和非财务指标的结合，定性与定量指标的结合等，还要易于理解，应用广泛和使用成本低，更重要的是能够为操作者和管理者提供快速的反馈意见，能激励绩效的改善等。

（4）绩效评价标准，是判断评价对象绩效优劣的基准，标准的选择取决于评价的目的。单独地对企业某时段的绩效做出测量，无法判断评价对象的绩效优劣。一方面横向可以与同行业的竞争者进行绩效比较，另一方面纵向可以对自身不同时段的绩效进行分析比较，从而判断所评价供应链的绩效状况，确定优化和改进的方向。

（5）绩效评价方法，是绩效评价的具体手段，主要是将各指标的评价值经过适当的计算，得出综合评价值，依据评价标准，得出评价结论。没有合适的评价方法，就无法对评价指标进行科学的测度，就无法运用评价标准对绩效做出客观的评价，也就无法运用一些手段来改进未来的绩效。

以上这五个基本组成部分组成了一个完整的绩效评价体系，它们之间相互联系、相互作用，共同服务于绩效评价体系的目标。

根据以上五个基本部分，其绩效评价过程如下：明确绩效评价的对象和目标，建立绩效评价指标体系，设计和选取评价指标对评价对象进行描述，建立评价模型，对评价对象的描述指标进行测量确定评价方法，对评价对象的测量结果进行评价选择合适的评价标准，分析评价值得出评价结果。绩效评价过程包括评价、反馈和纠偏行为。企业绩效是一个动态变化的过程，它的绩效评价也随环境的变化而变化，因而在评价的过程中要进行及时反馈，并根据需要对绩效评价体系进行相应的调整，因此能够正确、客观地描述供应链绩效的评价体系是不断改进和发展的。绩效评价过程如图6—2所示。

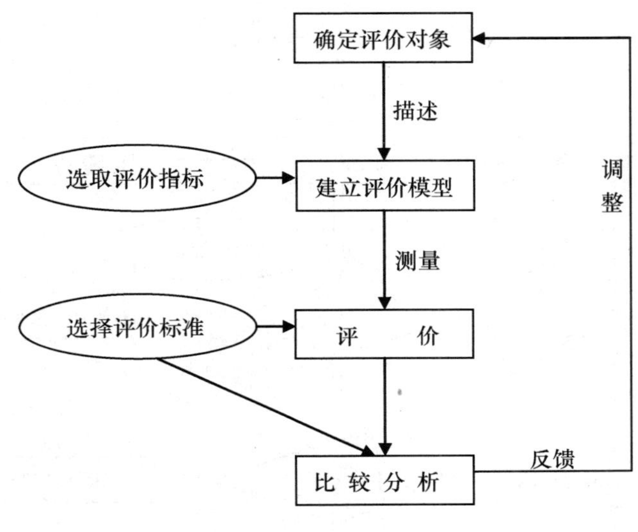

图6—2　绩效评价体系

三　绩效的标杆管理的模型构建

绩效管理和标杆管理具有共同的特点，具备结合的可能性，将绩效和标杆结合起来，能克服传统的绩效评价的不足，并能够清晰地诊断出企业的不足和差距所在。绩效管理相对于标杆管理是一种更微观的管理方法，局限于企业内部的业绩指标，而标杆管理带给企业的是新的理念和视域。标杆管理不仅要知己，更要知彼，要密切地关注行业内竞争对手的市场和经营，关注国内和国际经济状况的变化对产业和企业产生的影响。

建立绩效的标杆管理使得绩效的评价更为直观和易于提高，进行比较的基础是建立共通的过程模型。它的主要目的是按集成的观点方法对待企业不同的领域（全面质量管理、数据管理、多种控制活动等），以提高跨部门组织所有成员的管理透明度，达成战略目标的一致性。过程模型的优点表现在它具有跨企业的适应性和应用性。对过程的符号、术语等建立标准，使得在企业之间进行有效的绩效比较成为可能，这是因为绩效的各项特性参数是基于相同的标准和同样的“过程语言”。绩效的标杆管理模型如图6—3所示。

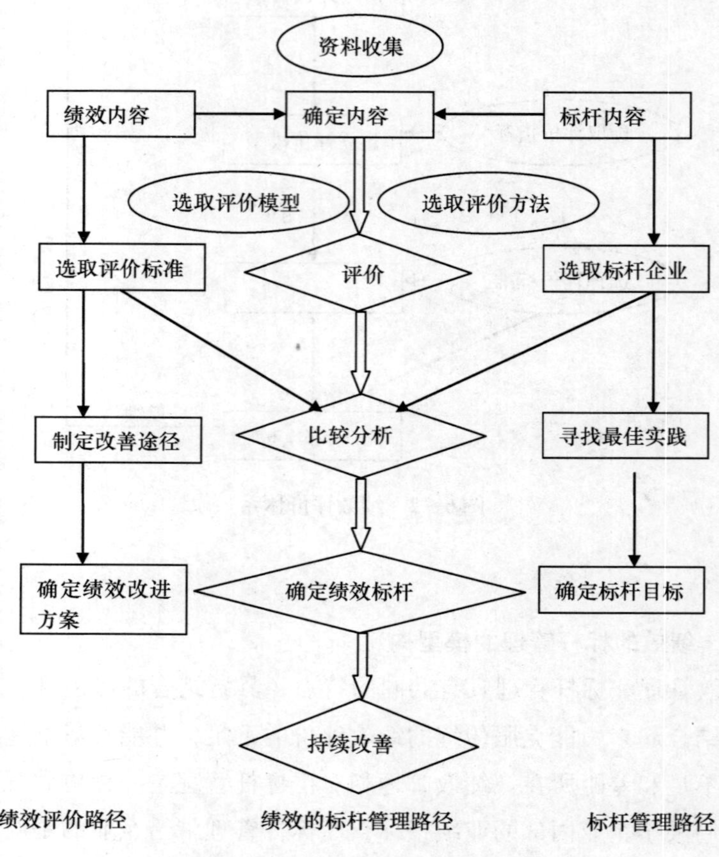

图6—3 绩效的标杆管理模型

四 基于DEA的绩效的标杆管理的评价流程的确定

企业的绩效评价体系包括众多指标，牵涉到企业各个层次的不同业务部门。是否服务于企业的总体战略是绩效考核的关键，因此要按照评价主体的所有评价内容来确定考核指标，评价主体主要为企业所有者和企业管理者。企业的所有者，无论是国家还是法人、个人，都不直接参与企业的经营，他们期望通过绩效综合评价来判定投资的效果和管理者的贡献，因而应从企业经营的结果方面来评价企业绩效。所有者评价企业绩效的目的是判定投资的效果和管理者的贡献，企业经营结果要满足他们的需要。对投资的效果和管理者的贡献进行评价，必须获得以下信息：资本保全能力如何；长期发展能力如何；盈利能力如何；偿债能力如何。这些信息是所有者评价企业绩效的核心内容，也是他们所需评价指标的设置依据。企业管理者是企业经营决策的制定者和监督执行者，他们期望通过绩效综合评价来发现管理中存在的问题，从而进一步改善管理以实现企业目标，因而应从企业经营的过程和结果两个方面来评价企业绩效。管理者要发现经营管理中存在的问题，必须从以下四个重要方面来观察企业：顾客怎么看企业；从顾客的角度看企业必须在什么方面有卓越表现；从内部运行与管理发展的角度看企业能否持续提高和创造价值；从创新和学习的角度看企业如何面对投资者的要求。这四个方面是管理者评价企业绩效的核心内容，也是管理者所需评价指标的设置依据。

综合上述，财务指标由于具有一定可比性、可度量性，使得行业内部比较、历史数据比较成为可能，使不同信息使用者在判定某一阶段经营活动成效时有了客观凭据。而非财务评价方法却难以用货币来衡量，这也许是非财务评价方法的硬伤。财务指标本身也不断发展，使得其所蕴含的信息能更真实地反映企业的绩效。因此，财务指标是最能够反映企业绩效的指标，财务效益指标是对企业经营业绩的最终评价，也是对投资者股东回报的最终评价。代表企业的长期目标——顾客市场角度的测评指标主要考核顾客如何看待企业，主要强调企业间或企业和顾客间形成良好的合作伙伴及业务流程，以便对顾客或企业及时、有效、连续地提供好的产品和服务，各项指标之间存在密切的因果解释关系。

DEA 可以确定有效的评价标杆，为系统中的无效 DMUs 提供改进的基准目标，同时对于新增加的决策单元也能够找到相应的标杆进行更加准确的分析与评价，提供改进绩效的信息，从而对系统性能的完善起到关键作用。将 DEA 方法应用于标杆管理中，可以为标杆管理提供客观、定量的管理方法，使得企业绩效评价的标杆管理过程变得更加科学和有效。

在标杆管理过程中的标杆流程阶段，选取标杆对象采用定量指标和定性指标结合的方法，在本章绩效的标杆管理阶段侧重于从财务的角度（即定量的指标）更明晰地反映企业的经营目标和价值观——利润最大化。基于 DEA 的绩效标杆管理的流程如图 6—4 所示。

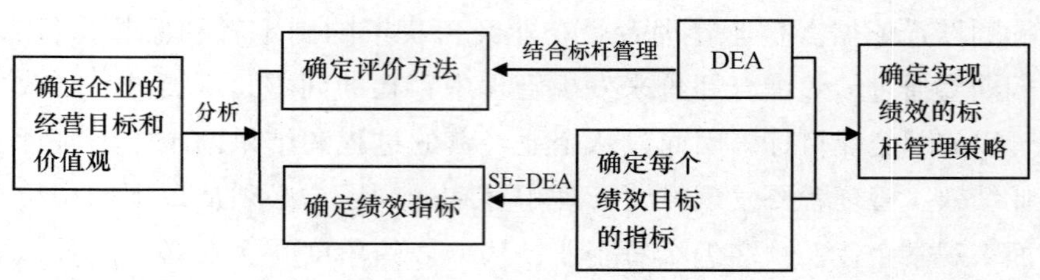

图 6—4 基于 DEA 的绩效标杆管理流程

（一）基于 DEA 的绩效的标杆管理的绩效指标的确定

绩效管理体系显示了企业总体战略规划，以及这一规划是否达到了预期目标，是否增加了企业利润，最终是否实现了社会价值最大化。绩效指标体系的设计不单纯是一个财务问题，更重要的是财务绩效管理是否成功，对企业绩效的改善是否具有重大影响。因此，选择绩效评价指标时应考虑如何能够全面评价企业的绩效，从投入和产出的角度讲能获取何种有用的信息等。本书运用 DEA 的目的是对企业的经营绩效进行评价，从投入和产出的角度出发，站在经营者的角度选取具有代表性的指标。选出绩效标杆，从结果的角度研究标杆管理的实施要素，主要考虑营运能力、偿债能力、获利能力、对社会的贡献能力等因素。输入指标反映企业的投入，主要从人、财、物的角度考虑，主要固定资产原值、主营业务成本、职工人数、无形资产、流动资产；输出指标则从产出的角度出发，选取反映企业获利能力、发展能力等的财务指标，主要包括主营业务收入、主营业务利润、净利润三个指标。以下是关于所选取指标的解释，见表 6—1。

表 6—1　　　　　　　　绩效指标解释

指标	财务解释	含义
固定资产原值（千万元）	在固定资产方面的投资和企业的生产规模、装备水平等	衡量公司在“物”方面的投入
主营业务成本（千万元）	销售商品或者所提供劳务的成本	衡量公司在“财”方面的投入
职工人数	人力资源状况也是反映公司经营绩效的不可或缺的因素，员工也是企业发展中最活跃的因素	衡量公司在“人”方面的投入
无形资产（千万元）	无形资产主要包括专利权、非专利技术、商标权、著作权、土地使用权、特许权等	反映其对社会的贡献程度
流动资产（千万元）	流动资产是指企业可以在一年或者超过一年的一个营业周期内变现或者运用的资产，是企业资产中必不可少的组成部分	反映公司的偿债能力
主营业务收入	公司当期主营业务收入	反映公司主业规模的拓展能力
主营业务利润	反映了公司主营业务的经营利润	说明公司主营业务的竞争能力和发展能力
净利润	反映公司总体获利能力	反映公司获利能力和成长性，企业长期盈利能力的基本趋势

（二）基于 DEA 的绩效的标杆管理的方法分析

绩效标杆的选取方法以往也有学者研究。周卓儒①等人探讨了用 DEA 技术制定标杆进行绩效管理的问题。其方法是，首先对若干决策单元进行有效性判断，根据相对有效性原则，初选出部分绩效较好的几个 DMU；另外可以根据所搜集的行业资料，筛选同行业或相似部门的最佳工作绩效指标与数据，建立标杆决策单元（DMU）；将行业最优的数据组合成理性的 DMU，再对所选出的绩效较好的 DMU 结合评价，进一步选出有效的

① 周卓儒：《基于标杆管理的 DEA 算法对公共部门的绩效评价》，《中国管理科学》2003 年第 1 期。

决策单元。但是，用这种方法选出的决策单元 DMU 是一个过于理想化的标杆，结果将会导致企业很难达到这样的标杆绩效水准。

由于 DEA 方法只是一种评价相对有效的方法，DEA 模型对于非有效 DMU，可以按照 θ 值的不同给出它们的有效性排序，但对于有效 DMU，则都有 $\theta=1$。在输入、输出变量的个数比较多的情形下，有效 DMU 可能会有很多个。因此可利用改进的 DEA 模型——超效率 DEA 模型（supper efficiency DEA，简称 SE－DEA）进行评价，从而对有效性进行区分。可以根据运用超效率的 DEA 模型得出的效率值选取最优的绩效单元作为绩效标杆单元。

超效率 DEA 的数学表达公式如下：

$$
\min\theta
$$

$$
\text{s. t.}\begin{cases}\sum_{j=1}^{n} x_j\lambda_j \leqslant \theta x_k \\ \sum_{j=1}^{n} y_j\lambda_j \geqslant y_k \\ \lambda_j \geqslant 0,\ j=1,2,\cdots,n\end{cases} \qquad (6\text{—}1)
$$

公式（6—1）中，x_j 为第 k 个单元的第 j 个输入变量，y_j 为第 k 个单元的第 j 个输出变量，θ 为第 k 个单元的总效率值。对有效的 k 单元进行评价，将 k 单元排除在外，不包含 k 单元的 DMU 形成有效的前沿面，这样计算的 θ 值可能大于 1，称为 DMU_k 的超效率值。其经济含义为：在某一个决策单元产出 y 可由所有 k 个决策单元产出的线性组合替代的情况下，它的投入 x 的可压缩程度，压缩比例的大小为 θ。对于 $\theta<1$ 的无效单元，$1-\theta$ 就是第 k 个被考察单元多投入的比例，也就是可以减少（或称浪费）投入的最大比例。而当 $\theta\geqslant1$ 时，表示该被考察单元是效率前沿面上的点，处于有效状态，同时可以根据 θ 值的大小对被考察单元的效率进行高低排序。超效率 DEA 有如下特性：超效率值越高的 DMU 越稳定，即其保持有效允许变动范围越大。[①] 所以选择超效率值高的 DMU 等于同时选择了稳定性较好的 DMU。

---

① 盛明科：《政府绩效评估的主观评议与多指标综合评价的比较——兼论服务型政府绩效评估方法的科学选择》，《湘潭大学学报》（哲学社会科学版）2009 年第 1 期。

（三）算例

本书选取29个主要钢铁上市公司的相关统计数据为样本，样本数据来自各上市公司2008年年报（年报取自新浪财经网站，金融界网站）。

表6—2　　　　　　　　上市钢铁公司输入输出数据表

	职工人数 {I}	固定资产 {I}	流动资产 {I}	成本 {I}	主营收入 {O}	主营利润 {O}	净利润 {O}
大冶特钢	3213	275043	149228	716559	750177	33417	20088
唐钢股份	22605	1935315	2252731	5331017	5769732	421466	172423
本钢板材	25949	2385216	1332010	3439168	3870233	413504	16509
新兴铸管	14756	531727	904608	1866863	2055080	180257	51069
太钢不锈	27087	2660494	2870405	7451761	8306286	825125	123482
鞍钢股份	31254	4147100	1997300	1205700	7961600	1205700	298900
华菱钢铁	32084	3143626	1454412	5054674	5631837	529121	95297
三钢闽光	7367	289605	381155	1691580	1746797	48447	3484
邯郸钢铁	17986	1786850	1391007	3447905	3725932	268368	59926
武钢股份	32053	4099029	1334068	6261831	7333871	1033453	518857
包钢股份	31380	1141728	2167482	4026378	4412373	369014	92034
宝钢股份	43789	17826402	5875944	17589383	20033177	2321881	645921
济南钢铁	17945	988224	1119782	3964033	4318324	297260	78062
莱钢股份	16064	1324831	603339	3667754	3976553	266463	26373
西宁特钢	8044	502957	333737	576174	697268	116069	1760
杭钢股份	6389	516194	510924	2120842	2206138	77580	3672
凌钢股份	5542	197162	302024	806190	917460	106140	35631
南钢股份	5338	522183	716278	2710524	2335437	115607	12320
酒钢宏兴	3328	760417	587564	3084588	3248113	155422	4429
抚顺特钢	7918	368836	260048	495313	535970	37886	3476
杭萧钢构	4917	122408	190106	327059	363224	33272	7162
精工钢构	4896	45490	282208	404807	458772	51054	12534
安阳钢铁	25914	1199441	1104823	3508816	3711393	188319	12370
八一钢铁	5779	638615	521723	1814862	2003553	184286	10388
新钢股份	28848	33441	928619	2466706	2741153	261343	69775
马钢股份	43014	3040778	1924064	6515440	7125974	532729	71023

续表

	职工人数 {I}	固定资产 {I}	流动资产 {I}	成本 {I}	主营收入 {O}	主营利润 {O}	净利润 {O}
广钢股份	5345	370394	252403	767055	747400	-20214	-96701
柳钢股份	9339	522037	547597	2749821	2921665	154803	1552
重庆钢铁	11544	749644	529265	1386537	1651744	265175	59830

用超效率 DEA 方法计算效率值并对有效的决策单元排序如下。

表 6—3　　上市钢铁公司超效率 DEA 有效值和排序表

	效率值（%）	排序
大冶特钢	92.38	
唐钢股份	90.97	
本钢板材	62.06	
新兴铸管	81.61	
太钢不锈	100.66	10
鞍钢股份	554.67	2
华菱钢铁	72.35	
三钢闽光	96.31	
邯郸钢铁	66.41	
武钢股份	259.89	3
包钢股份	79.69	
宝钢股份	140.44	5
济南钢铁	95.45	
莱钢股份	119.36	7
西宁特钢	67.5	
杭钢股份	91.57	
凌钢股份	120.64	6
南钢股份	113.40	8
酒钢宏兴	186.53	4
抚顺特钢	51.2	
杭萧钢构	65.73	

续表

	效率值（%）	排序
精工钢构	95.78	
安阳钢铁	76.29	
八一钢铁	99.05	
新钢股份	812.78	1
马钢股份	75.74	
广钢股份	62.52	
柳钢股份	110.17	9
重庆钢铁	100.12	11

在29个上市钢铁公司中，有效的决策单元一共11个，运用超效率DEA可以对有效的决策单元进行排序，超效率值越高的DMU越稳定，其保持有效允许变动范围就越大，这样就可以选取排序第一的新钢股份作为绩效标杆。对于新钢股份而言，即使等比例增加712.78%的各项投入，在所有上市钢铁公司中仍能保持其相对有效性。

从投入产出的角度对新钢股份进行分析，从松弛变量的改变来分析，但分析深层次的原因在于以下几个方面：

（1）专业技术人员数量占总职工人数比重大。2008年底各类专业技术人员4396人，其中高级专业技术人员462人、中级专业技术人员1843人。相对于其他钢铁企业的技术人员人数的比重高出10%。同时成立江西省船用钢工程技术研究中心、博士后科研工作站，产学研相结合，产生很好的人才集聚效应。针对船板系列开展了一系列战略性、前瞻性的前沿技术研究，使船板的研发能力、生产技术水平处于国内领先、国际先进水平。

（2）成本降低，生产效率提高。采取新的工艺“刚性一罐制”，各个生产工序间均采用刚性连接，大大提高了生产工序间的连接效率，保持了生产节奏的稳定结构，车间布置也更加紧凑，铁钢流程的动态匹配和有序运行实现了高效化，节省了大量投资成本和运行成本，为企业每年节约标煤3万余吨，降低生产成本数千万元，并为企业生产高附加值产品，打造三大精品基地提供了先决条件。

（3）产品营销渠道通畅，市场形象和品牌知名度不断提升。新钢产品广泛运用于国家体育场（北京奥运会"鸟巢"工程）、央视新台址、北京首都国际机场（扩建）、杭州湾大桥等国家重点工程；产品远销到美国、韩国、日本、欧洲、东南亚等10多个国家和地区，公司已成为世界最大造船企业——韩国现代重工的长期供应商。

（4）主营业务收入不断提升。2008年实现工业增加值（现价）45亿元，同比增长12.5%；完成生铁455万吨、钢532万吨、钢材465万吨；销售收入突破300亿元，同比增长32.53%；实现利税21.8亿元，其中利润9.5亿元。经济总量连续8年保持两位数的高速增长，实现了又好又快发展。2009年2月，300万吨薄板工程Ⅰ系列全面建成投产，Ⅱ系列正按计划有序推进。

五　考虑不确定的基于有限制的DEA模型的绩效的标杆管理研究

企业的绩效与其竞争力呈正相关关系，一般而言，企业是以追求最大效益为目的，企业的效益是企业具有优势竞争力的保证。在动态环境下，企业绩效的评价包含了企业的创新能力、组织管理、生产制造、市场营销以及产业环境等多个因素，因此企业绩效评价是一个多输入和多输出的问题。

利用传统的DEA基本模型，首先确定输入和输出指标，找出处于生产前沿面的有效决策单元作为企业标杆，通过减少输入或增加输出来改进。但是，并不是每种输入都可以无限地减少，同样，并非每种输出都可以无限地增加。在动态环境下，环境洞察能力作为企业竞争环境下的重要输入指标，对企业绩效的输出起着非常重要的作用。如果将环境洞察能力作为模型的输入，那么这个要素就不能随意减少，因为它是企业最具有能动性的人力资源经过长期积累在企业内部形成的一种能力，是内外部资源相互协调的前提，具有学习累积型和不可改变性。企业的绩效也不是人们认为的想增加就可以增加的，企业的产品市场占有率和销售增长都受制于企业竞争对手之间的竞争态势和需求总量。DEA基本模型没有考虑到这种情况，因此，构造新的投影模型来解决这个问题。

（一）构造输入有限制的DEA模型

把不带非阿基米德无穷小的C^2R和C^2GS^2模型结合起来表达为：

$$\begin{cases}\min(\theta_1,\theta_2,\cdots,\theta_m,-\delta_1,-\delta_2,\cdots,-\delta_s)\\ \sum_{j=1}^{n}\lambda_jX_{ij}=\theta_iX_{ik},\theta_i\leqslant 1,i=1,\cdots,m\\ \sum_{j=1}^{n}\lambda_jY_{rj}=\delta_rY_{rk},\delta_r\geqslant 1,r=1,\cdots,s\\ \zeta\sum_{j=1}^{n}\lambda j=\zeta,\zeta=0\text{ 或 }1,\lambda_j\geqslant 0,j=1,\cdots,n\end{cases} \tag{6—1}$$

若 $\theta_i^*=1$（$i=1$，…，m），$\delta_r^*=1$（$r=1$，…，s）为模型（6—1）的有效解，则称（x_k，y_k）在模型（6—1）中相对有效。同样，其在 C^2R 和 C^2GS^2 模型中仍然相对有效。

令 $x_k^0=(x_{1k}^0, x_{2k}^0, \cdots, x_{mk}^0)$，$x_{ik}^0=\theta i^* x_{ik}$ (6—2)

$y_k^0=(y_{1k}^0, y_{2k}^0, \cdots, y_{sk}^0)$，$y_{rk}^0=\delta r^* y_{rk}$ (6—3)

假定（x_k^0，y_k^0）为（x_k，y_k）在有效前沿面上的投影。DMU_k 对应点（x_k，y_k）在有效的前沿面上的投影（x_k^0，y_k^0）是相对有效的。

输入指标不能无限小，那么就定义变量

$$\theta_{li}=\begin{cases}L_{ik}/x_{ik} & \text{第 } i \text{ 项投入有下限 } L_{ik}\text{：} 0\leqslant L_{ik}\leqslant x_{ik}\\ o & \text{否则}\end{cases}$$

那么，对于模型（6—1），给出控制投影的 DEA 模型：

$$\begin{cases}\min(\theta_1,\theta_2,\cdots,\theta_m,-\delta_1,-\delta_2,\cdots,-\delta_s)\\ \sum_{j=1}^{n}\lambda_jX_{ij}=\theta_iX_{ik},\theta_{lk}\leqslant\theta_i\leqslant 1,i=1,\cdots m\\ \sum_{j=1}^{n}\lambda_jY_{rj}=\delta_rY_{rk},\delta_r\geqslant 1,r=1,\cdots,s\\ \zeta\sum_{j=1}^{n}\lambda_j=\zeta,\zeta=0\text{ 或 }1,\lambda_j\geqslant 0,j=1,\cdots,n\end{cases} \tag{6—4}$$

模型（6—4）可以用多目标规划方法的线性加权法进行求解，即如下模型。

$$\begin{cases} \min\left(\sum_{i=1}^{m} p_i\theta_i - \sum_{r=1}^{s} q_r\delta_r\right) \\ \sum_{i=1}^{n} \lambda_j x_{ij} = \vartheta_i x_{ik}, \theta_{lk} \leqslant \theta_i \leqslant 1, i = 1, \cdots, m \\ \sum_{r=1}^{s} \lambda_j Y_{rj} = \delta_r Y_{rk}, \delta_r \geqslant 1, r = 1, \cdots, s \\ \zeta \sum_{j=0}^{n} \lambda_j = \zeta, \zeta = 0 \text{ 或 } 1, \lambda_j \geqslant 0, j = 1, \cdots, n \end{cases} \quad (6—5)$$

模型（6—5）中，p_i 和 q_r 为输入和输出的权重值。经过求解，$\theta_i{}^*$，$\delta_r{}^*$ 是模型（6—4）的有效解，则利用（6—2）（6—3）得到其投影是有效的。模型（6—4）（6—5）将 θ_i 限制在一定范围内，对非有效的决策单元不能像基本模型那样依据数值的大小来判断其有效性，但可以利用其投影，为无效的决策单元找出限定范围内的改进措施。

运用以上的 DEA 模型求出输入和输出投影系数，利用公式

$$PI_i^F = \sum_{d \in F} (\lambda_i^d \times X_i^d) \div n \quad (6—6)$$

$$PO_r^F = \sum_{d \in F} (\delta_r^d \times Y_r^d) \div n \quad (6—7)$$

计算有效的决策单元的输入和输出的投影大小。这个值代表区域行业适中水平的数值，将这个数值作为行业寻找学习对象的依据，为企业树立标杆准备充分的可能性。具有特定限制的投影模型能够考虑现实的情况和可操作性，以此作为企业标杆对象具有实用性。

从理论来看，DEA 是一种评价决策单元相对有效的方法，标杆管理则是相对有效的绝对，二者之间可以互补结合。

（二）算例

在动态环境下对企业绩效进行评价，环境识别能力是一个很重要的指标。具体来说，企业的环境识别能力就是企业对产业环境和竞争规则的了解程度，对企业竞争对手的情况分析，对产业的政策、法规的了解和企业的战略目标和经营计划等的明晰。通常，这种能力可通过人力资源的配置，进而促进组织战略的变化，例如，战略范围、资源使用、竞争优势和协同的变化、组织结构变化和战略执行中的变化等，最后以变革创新能力的形式表现出来。因为这种能力包括个人感情的、主观的和

非理性的因素，因此，通过专家打分法对此指标的衡量进行评价。

企业的产出是由企业的投入决定的。企业的投入包括人力、物力和财力的投入，因此，在选取输入指标时要充分考虑这些因素。投入因素要综合考虑选取环境的识别能力、总资产、员工人数这三个指标，企业绩效选取主营业务收入和主营业务利润两个指标进行评价。

本书选取江苏省2007年100强中的12个钢铁公司，运用以上方法进行企业绩效评价。

首先邀请钢铁行业的20位专家对这些钢铁企业的环境识别能力进行打分，满分为10分，取平均值代表评委的集中意见。同时，征询专家的意见，认为在对此指标进行输入调整时最低极限值为3。其他输入输出数据从江苏统计局网2007江苏百强企业排名中得到，见表6—4。

表6—4　　江苏省百强企业中钢铁企业数据资料

输入输出 / 决策单元	环境识别能力	总资产（百万元）	员工人数（人）	主营业务收入（百万元）	主营业务利润（百万元）
1 江苏沙钢	7.45	10491	9800	7013	2505
2 南京钢铁	6.48	1621	11094	1615	710
3 永钢集团	6.82	595	4095	1063	385
4 上海梅山	6.3	1322	4965	997	324
5 江苏淮钢	6.54	546	3345	1002	334
6 西城钢铁	6.33	175	2000	426	145
7 锡兴钢铁	7.32	280	3973	356	135
8 雪浪钢铁	7.2	149	1635	354	124
9 苏钢集团	6.38	436	4016	368	137
10 铁本钢铁	5.29	476	3662	323	112
11 江苏锡钢	5.2	218	3183	273	95
12 中天钢铁	6.5	311	1606	272	92

运用公式（6—5）进行计算，得到输入和输出的投影系数 θ_j^*，δ_r^*，其有效性分布与运用传统的 C^2R 模型计算得到的有效性分布完全一致，即编号为1，2，3，5，6，8的这六个企业是有效的决策单元，其他的都处于相对无效状态。对处于相对无效状态的企业进行目标改进如下。

表 6—5　　对无效状态的企业进行目标改进

输入输出 / 决策单元	环境识别能力	总资产（百万元）	员工人数（人）	主营业务收入（百万元）	主营业务利润（百万元）
4 上海梅山	6.3	1322	4965	997	324
7 锡兴钢铁	4.6751565	178.83112	1713.8154	388.3131	135
9 苏钢集团	2.990557	204.37035	1525.7783	382.10623	137
10 铁本钢铁	2.0508845	184.54083	1234.4719	323	116.96499
11 江苏锡钢	3.0808658	129.15938	1176.1962	273	95
12 中天钢铁	1.6768186	169.55531	875.58143	274.49619	92

专家在评价环境识别能力上，侧重考虑企业对所处的内外部环境的洞察力，包括对产业发展运行规律的了解程度。具有敏锐的环境识别能力才能充分认识到所处环境的变化与发展趋势，并制定计划提前做好应对，与同行、顾客、供应商等利益相关者频繁交流，从他们那里及时获得对企业的有用信息，对企业战略充分理解，了解企业的经营目标等。综合以上信息进行打分，认为企业的环境洞察力最低有一个极限值。企业 9、10、12 在有效调整过程中将环境洞察能力指标调整到专家认为的最低值以下。以企业 12 为例来分析在限定条件下如何使企业能够从相对无效达到 DEA 有效。

要使企业 12 在环境识别能力为极限值 3 的情况下能够找到使企业有效改进的思路，那么从公式（6—5）得到，$\sum \lambda < 1$ 一定成立，则中天钢铁企业处于规模效益递增。要使企业绩效提升，在下一阶段必须走技术创新的路子，对技术自主创新进行有效的管理，以促进企业的经济发展效率的总体优化，以缩小行业间的差距。同样，企业 9，10 也要走规模和技术并重的路子，以实现企业效益的提升。

对于企业 4 上海梅山钢铁来说，从目标改进可以看到，企业的人力、物力投入过大，造成资源投入的巨大浪费，改进的根本途径在于整合内外部资源，利用自身优势。该企业对产业环境、市场竞争机制、消费需求和竞争对手，以及企业内部的经营等的把握能力很强，得到了专家的肯定。企业要发展，必须走技术创新的路子，使现有的能够整合和重构的资源充分发挥其优势，以市场为导向，将科技、知识潜力转化为能够带来经济优势的创新活动。在市场激烈竞争的今天，不断提高技术创新能力，是企业发展和壮大的主要动力。同样，锡兴钢铁和江苏锡钢也存在这样的问题，需要加大支持技术创新的人力和资金的力度，将技术创新转化为产品，同时在创新成果的转化时要结合科学的论证和评价，以免造成产品进入市场后水土不服，浪费大量的资源。对于钢铁企业来说，研究一套合理的技术评价指标体系，运用可靠的评价方法，优选出更具市场潜力和竞争力的技术成果，可以避免企业资源的巨大浪费，降低技术市场化的风险，这也是企业提高绩效的一个非常重要的因素。

各个企业在实现绩效增长的过程中必须充分考虑现实的可能性。限制范围的投影模型针对普通 C^2R 模型的缺陷，为企业制定了科学的依据。运用公式（6—6）和公式（6—7）计算江苏钢铁的整体投影大小，其中 n 是 DEA 有效企业的个数。要使企业达到有效，各个指标的输出调整值并不相同，这种具有企业特性的输入和输出投影值，为评价企业绩效大小提供了切实可行的目标。在控制输入变化范围的条件下，江苏省钢铁企业的输入和输出的最后投影如表 6—6 所示。

表 6—6　　企业投影结果

I_1	I_2	I_3	O_1	O_2
6.80	2262.83	5328	1912.17	700.5

第四节　本章小结

前一章讨论企业运营的过程中，从价值链分析入手研究了企业标杆管理的内容的确定。本章侧重于在对价值链形成活动的分析基础上，从企业运营绩效的角度研究企业绩效的标杆管理的改进思路和方法。超效率的 DEA 模型能够对决策单元进行有效排序，运用超效率的数据包络分析讨论企业绩效的评价和改进。同时，考虑到环境的不确定性，构造有限定条件的 DEA 模型，将环境的不确定性作为一个输入的关键指标，讨论特殊环境下的企业绩效的标杆管理。此方法丰富了标杆绩效评价研究的思路，并且为企业绩效的提升提供了新的方法和路径。

第 七 章

标杆管理能力成熟度模型

不同企业有不同的实践活动。在第五章企业运营过程——价值链的研究和第六章企业运营结果——绩效研究的基础上，本章从企业整个标杆管理过程的观点出发，将管理能力分成五个层次和等级，研究不同层次和等级的动态能力所体现的实践活动和流程，设置成熟度的指标体系，运用工具对成熟等级进行评价，并确定标杆管理能力提升的改进路径。

第一节　成熟度模型发展的历史

在信息系统领域，诺兰模型被看作是成熟度模型的起源。在 IST 应用于美国大型组织的研究之后，理查德·诺兰最初提出了一个包含四个阶段的成熟的进化模型，后来又对初始模型补充了两个阶段。[①] 1979 年，克罗斯比根据五个成熟度阶段和六个测量类别提出了最佳实践的质量管理过程的成熟度网格。在信息系统规划方面，伯爵的 IT 学习曲线模型被认为是对诺兰模型的扩展。从那时起，诺兰和伯爵模型几经修订、扩展、修改，与信息系统和软件工程领域的技术进展保持一致。

由 Galliers 和萨瑟兰修订的“增长阶段”模型引入一系列与组织的经营和管理有关的关键要素，克服了以往模型忽视管理过程的局限性。Galliers 和萨瑟兰的修正模型分成六个阶段，每个阶段都设定与 7 个“S”元

---

① Nolan, Richard L., “Manage the Computer Resource: A Stage Hypothesis”, *In Communications of the ACM*, Vol. 16, No. 7, 1973, pp. 399 - 405.

素（英文的首字母都是“s”）相关的特定条件，这7个元素是战略、结构、系统、人员、风格、技巧和上级的目标。这个修正模型的六个阶段分别是起步、扩散、控制、整合、数据处理，最后发展到成熟。

1990年以后，有学者又提出了包括项目和管理方法证明的九个成熟度阶段的新诺兰模型等其他模型，新诺兰模型结合了阶段理论与成功关键因素。当谈及成熟度模型时，大多数人首先想到的是已经在信息系统发展领域公认的软件能力成熟度集成模型。软件能力成熟度集成模型的最初版本是由Watts Humphrey在1989年出版的《能力成熟度模型》中提出来的，后来在卡内基·梅隆大学的软件工程学院应用。2013年，整个能力成熟度模型集成产品套件CMMI（Capability Maturity Model Integration）从SEI转移到卡内基·梅隆大学新成立的CMMI研究所，它由五个成熟度等级组成，这五个等级是最初的、可重复的、已定义的、被管理的和最优的。

第二节　能力成熟度的内涵和相关成熟度模型

一　能力成熟度的内涵及几个相关概念

成熟度模型是生命周期研究方法具体运用的一个成果。成熟度描述的是“随着时间的推移，事物在发展过程中不断得到提升，直至尽善尽美，达到发展的最高境界”，是企业不断加强和改善管理能力的发展过程。成熟度表明，只有能力随着时间持续地提高，这样组织才能在竞争中不断取得成功。从本质上讲，成熟度模型描述了一个事物随时间发展的状况，可以用于任何一个事物的过程研究。软件能力成熟度模型的提出源自于软件业（Curtis，2001）。美国卡内基·梅隆大学的软件工程研究制定了一套制度和程序，针对软件行业由于产品质量问题而造成合同执行经常延期、预算严重超支等问题，在软件过程研究成果的基础上，制定了一套原则以指导企业持续改进。它以一种特定的顺序来消除实施中的问题，从而确定合格的软件管理过程的标准，用以指导评估软件企业，确定软件企业达到这一标准。

能力成熟度模型不是一个数学解析式或一个图标，而是一整套科学的体系和方法，是表征一个组织管理能力从低级向高级发展、项目实施的成功率不断提高的过程，是评估组织通过管理单个项目或组合项目，实施自己战略目标的能力的一种方法，是帮助组织提高市场竞争力的工具，旨在帮助组织改善工作过程的架构，描述组织从混乱的、不成熟的过程向成熟的、规范化过程改进的一条途径。能力成熟度模型是基于过程的观点衡量能力的成熟等级，相关概念如下：

过程能力：组织实施工作过程所能实现预期目标的程度，可用于预测组织的工作过程水平。

过程成熟度：工作过程可被定义、预测和控制并被持续性提高的程度。主要用来表明不同项目所遵循的工作过程的一致性。

能力成熟度等级：由低到高成熟化演进过程中普遍面临的具有一定成熟度标志特征的平台。

二　能力成熟度模型在其他领域中的运用

能力成熟度模型被人们广泛地应用于各个行业，如项目管理、知识管理、技术管理、物流供应链管理等领域，其中应用最多且最有进展的还是在项目管理领域。

（一）项目管理成熟度模型

项目管理成熟度模型最早起源于国际项目管理协会成员国北欧和澳大利亚等一些国家，他们用项目管理成熟度模型来研究和规划项目型社区（如高新技术企业聚集的地区）以及项目型社会。之后，多家组织或个人从项目管理的角度，参考 CMM（Capability Maturity Model）和项目管理知识体系，使用不同的标准和依据，提出了各自的项目管理成熟度模型（PM3，Project Management Maturity Model）。

现有的成熟度模型已有 30 余种，主要参考 CMM 和项目管理知识体系。模型大多将成熟度分为 4 到 5 个级别，最低级别显示组织刚刚引入项目管理的状况，中等级别表明组织已经设定了一套标准的项目管理方法，较高的级别则要求组织持续改进，不断优化项目管理。

项目管理成熟度模型是不同的行业根据项目的不同目标和要求而开发延伸的。成熟度可以用于任何人们想评价的事物的研究，所以其开发也根据不同的侧重点和要求产生不同的模型，但基本原理和路径是一致的，都立足于过程和实践的观点。项目管理成熟度模型在我国被广泛应用于国防、军工以及大型建设项目中，对于项目建设能力的分步分阶段提升具有重要的实践价值。

（二）知识管理成熟度模型

知识管理成熟度模型描述的是知识在感知、吸收、转化、应用和计量等一系列“成熟”过程中由低到高的提升过程，即从知识存储和检索层次的应用向促进知识共享和智能技术利用方向发展和演变的过程。国际上比较著名的企业很早就重视知识管理，认识到知识管理对企业带来的优势竞争力。不同的企业都或多或少地建立了一套自己的知识管理体系，如毕马威知识管理框架评估体系、微软的知识管理 IT 顾问和西门子的 KMMM（Knowledge Management Maturity Model）。

毕马威公司（KPMG）对知识管理定义了四个关键领域：人、过程、内容和技术，每一个领域都有一系列的事情要完成。企业可以通过评估这些事情的执行情况，来判断自己当前知识管理所处的水平。框架评估体系允许用图来表示企业在知识管理方面取得的进步。评估结果是动态变化的，当有关问题都回答之后，也就得出了正确的结果。这个体系分为 10 个部分，涵盖了知识管理的各个关键领域。KPMG 模型考虑的因素多且零散，重点不是很突出，没有形成完整的结构，因此，操作性比较差，评估结果对知识管理提升的指示作用不明显。

微软在 IT 系列中依赖“知识管理地图”，通过一个自由的软件工具，描述从对知识管理的“无知”到成为知识管理的“领导者”的八层次成熟度模型。KM（Knowledge Management）模型框架建立在假设组织能通过运用 KM 工具和技术来达到一定阶段，从而取得显著进步的基础上。在这个过程中，KM 最大的关注点在于从效率到效益再到成长的过程。同时，通过学习其他组织的经验和做法，企业的技术基础也会得到充分的发展。微软给出了在现有层次上的 77 种评判标准，来确定企业在模型中的位置。通过标准规则的评价，企业被标定在了“地图”的特殊位置，并说明了评判的理由。微软提供的软件工具允许个人对已进行的实践进行分别标记，而且支持对这种标记进行整合。因此，软件工具的应用使企业管理者能够共享他们的观点。

西门子的 KMMM 认为知识只能通过管理来创造价值，这个“管理”

牵涉到企业的方方面面，不仅仅是技术和组织。KPMG 和微软的模型更多的是在强调知识管理软件能力的提升，实际应用中容易忽略管理的作用。西门子知识管理成熟度模型是一种评估组织在知识管理中全面地位的结构化模型。这个成熟度模型包括分析模型、发展模型和一个评估流程。分析模型有助于企业的知识管理者充分考虑 KM 的各个重要方面，并揭示将要发展哪些关键领域和要素。发展模型提供了关于关键领域和要素是如何最好地发展而达到下一个成熟层次的信息。评估流程构建了从评估的定义到结果的解释等所有相关步骤。这个发展模型定义了知识管理的五个成熟层次，完全以卡内基·梅隆大学软件工程研究所的能力成熟度模型（Capability Maturity Model，CMM）为基础，每一个层次的名字都来自于该模型，成功地实现了成熟度模型从软件开发到知识管理领域的转移。

关于知识成熟度模型的研究，不同的人有不同的构建方法，目前还没有统一的标准。胡翠红[①]从知识管理技术的成熟度模型分类，根据技术演进的维度、技术发展、主动性演变三个角度来进行分类，每一个层次包括不同的领域、业务和技术，也对应不同的标准。

从知识管理技术演进的视角，我们可以从知识管理的知识化程度和集成化程度两个维度来讨论知识管理技术的成熟度问题。其中，知识化程度反映为知识管理技术的表示模型的成熟度，而集成化程度则反映为知识管理技术的业务模型的成熟度。知识管理技术将从知识存储和检索层次的应用向促进知识共享和智能技术利用方向发展。在这种演变路径的每一个阶段，都有着成熟度高低不同的技术。从知识管理技术主动性演变角度谈成熟度，将其分为五个逐步提升的等级，最终将知识管理技术的价值与企业战略结合，协助企业使用所需专业的知识管理技术，具备量化的决策能力。

胡翠红对知识管理成熟度的研究偏重于多维度的知识和信息结合的知识管理提升层级的研究。蔡韬和李灵稚[②][③]从知识管理过程的角度研究

---

① 胡翠红：《知识管理技术成熟度模型的研究》，《情报杂志》2006 年第 8 期。

② 蔡韬：《知识管理成熟度模型研究初探》，《情报杂志》2006 年第 4 期。

③ 李灵稚、李丽：《知识管理能力预警系统的构建》，《科学学与科学管理》2007 年第 4 期。

知识管理成熟度的框架。不同的是，蔡韬是从技术的角度研究知识转化最终使企业获取收益的过程的成熟度；李灵稚则以知识管理流程为基础，从知识的获取、转换、扩散、应用和创新等方面对知识管理的成熟度模型进行构建，并应用于对现代服务业进行知识管理的研究，通过模糊综合分析法构建指标体系对不同的服务业进行知识管理能力成熟度的量化度量，使知识管理的提升有更加明晰的方向。

以上提到的企业都是从自身的角度出发，确定关键实践和流程域。虽然有些不是很成熟，但基本的思路都是有利于企业的知识共享和知识的运用与提升，也都取得了一定的成效。

知识管理是一个复杂的组织管理问题。不同的人和组织因知识管理的出发点和角度不同，提出的知识成熟度模型也不相同。但共性是都能够促使组织不断地完善，为组织实现知识管理的持续改善提供了参考，为实践提供了难能可贵的理论指导依据，使组织执行起来不至于无的放矢。同时 KMMM 的发展是一个循序渐进的过程，此模型还有待于在企业的管理实践中完善和发展，并应用于各个方面。

（三）人力资源管理能力成熟度模型

将能力成熟度模型运用于人力资源管理方面的研究，较为成熟的是杨明海[①]提出的人力资源管理能力模型，他基于系统的思维，重点研究了人力资源管理系统的特点、系统构成、系统的和谐程度的识别与培养。该模型有以下特点：

（1）从组织的层面度量企业管理能力，涵盖人力资源管理的整个过程，侧重于研究整个组织人力资源管理活动，详细描述每一个等级应该达到的标准；

（2）为持续改进人力资源能力提供了一系列的实际指导，每一个等级也指明了关键域，便于操作；

（3）重于定性化描述组织人力资源能力的改进路径和结果，缺乏定量的研究。

目前已有一些学者开始着手研究在不确定环境中人力资源管理动态能力的成熟度模型，并建立评价指标体系，力图克服传统研究中偏重于

① 杨明海：《人力资源管理能力成熟度模型》，经济管理出版社 2006 年版。

定性研究的不足，用量化的标准衡量人力资源管理动态能力的成熟度。

借助于人力资源管理能力成熟度模型，可以实现对组织人力资源的改善和评估两大功能。人力资源管理能力成熟度模型描述一个稳步提升组织人力资源管理能力的可行的实践路线，提供通过组织人力资源管理的关键实践来改变人力资源管理能力的路线。每一成熟等级都为组织人力资源管理动态能力的提高和持续发展提供了一个阶梯，并且为组织提供了发展人力资源管理能力的实践工具。人力资源管理能力通过一步一步提升，得到持续发展。

第三节 标杆管理的过程思想和标杆管理成熟度的内涵

一 过程的定义和特征

能力成熟度模型是基于过程的观点研究不同阶段的关键活动和关键实践，为具体的实践活动指出改进的方向。成熟度模型广泛应用于不同领域，取得了良好的效果。它之所以能够适用于不同的领域，是因为过程是在广泛的领域内存在，并不特指某一狭隘范围。例如，提供某一服务、生产某个产品、一次商业旅行或是开发一个软件，都要经历一系列步骤，才能达到预期目标。例如，所有产品的生产都是经过一系列生产过程得到的，生产过程包含的有序步骤可能是：首先，在调研市场需求的基础上，为要开发的产品定型；其次，产品设计、生产制作、检验、包装、运输等；最后，要通过物流进入市场，实现销售，将产品在市场上卖出，转化为利润。在这个过程中，每一个环节都是构成实现最终价值增值的关键环节。标杆管理应用于企业价值链环节和绩效实现环节，同样也要经历一系列的步骤，包括一系列的过程。所有的过程都有如下特征①：

· 过程包含若干主要活动。

· 过程要利用资源，在制约性条件下（如生产工期内）给出中间产

① 郑人杰、王纬、王方德、蔡愉祖：《基于软件能力成熟度模型（CMM）的软件过程改进——方法与实施》，清华大学出版社2002年版。

品和最终产品。

· 过程可由若干子过程构成，这些子过程可能是并列的，也可能是互相包容的，由多个层次结构组成，每个子过程可能有不同的过程模型。

· 每个过程活动都有其入口准则和出口准则，这些准则表明了活动在什么情况下开始，在什么情况下结束。

· 过程的活动是按顺序组织的，因而一个活动的执行与哪些其他活动相关应该是很清楚的。

· 每个过程有一套解释各项活动目标的指导原则。

· 对过程活动，所用资源或产品都会有某些约束或控制。例如，预算和工期会限制活动持续的时间，采用的工具会限制活动的方式。

二 标杆管理能力成熟度的含义

最早的标杆管理主要运用于企业，可以说标杆分析是从企业发展起来的。后来又运用于公共管理部门，体现在标杆分析的程序上，不同的组织开发了不同的程序。AT&T 物料部门的程序要比其总部的程序多三个，这三个程序涉及了管理层承诺、沟通问题等有助于实施标杆分析成功的步骤。著名的标杆分析程序来自多种实践，如施乐的 10 步骤模型、IBM 的 14 步骤模型等。

尽管各个企业或组织在实施标杆分析活动时采用的步骤不同，但基本思路大致相同，区别只是对步骤的内容涵盖区间的划分的不同。目前应用广泛且实施有效的流程是基于施乐公司首创的标杆管理法工作流程进行修改完善而成的。

标杆分析法工作流程概括为 5 阶段 10 步骤，其流程步骤在第三章第一节中已经论述。透过标杆管理的传统管理流程和步骤可以发现，标杆管理具备过程的特征：它是一个投入人力、物力和财力等资源，通过相关的任务和活动，实现管理效益的过程。标杆管理的这种过程所体现的结果是能够测量和验证的。具体如图 7—1 所示。

标杆管理的关键在于一个组织采取这种管理流程，能够选取正确的标杆，确定组织所要标杆的内容，实施具体的行动，开发和提交满足客户需要的产品，提升组织的管理水平和绩效。在这个过程中，标杆管理的重点是降低成本、掌握进度和提升质量。

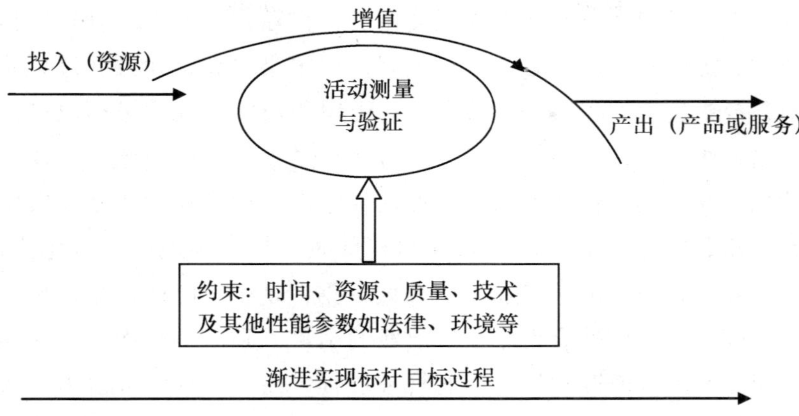

图 7—1　标杆管理的过程思想图

实施标杆管理失败的原因可能有：不正确的标杆对象、松散的管理、软弱的管理力度、不正确的风险管理以及不好的改进方案等，所有这些原因都可以归结为一种类型：过程失败。也就是说，标杆管理的失败是因为过程不合适。例如，失控的主要原因是标杆内容不明确、计划差、没有恰当的管理方法和没有足够的人员等。对于一个希望获得成功的管理模式而言，成功的关键因素在于有一套科学的完整的实施过程。如果重要的任务采用了合适的过程，而且过程得到了正确的执行，那么成功的可能性会非常大。任何一个管理组织都有自己的管理过程，这些过程可能是初级的、低效的，也可能是高效的，它们在成熟度方面是存在差异的。

综上所述，标杆管理同样可以运用过程成熟度的思想来衡量整个管理流程。标杆管理成熟度（Benchmarking Management Process Maturity）是描述标杆管理管理过程不断改进的一个重要概念，它可以用来界定标杆管理过程得到清晰地定义、顺利地实施和有效地控制的程度。因为标杆管理在推行中质量难以保证，在一些不成熟的组织中，新的管理模式的推行，往往缩短或取消评审和测试这些旨在提高项目质量和有效性的活动。与此不同的是：成熟的管理组织在整个组织范围内，具有管理标杆管理过程和维护标杆管理过程的能力，能够把标杆管理过程准确无误地传达给所有的员工，因而，组织活动均依据规划的过程开展；管理过程已形成文件，是能够在实施中参照使用的，实际开展工作与管理过程文件中的方法协调一致，在必要时，可将过程定义更新，并且通过试验和成本效益分析实现过程改进。整个管理组织积极地投入到过程改进活动中，项目自始至终，组织从上到下，所有与过程相关的角色及其职责都是明确的。在成熟的管理组织里，管理者监控管理模式的质量及实施过程。在判断管理流程中存在的问题和现象时，都有客观的、量化依据。进度计划和预算的制定基于过去的绩效数据，是很实际的，标杆推行的成本、进度、功能和质量通常都与预期的结果一致。一般而言，成熟的管理组织能够一贯地遵循规范化的管理过程，促使标杆管理能力层次达到一个高的级别。

三 标杆管理能力成熟度模型的建立

标杆管理能力的提升是一个潜移默化的过程，需要不断的改进、调整和优化。能力成熟度模型描述了一个从特定的、不成熟的流程到制度化的、成熟的流程的进化路线，它由一个或更多组织流程域的实践组成。所有的能力成熟度模型都是由五个成熟度等级构成的，每一个成熟度等级都象征着前进过程中的一个阶梯。在这一阶梯上，将对一个或更多组织流程域进行开发，从而使之具有组织更高一层阶梯所需要的能力水平，这是一个动态的调适过程。每一个等级，组织都要整合资源，应对高一层次的复杂状况，同时为进入下一个更高层次积蓄能量。组织标杆管理能力同样适用于成熟度模型。

（一）已有的标杆管理能力成熟度流程及模型分析

葛星和王慧芬①等人提出的标杆管理能力模型，在软件能力成熟度模型的基础上，基于标杆管理流程的观点，分为5级，他们重点研究了五个层级的标杆管理流程的不同。该模型具有以下特点：

（1）从组织层面度量其管理能力，涵盖标杆管理的整个流程，侧重于研究整个组织的行政性管理活动，详细描述每一个等级应该达到的标准；

---

① 葛星：《中外企业标杆管理实施的能力成熟度分析》，《经济管理》2003年第14期。

（2）为持续标杆管理能力提供了一系列的实践指导，描述了不同等级的实践活动的特点和容易出现的问题，便于操作；

（3）重于定性化的描述标杆管理能力的改进路径和结果，缺乏定量的研究。

标杆管理能力成熟度模型包括 5 个等级，除初始级外，其他等级都包含 3—7 个流程域。表 7—1 描述了五个成熟度等级的流程域。

表 7—1　　　　以往的标杆管理能力成熟度等级

级次	流程或
初始级	初级简单的“黑箱”管理
可重复级	标杆管理本身的实施活动
已定义级	基于能力的系统的实施和管理，可控成本、进度等
可管理级	基于能力的资产、授权工作组、量化绩效管理、组织能力管理、顾问指导、能力整合
优化级	持续的管理创新、组织绩效整合、能力持续提高

该流程域描述了标杆管理能力提升的每一个环节组织的管理应达到的层次或需要进行的活动，描述了每个级次标杆管理活动的状况，但是，每个流程域缺乏明晰的、详尽的表述，且定性化的描述很难判定组织究竟处于哪个层次或水平。

从以上可以看出，标杆管理能力提高主要从以下几个方面进行：

（1）准确地定位企业的核心价值的能力。在实施标杆管理前，组织应该充分发掘自己的优势，并在不断变化的世界中持续保持企业核心竞争优势。但这需要企业不断审视自己原有的管理流程，并对整个市场、产品和技术做出准确地标杆管理分析，判断自己的经营管理决策是否偏离了企业核心竞争能力和优势。这样的活动是基于对市场和竞争对手充分了解的基础上的。首先，对组织的经营计划、每年的经营业绩与成果、关键的成功要素以及组织的核心资产（核心能力与核心竞争力）展开详细、全面地调查与分析；然后，对竞争对手的产品、服务及其核心资产进行分析，明确界定事关全局的重大问题，能够引导标杆管理活动朝着组织真正需要的、盈利能力最强的方向发展。这个能力的关键实践活动在于内外部数据和资料的分析能力，通过可靠的数据资料，获取企业的最佳实践、步骤与流程的指标等相关信息，制订指导企业解决问题的方案。

（2）明确企业的差距和现状，确定合理的标杆管理内容，并制定可行的标杆管理计划。计划的实施需要不同组织部门的配合和协调，组建一个监控组织绩效改进活动的机构，指导标杆活动的顺利实施。建立的标杆矩阵管理架构可以协调组织内部的资源配置，开发标准化的标杆管理培训课程，建设完善的标杆管理数据库，协调整个标杆管理活动。

（3）标杆管理的执行和实施能力的提高。为了更有效地执行标杆管理计划，在可选择的多种方案中，根据现实情况对不同的方案进行可行性评价，找出测评指标间的相互关系，并绘制图表，进行评价与排序，建立各种行动方案的实施模型与操作流程，进行风险与成本收益分析，筛选最佳的行动方案，更新标杆管理的计划与数据库，按照设计好的可行的模拟模型投入运行。

（4）持续的绩效改进。标杆管理是个系统工程，必须进行持续改进，才能取得理想的效果。因此，应设计一个流程或程序，及时预警标杆项目的绩效可能在什么地方、什么时候发生逆转，及时更新数据库，反映组织内部各标杆管理合作伙伴的实际绩效。在充分理解组织战略绩效的前提下进行标杆管理持续改进工作，通过寻求技术创新和实践创新，提高整体标杆管理能力，并评估其实践活动，量化评价实践结果，最终实现持续改进。

标杆管理能力成熟度模型中的关键实践包括：基于能力的实践、协调沟通实践、资源合理配置实践和持续改进实践。这几个大的实践包括更细的子实践，如能力分析、顾问指导、建立工作组、能力整合、量化绩效、标杆标准培训和资源整合等，这些实践活动还可以再细分，细分到每一个细小的活动，每一步都为能力持续提高打下基础。

（二）标杆管理能力成熟度模型的应用

标杆管理能力成熟度模型借鉴了软件能力成熟度模型，突破零碎的单个方法的应用。在改进的每一个阶段，都贯彻了一套整合组织可采用的实践和开发新的实践的方法。在每一成熟度水平都建立了一个新的实践基础，便于在随后阶段执行更多更深入的实践，以达到最终目标和形成新的组织文化，形成一个专业的、持续改进的环境。利用此模型，企业可以为目前标杆管理的基本状态作准确定位，确立未来标杆管理的重点发展方向。因此，模型建立的主要作用表现为：

1. 动态的标杆管理能力的持续改善功能

不同的能力成熟度模型大体都有五个不断改进的阶段，这五个阶段是：

（1）开始——明确改进的原因和责任（即寻求不同组织的核心价值和定位）；

（2）诊断——找出需要解决的问题（内外部资料的收集、分析、整理）；

（3）建立——计划并选择具体的改进活动（制订标杆流程计划和改进措施）；

（4）行动——改进的设计、引航、执行和制度化（实施具体的绩效改进行动，包括资源整合、组织机构的调整、生产流程的优化和市场营销的策略调整等）；

（5）学习——找出基于 IDEAL 活动的改进（持续的改进包括数据库的更新、持续的改进措施等）。

这是传统的解决问题的方法，也是管理中常用的思路。这个改善过程指导标杆管理实践，促使不同的组织在实施标杆管理的活动中不断达成其目标绩效。在准确判断企业目前标杆管理成熟度水平的基础上，提出下一步改善标杆管理的方法和步骤，从而达到更高等级的成熟度目标。

2. 不同组织的标杆管理能力的评估功能

能力成熟度模型的评估功能主要运用于进行改进的流程的前两步，即开始和诊断阶段，通过评估找出实践的优势和劣势，提高组织改进管理的洞察力，找出最适合的有益的改进方法。

该模型为标杆管理活动提供一个全面性的评估标准，这个评估标准包含了所有标杆管理的相关领域。评估可以与其他软件结合进行，也可以通过调查问卷的形式进行。当然，最重要的是对问卷进行分析，找出其优势和不足之处。评估的过程可以帮助组织顺利实施标杆流程，更重要的是，通过评估可以使组织认清标杆管理实施的管理现状。存在的不足是，这种评估是基于组织内部的管理现状进行的，一切都是静态假设，没有考虑复杂性因素和不确定因素的影响，没有和组织的战略或整个产业结合起来。这就是本研究基于现有的成熟度模型研究标杆管理的原因之一。

第四节 标杆管理能力成熟度模型及评价准则

一 标杆管理能力的构成

第五章从价值链的角度研究标杆管理，价值链即价值的生产和价值的实现的环节，贯穿企业的整个生产营运过程。基于过程的观点，考察企业整个价值链环节的标杆管理能力，符合成熟度模型的基本思想。

企业标杆管理是引导企业提升绩效的有效方法，而创新是绩效提升的灵魂。为了更精炼地分析标杆管理能力，相对于价值链过程的标杆管理分析来说，就要更加强调企业的模仿和创新能力。因此，对标杆管理能力进行新的分析，基础就在于价值链的标杆管理环节。

（一）组织学习能力

标杆管理的核心思想是向竞争对手或行业的先进学习，Teece 的动态能力战略观强调企业必须努力应对不断变化的环境，不断提高自己的能力。提高和更新能力的方法主要是获取技能、掌握诀窍和加强学习。动态能力是指企业组织长期形成的学习、适应、变化和变革的能力。由于组织能力内嵌着大量独特的隐性知识，所以特定企业的组织能力是难以被复制和被模仿的。企业动态能力理论认识到，为应对不断变化的外部环境，企业必须不断地更新自身能力，发展新的能力。标杆管理重在对竞争对手的资料进行分析，通过对竞争对手和行业的调研，一方面寻找获取知识和技术的通道，另一方面增强感知能力，即从竞争对手能否获得和模仿其专有的知识和技术来定义企业核心能力。标杆管理认为专有知识和信息是企业能力的基础，学习是提高企业核心能力的重要途径。企业的标杆管理能力来自独特的、异质的、路径依赖的、不易为外界获取和模仿的知识体系。这样，企业如何进行知识管理，即如何获取、创造、运用知识成为培育标杆管理能力的关键问题。①

（二）杠杆资源能力

企业的核心能力是不可复制的。在实施标杆管理的过程中，组织不能照搬照抄优秀企业的关键流程和实践，它必须具备的关键能力是对组织的资源和能力进行组合、优化、运用，这种整合资源和能力的能力具有可增加附加价值、不可模仿性和动态调适资源的特性。对资源进行杠杆运用的能力包括集中资源、融合资源、应用资源、保存资源、恢复资源和增值资源等。组织虽然形成了行业竞争优势，但由于环境、资源和能力是不断变化的，组织只有通过运用其拥有的资源，不断地与外部环境进行博弈，分析组织持续发展的资源能力缺口，然后在经营活动中通过对人力资源的数量柔性、功能柔性配置，杠杆性使用有限的资源，实施价值创造活动，使有形资产和无形资产不断地增值，为进入标杆管理活动的更高层级打下坚实的物质基础。②

（三）管理柔性能力

企业经过长期不断地“学习”和“积累经验”，逐步培养形成的、以知识为基础的积累性学识，主要表现为企业自主技术的实力和水平。这里的技术，首先包括狭义的产品开发技术、生产制造技术等；其次还包括广义的市场营销技术、组织管理技术等。这些组织学习获取的知识和技术在企业内部表现为企业的刚性能力。一个企业要想在竞争激烈的市场中取得和保持竞争优势，必须要具备对外部环境的适应能力，这种适应性表现在企业柔性能力方面。所谓企业的柔性能力，是指企业对动态环境的有效反应和适应能力。这里的反应和适应既包括被动的响应，也包括主动地创新和影响环境。柔性是一个多维度的概念，主要包括战略柔性、组织柔性、销售柔性、生产柔性等。

战略柔性指的是企业掌握了足够的资料，确定了标杆内容，需要适应难以预测的动态复杂环境，且必须迅速做出反应时，进行适时的战略

---

① M. Gittleman, M. Horrigan, M. Joyce, “Flexible Workplace Practices: Evidence from a Nationally Representative Survey”, *Industrial and Labor Relations Review*, Vol. 52, No. 1, pp. 99 – 113.

② Wright, Snells A., “Toward a Unifying Framework for Exploring Fit and Flexibility in Strategic Human Resource Management”, *Academy of Management Review*, Vol. 23, No. 4, 1998, pp. 756 – 772.

柔性调整。战略柔性需要非常规的技术、有机的结构和创新的文化的综合性组织支撑，企业的学习过程对其战略柔性的形成非常重要。

组织柔性包括组织结构柔性和组织管理柔性。组织结构柔性来源于组织内部的要求、组织结构的弹性、组织成员对变化的适应性及组织外部的竞争状况、技术变化及社会变革等要素。结构柔性是企业的组织结构对环境变化和组织内部情况改变的延展性。组织管理的柔性是指企业加强内部人力资源管理及部门间的沟通，以适应变化或超前行动的管理制度、程序及方式方法所具有的灵活性。战略柔性的程度及其有效性体现在组织结构转换的高效益、高效率及组织自身创造性的提高。在人力资源领域，柔性体现在竞争环境中，组织对有技能和经验的人力资源的储备的满足程度，以及在各种场合下，这些人力资源都可以迅速地被界定和使用于最适合的领域，使这些人力资源的能力得以最大化的发挥与释放。

技术柔性是技术创新机制在面对致变诱因发生变化时的适应性。企业技术创新机制不是纯技术问题的研究，而是根据市场变化受制于整合管理的复合性技术机制。影响技术柔性强度的主要因素是企业在技术创新中对研发、原型生产、制造、营销、财务、人力资源等的整合水平。技术柔性对资源的配置和利用的影响主要体现在，当技术水平的程度和资源的利用程度基本匹配时，技术水平和资源的利用程度呈强正相关的关系。

为了适应外部环境的变化，企业要进行弹性生产。如：通过制定弹性的生产计划增加计划体系柔性；采用柔性生产技术组织生产，强调技术和设备的可重用、可重组等。生产柔性是企业的生产系统在致变诱因发生变化时的灵活性。企业的生产系统是在公司战略的指导下，把各种资源转化成产品的综合系统，它是公司战略得以实施的依托。制造系统、服务系统和协作系统的各自柔性和相互间的协调程度，是影响生产柔性的强度的主要因素。在制造型企业中，生产流程的柔性体现在机器设备的柔性化和生产流程的不断优化。标杆管理的标杆内容涉及组织的不同领域，每个领域的柔性化管理有助于标杆管理的推行和实施，有助于人们接收新思想和观念。

（四）模仿创新能力

标杆管理提供了快速赶上并超越先进企业的方法，是一个模仿—创新的路径。企业首先在资料的对比分析中找到差距和不足，充分吸收率先成功者的经验和教训，通过购买、引进、反求或破译等手段率先掌握核心技术和技术秘密，开发出自己的有竞争力的产品，或模仿他人的组织管理或战略等，实施渐进式的创新活动。模仿创新是后发优势得以实现的重要手段。企业实施标杆管理的最终目标在于自主创新，企业通过开发自身的学习与研发活动，探索技术前沿，突破技术难关，研究开发具有自主知识产权的技术，并快速使之商品化。自主创新使国家、产业或企业掌握不易被他人模仿的核心技术，核心产品，进而提高核心竞争力。技术突破的内在性、市场的领先性和知识资本的集成性，使系统的技术发展具有很强的自组织力及市场应变力，可彻底摆脱技术的依赖性与依附性。这种创新主要是技术创新，也包括组织创新、战略模式的创新等。目前主要从人力投入和财务投入两方面入手进行评价，重点在评价方法和过程研究，评价结果主要反映企业潜在的创新能力。

标杆管理能力系统构成要素对其成熟度水平起着决定性的作用。只要企业新的管理模式的推行基于详细的内外部资料的收集、分析的基础上，就能够适应外部环境的变化并得到组织的支持，组织管理良好，能力提高有效，文化氛围融洽，绩效整合显著，标杆管理能力成熟度水平就高，反之就低。

标杆管理能力成熟度模型是组织取得优势竞争力的支撑机制，即当组织因存在某一方面缺陷需要进行突围或发生危机时，可以运用标杆管理这一显著提升绩效的管理模式，通过提高学习能力、改变资源组合或发挥其管理柔性能力，模仿并逐步形成自主创新的模式，顺利度过危机。组织在长期发展中，不可避免地会遇到包括产业、制度和资源等各种局部蜕变和各种各样的危机，因而作为组织最能动的资源，这种支撑机制是必不可少的。

二 标杆管理成熟度模型及评价准则

标杆管理能力是一个在动态环境和不确定因素下不断从外部寻求资源能力补充资源缺口、逐步提升的过程，同样遵从于能力成熟度模型的分步提升的环节。借鉴现有的能力成熟度模型，我们可以将标杆管理能力模型划分为 5 个成熟度等级，每个等级代表一个明确定义的进化平台，包括不同的流程域和关键的实践以及一系列目标。达到这些目标表明组织已经具备了进入高一等级的条件，也就建立了可影响其标杆管理能力的流程域能力。在每个流程域中标杆管理是这样运行的：通过标杆管理一系列实践（特别是关键实践），实施一系列管理流程，如组织管理流程优化或资源整合、流程的推进或制度的制定等，达到与当期战略相匹配的标杆管理绩效目标。整个模型构成如图 7—2 所示。

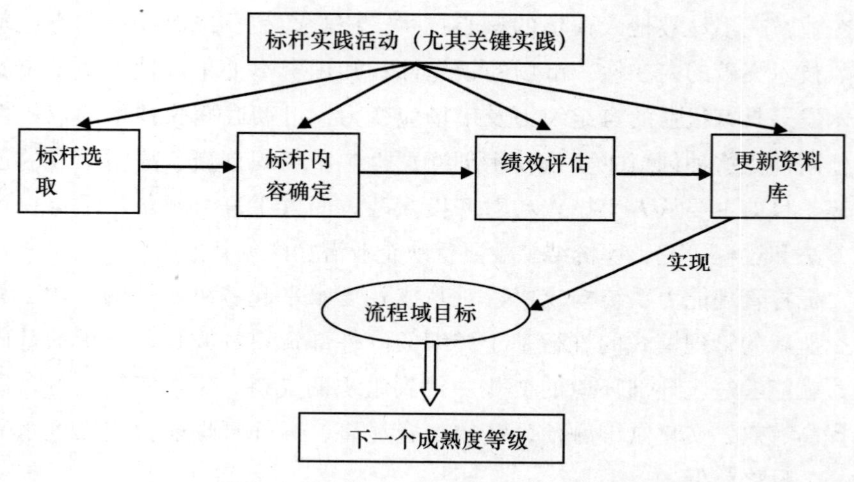

图 7—2　标杆管理能力模型结构

标杆管理能力成熟度模型描述了一个稳步提升标杆管理能力的可行的实践路线，与所有的能力成熟度模型相似，它由初始级、已管理级、已定义级、可预测级和优化级 5 个成熟度等级或进化阶段组成，这 5 个成熟度等级提供了通过标杆管理的关键实践来改变企业实施标杆管理能力的路线。每一成熟度等级为新的管理模式的推行能力的提高和持续发展提供了一个阶梯，并且为组织提供了发展标杆管理能力的实践工具。标杆管理能力通过一步一步进阶而得到持续发展。具体过程如图 7—3 所示。

标杆管理能力成熟度等级模型能够确定用作测评组织实施标杆管理能力的尺度，测评的结果也可以指导组织改进工作。这 5 个成熟度等级及各个等级内所包括的关键过程域有：

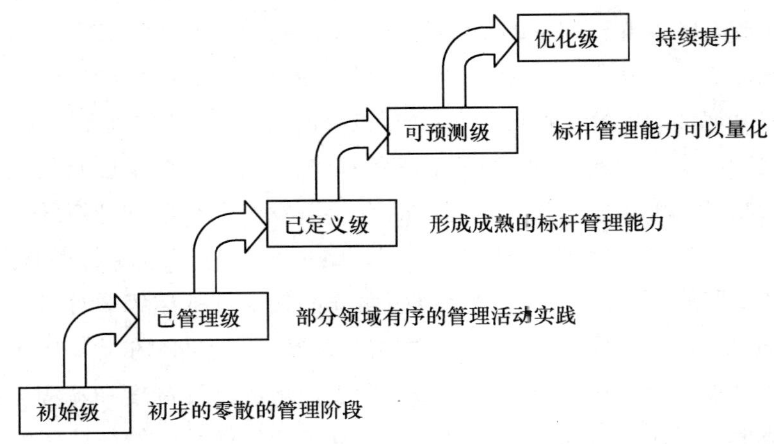

图 7—3　标杆管理能力成熟度等级示意图

等级一：初始级。在这个阶段，基本无流程域可言，在对待内外部环境上组织处于应付阶段，只对组织内部有一些认识，无从识别组织环境，没有收集详细的内外部资料，对市场的理解不透彻，更谈不上标杆管理实施在战略模式的选择和竞争优势的形成，只是处于被动的反应式的改进；组织以自我为中心，学习能力处于无觉无知阶段，知识管理处于混乱而无序阶段，决策选择与标杆管理活动的开展选择阻力最小化的道路，基本凭感觉和直觉进行管理，在组织内部没有强势的支持，人力资源管理处于刚性摸索阶段，无创新意识和变革精神。

等级二：已管理级。组织具备了基本的人力资源，展开标杆瞄准的调查工作，对于组织所处的物理环境有感性了解，平衡完成工作所需的资源支出等。结合组织拥有的有形资源和无形资源，进行标杆瞄准的调查工作，获取一定数量的定性数据和定量数据，人力资源方面个体进行自觉无知的学习活动；对于组织内部的标杆管理决策有初步认识，管理和技术活动处于重复和模仿状态，还没有创新意识和变革活动，标杆活动的开展处于摸索阶段，缺乏系统的数据分析；对竞争对手的运营绩效水平、业绩的稳定性、生产成本、产品维修策略等有了一定认识，缺乏深度考察，因此标杆内容的选择管理僵化。对于组织内的仅有的知识也处于无序管理阶段，但对知识管理有了一点认识，处于简单模仿状态。

等级三：已定义级。组织进行标杆管理活动，掌握了竞争对手的产品、服务、绩效等较详尽的信息资料，并开始把这些数据和资料重新组织成彼此连贯、有用的信息，开始与外界交流，具备初步的学习能力；从外界获取知识，处于自觉自知的学习阶段，但是这些仅处于个体层面，群体之间的交流沟通很少，获取的知识能够使用，具有了创新的意识和创新的精神；单元之间缺乏沟通，时有矛盾发生。在已管理级的成熟度等级上，组织单元能够发现与标杆组织的差距，进行适度的资源安排，包括数量和质量上的。但并没有表明明确的功能性的组织柔性管理，也没有确定在标杆过程中应当进行哪些有效的实践活动。在此等级上，主要工作侧重于标杆管理能力的培养，形成初步的标杆制度和流程。在这一等级上，标杆管理能力之间的要素已有了相互联系，但彼此影响结果不明显，而且目标导向于组织战略层面。在这个层面上，由于组织对工作有了初步的了解和认识，初步形成了有代表性的组织文化，并形成了具有标准化雏形的标杆管理能力实践。

等级四：可预测级。在上一个等级的基础上，组织具有了一定的分析问题的能力，能够将大量的数据转化为有用的信息，知道从什么地方获取最佳的实践、步骤和流程的指标，能敏锐地感知组织内外环境的变化，并将此信息传递给决策层，影响组织的战略。同时，组织的学习能力增强，达到了无觉自知的阶段，建立了团队，单元之间进行沟通和协调，知识得以传递和推广。组织柔性管理能力增强，更重要的是能够将工作协调起来，单元之间相互协作，互相信赖，并可以进行授权。组织可以用量化手段来衡量其标杆管理动态能力。组织建立一套管理能力体系，设定预期的组织目标，寻找外部资源填补缺口，具有杠杆资源的能力。最重要的是，初步具备了使组织资源保值并增值的能力，并可以用趋势外推预测组织的标杆管理能力。

等级五：优化级。在可预测级，组织标杆管理能力已经具备。这个阶段组织主要注重于持续改进。组织对于外部收集到的资料和环境刺激具有很强的回馈机制，迅速反映在组织标杆内容的调整上并迅速形成战略机制。组织在知识的转换、应用以及知识资产的测量等方面在上一层次已经达到了一定水平，组织的学习能力更强，具有创造革新的能力，所有这些活动与组织的战略目标高度吻合。生产流程的改进、绩效的提高、资源的配置与目标改进的潜在性结合起来，组织柔性管理能力已经发挥到较高的水平。组织标杆管理具有灵敏的反应回馈机制，并能够迅速地整合资源，寻找组织需要的优势资源，并形成具有特色的绩效最优的文化。

总结以上所述，每个阶段的特征概要见表7—2。

表7—2　　标杆管理能力成熟度模型各个阶段特征

成熟等级	特征
初始级	矛盾管理，混乱无序阶段，学习处于无知无觉阶段，具有初级的管理能力
已管理级	能感知组织物理环境，学习处于自觉无知阶段，有一定的管理能力
已定义级	能够分析资料，得出有用的信息，学习处于自觉自知阶段，具备了一定的标杆管理能力，逐渐形成标准化的管理活动程序
可预测级	可以根据对信息的分析做出正确的标杆决策，学习达到无觉自知阶段，具备较强的能力
优化级	持续提高标杆学习能力，知识管理流程非常成熟，组织管理和技术创新加强，标杆管理能力持续转化为竞争优势

以上分析了标杆管理能力在每个成熟度等级上的特征，研究了标杆管理能力应该具有的具体衡量标准。在对组织的人力资源管理动态能力进行分析的基础上，设定如下评价准则，见表7—3。

表7—3　　标杆管理能力评价准则表

指标	内容
组织学习能力	知识获取能力、学习选择能力、执行能力、学习推广能力、学习反馈能力
变革创新能力	发现能力、发明能力、专利等
杠杆资源能力	集中资源、融合资源、应用资源、保存资源、恢复资源和增值资源
组织柔性能力	人力资源数量和功能配置、生产流程柔性化、技术创新柔性管理等

以上对评价准则的讨论，只是列出了每个主要要素中应考虑到的关键点，即成熟等级中的关键实践，有很多是不能够给出具体的标尺来衡

量的，需要借助于模糊或灰色的思维进行处理，以达到评价的目的。因此，需要采用一些能够定量测量的指标来建立指标体系，衡量组织的人力资源管理动态能力的成熟等级。

三　标杆管理能力成熟度隶属度确定

按照标杆管理能力成熟度的五个等级即“初始阶段”“重复阶段”“定义阶段”“管理阶段”和“持续改进阶段”，设定评分标准。然后根据各个指标的评价得分，确定标杆管理能力成熟度的状态。具体的方法如下：以某企业为例，构建具体的指标体系，并根据相关资料提供的数据，采用模糊综合评判的方法（具体方法第五章已介绍），对结果做归一化处理，为以上标杆管理能力成熟度模型和评价体系的应用做出示范。如果对企业的评价数据在0—0.2之间，那么此企业处于初始级；如果得到的评价数据处于0.2—0.4之间，那么此企业处于已管理级；如果得到的评价数据处于0.4—0.6之间，那么此企业处于已定义级；如果所得的数据在0.6—0.8之间，那么此企业处于可预测级；如果得到的评价数据处于0.8—1之间，那么表明此企业的人力资源管理动态能力水平处于持续提高阶段。隶属度层次图可以使企业明确自己的定位和努力方向，具体如图7—4所示。

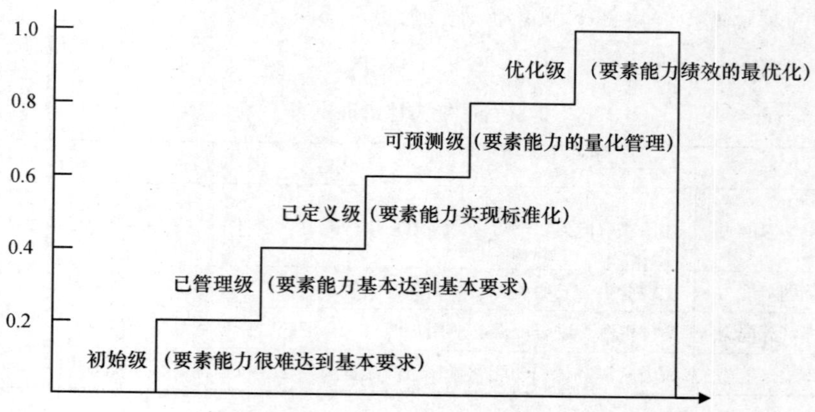

图7—4　标杆管理能力成熟度隶属层次图

第五节　标杆管理能力成熟度指标体系的建立

根据对标杆管理能力的构成要素和评价准则的研究，构建标杆管理能力成熟度指标体系结构，如图 7—5 所示。

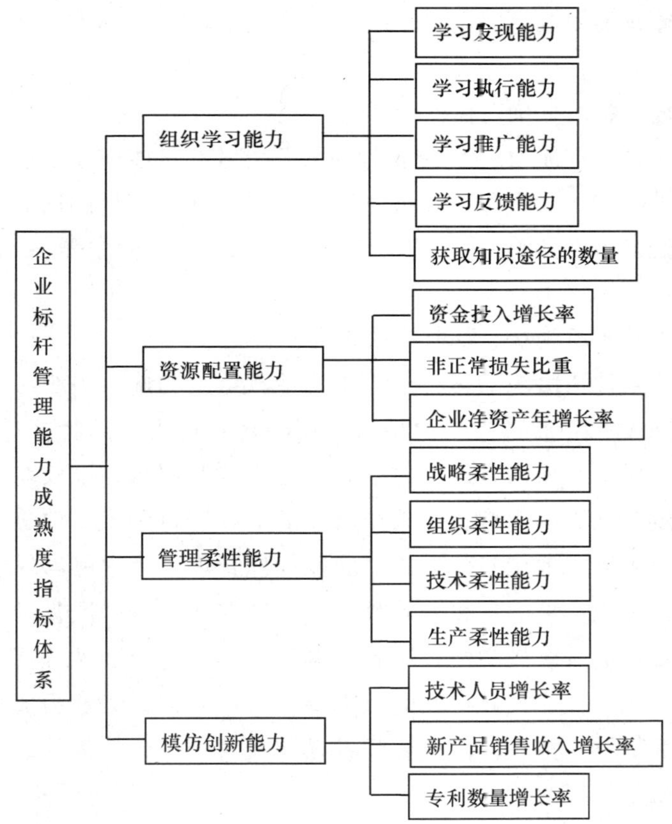

图 7—5　标杆管理能力成熟度指标体系

第六节　标杆管理动态能力成熟度模型的实施和评估流程

对于实施标杆管理的企业来说，要想在能力的成熟度方面有所改进，就要按照一定的流程进行评价，在避免资源浪费的同时，提供合理改进过程的指导方针，按照明确的步骤，最大化地减少实施过程中产生的偏差。标杆管理能力成熟度模型体系的运用包括以下几个步骤。

一　研究标准，确定目标

根据标杆管理能力模型要求，组织必须尽可能透彻地了解构建该模型所依托的各种概念，确定目标。这包括研究标杆管理的内容，熟悉体现标杆管理能力设计的指标，以及模型的组成和操作程序等。

二　评估组织现状，获取相关数据

这一步是评估组织的标杆管理能力成熟度。为此，组织必须把自己当前的成熟度状态的特征与模型所描述的具有代表性的特征进行对比。通过对比，识别当前的状态，包括企业的强势和弱势，以及在组织项目管理成熟度中处于哪个梯级，根据所处的等级制订和实施改进计划。具体操作可以采取实地调研的方式，获取标杆管理实施中能够体现组织能力的数据。在该步骤中，数据的收集和处理往往要持续反复进行一段时间。调研要根据该模型的流程进行，调研内容要有全面性和代表性，调研方法可采用多种形式，得到的数据要具有针对性，能够为提高标杆管理实施能力提供支持，每次得到的数据要及时处理，并将其综合纳入先前已经获得并处理的数据中。

三　处理数据，决定改进重点

标杆管理小组对以上获取的数据进行综合处理，对企业标杆管理能力做自我评估，对照准则，组织识别自己的状态，了解自己目前在模型中处于哪个水平，在管理方面已经具备的基本特征，还缺乏哪些基本特征。这样组织就可以把重点放在与“最佳实践”相关的、需要改进的特征上，制订适当的改进规划。企业知道哪些“最佳实践”是需要测定和改进的，那么这种“最佳实践”以及对它们的描述，都可以在模型给出的目录中查找出来。

四　信息反馈，决定改进的路径

对获取的信息进行分析，从模型准则中查看到希望完成的“最佳实践”所需要的一系列能力，重新定位标杆管理能力的构成维度和发展目标，找到改进的路径，知道如何才能达到所需要的“最佳实践”，以便将成熟度梯级提高一步。

五　评价当前能力，培育新的能力

进行一系列最佳的实践活动。在这一步，组织将需要确定自己具备了哪些必备的动态能力，这些能力是在上个步骤中提到的。该评价将帮助组织弄清要达到预期的成熟度需要培育哪些特定能力。

六　编制改进计划

以上步骤的完成将构成组织改进计划的基础。组织可以对这些结果所反映的组织所需能力的优先程度进行排序，编制管理改进计划。

七　执行改进计划

这一步是组织真正实施变革的步骤。一旦制定了计划，组织必须一步一步将其贯彻下去，也就是必须实施改进活动来获得必需的动态能力，并沿着标杆管理能力成熟度发展的道路不断推进。

八　重复过程

完成计划中的一些改进活动后，企业将重新评估当前的项目管理状态，即回到第 2 步；或开始进行其他的在先前评估中确定下来但还没来得及实施的“最佳实践”，即回到第 5 步，重新评估当前能力，从而更新改进计划。以上 8 个步骤可用图 7—6 表示。

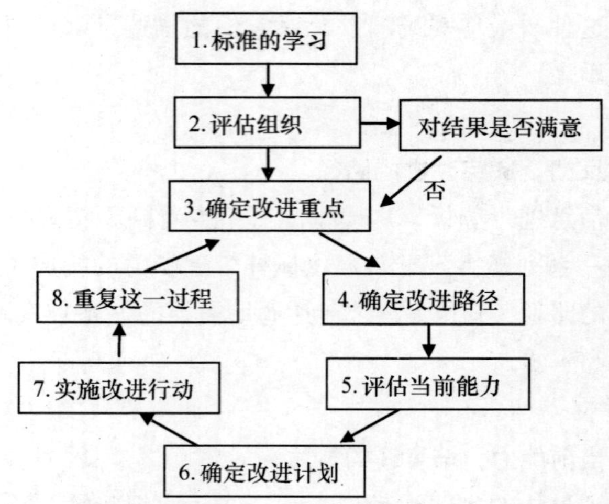

图 7—6　标杆管理能力成熟度模型的实施和评估过程

第七节　本章小结

本章首先介绍了成熟度的内涵和相关能力成熟度模型，分析了这些模型的借鉴作用。其次研究了标杆管理能力的内涵、结构体系和表征关系，基于过程的观点建立了标杆管理能力成熟度模型，对标杆管理能力的成熟度进行分析，找出构建能力成熟度模型的关键要素，建立了评价准则，并确定了成熟等级的评价方法。最后指出建立这一系列研究的过程，关键在于模型的应用即对企业的标杆管理能力进行调研，取得第一手的资料和数据，对数据进行分析，运用成熟度模型判定该组织标杆管理能力所处的成熟等级。进而比照准则找出下一步需要改进的关键实践，以提高标杆管理能力的等级，提高组织的整体竞争力和管理水平。

第八章

基于数据包络分析法的标杆管理的实证研究

理论需要实证的支持，实证研究为理论研究提供充分的论据。本章将以案例来说明标杆管理在价值链与绩效管理环节的运用和企业标杆管理成熟等级。实施标杆管理可以为企业提供可行的经营目标，提供能够导引企业超越自身的思路。企业可以通过实施标杆管理，不断发现自身同目标企业的差距，从中发现缩小差距的工具和手段，其最终目的在于通过自身不断地追求卓越，加强对自身的改革，提高自身的经营绩效，增强自身的竞争力。而企业资源的有限性决定了企业不可能在所有的方面都完全凭借自己的创造力而遥遥领先，企业必须采取一些学习措施，通过标杆管理学习先进经验，对企业经营资源的积蓄尤为重要。

然而，目前有关标杆管理的研究依然存在一些不足：一是大多研究以理论研究为主，实证研究较少；二是即使对不同的行业的标杆管理进行了一定程度的分析，但没有对标杆管理的流程的实施作定量探究。因此，本章依托近期的一个课题展开调查研究，通过问卷、网络等收集数据，对企业在实施标杆管理实践中的价值创造和绩效提高进行实证分析，并依托能力模型，判断该企业在标杆管理实施中所处的能力成熟等级，以指导企业的标杆管理实践。在此基础上，给出提高标杆管理的能力水平和提高企业竞争力的若干对策。

第一节 调研行业的确定

随着全球气候变暖、环境恶化、能源紧张等方面的压力不断增大，人们对新能源提出了越来越高的要求。新能源要符合两个条件：一是蕴藏丰富，不会枯竭；二是安全、干净，不会污染环境。目前人类找到的最理想的新能源是太阳能，以节能和环保为代表的太阳能产业不断发展壮大，国际油价的上涨与新能源指数呈现正相关特性，光伏产业也成为世界上发展最快的产业之一。由于技术和投资等因素，加上供需矛盾，太阳能多晶硅供应弹性严重不足。供需矛盾造成多晶硅价格暴涨，短期的多晶硅价格暴涨对整个太阳能光伏产业前景发展不利。多晶硅价格的下跌将促使光伏发电成本快速降低，因此，从长期来看，多晶硅的大规模制造是光伏产业发展的必由之路，国内小企业不具备和传统大厂竞争的技术和成本优势，然而，短期供不应求的局面可以使小规模突破多晶硅提炼技术的国内企业获取短期暴利，但一旦价格下跌，整个太阳能光伏产业链的需求下降和价格下跌将互为循环，因此，太阳能企业必须培育自身的竞争优势，才能应对多晶硅的产能释放和价格趋势的影响。

常州市天合光能有限公司（TSL）成立于1997年，1999年成立了天合光能研发中心，是一家专业从事晶体硅太阳能组件生产的制造商，致力于硅锭、硅片、电池和太阳能组件的研究、开发和制造。高品质的光伏组件给世界各地的并网和离网状态下的民用、商用、工用以及大规模的公共设施带来洁净、可靠的太阳能，其产品销售遍布亚洲、欧洲、北美。1999年，中国的太阳能电池产量仅为2.5兆瓦，同期的日本达到了128.6兆瓦，与美国和欧洲更是无法相比。为了能够快速发展，借德国政府自1999年起实施“十万屋顶计划”、2000年开始又给予太阳能发电每千瓦时约0.5欧元的补贴的历史机遇，进军德国市场。2005年其产能扩大到25兆瓦。天合能源意识到，要想突破现有的瓶颈，取得更大的突破，不仅在技术上和项目上要立足追赶发达国家还必须要走捷径，实施标杆管理战略，首先要瞄准区域内同行的先进企业。本研究跟踪天合公司自2005年以来实施标杆管理的情况，并结合2006年创新课题调研活动搜集的资料进行实证研究。

第二节　天合公司标杆管理的组织实施

戴尔公司标杆实施的先进经验表明，任何一个企业要取得成功，就必须对标杆管理流程进行分析。天合光能有限公司2005年为实施标杆管理模式，首先进行了战略的调整和规划。2005年全球的光伏产业增长速度平均是45%，中国是100%，天合光能有限公司要首先成为江苏省光伏产业的龙头，首先考虑以下几个方面的问题：第一，对企业所处的社会及其结构、市场、顾客、技术等外部环境重新审视，决定企业将因为付出什么而得到回报；第二，关于企业的使命、具体任务的设想，企业将什么看作是有意义的；第三，关于实现企业使命所需的核心能力的设想，明确企业必须努力的方向，以维护其领先的地位。同时，根据戴尔公司实施标杆管理论的成功经验，有效的标杆管理理论落实到以下四个方面：有关环境、使命和核心能力的假设必须符合实际；关于这三方面的设想必须彼此互相适应；整个标杆管理理论必须为整个企业的人知道和理解；标杆管理理论必须不断地经受考验，任何一项管理理论都会因为过时而变得无效。

一　天合公司的核心价值的标杆分析

标杆管理方法是基于企业对市场、技术、成本等要素的标杆分析的，目标是促使企业构建企业核心能力。但是，企业必须时常不断审视自己的管理理论，审视其核心竞争能力赖以存在的各种前提和要素。

我国太阳能产业的基础十分薄弱，生产太阳能电池的原材料和设备几乎全都依赖进口，不仅价格昂贵，而且处处受限于人，国际市场上的多晶硅也供不应求。目前，国际上能生产多晶硅的国家主要是美国、日本和德国，2005年国际上多晶硅的生产总量为24000吨，全球市场需求量为26201吨，出现了2000吨的市场缺口。由于市场供不应求，多晶硅的价格大幅上涨，1千克太阳能多晶硅材料由两三年前的13美元，一路猛涨到46美元，涨幅高达250%。由于中国的需求量大，一些国外的多晶硅生产企业已开始对我国实行限购和禁购。天合光能公司认识到要提高企业的核心竞争力，必须要降低我国太阳能发电的成本，必须从源头上研究和解决问题，将生产太阳能电池的原材料和生产设备国产化。在原材料方面，必须要解决硅原料短缺问题。天合光能公司的首要任务是成为江苏省光伏产业的领头羊。

天合光能公司认为标杆管理的成功，不仅仅是因为标杆管理是适合于各个行业并行之有效的管理工具，而且还因为标杆管理实际上是倡导一种持续领先的创新文化。没有持续的领先，一个企业不可能长期甚至短期成为整个市场的领先者。只有不断地进行产品创新、技术创新、服务创新，企业才能在激烈的市场竞争中，成为某一领域或某一行业的优秀者，领导整个行业的发展潮流。企业战略的本质是企业文化，而企业文化的核心体现为企业学习的能力。所以，一个卓越的企业必须具有强大的学习能力和创新能力。在积极顺应潮流的过程中，学习的本质体现为注重业绩，渴望变革。天合光能已建立起一整套核心价值观——成为太阳能光伏行业领先的垂直一体化企业。这个核心价值观诠释着公司的运营模式和履行使命的方式，应贯穿于天合团队的日常工作之中，成为他们与客户、供应商和业务伙伴沟通所奉行的准则，天合光能将这些核心价值观视为实现长远发展目标的必备武器。天合价值观的核心是诚信。在公司所有的业务往来中，公司坚定不移地秉承高度的诚信，并与持相同观点的国际业务伙伴通力合作。天合公司的愿景就是成为提供优质、经济型太阳能光伏组件的企业，为全球提供一种具有电网价格竞争力的、洁净可靠的电能。

天合光能认为：多元化是一种积极的工具。将企业伦理的见解应用于国际商务管理，其中的关键就是要妥善处理文化的多样性，面对多元的文化，在制定战略时既不固执于自己的文化，也不盲从他国的文化。这种能力可以通过培训获得，并成为企业文化的一部分。对于跨国经营来说，对当地文化的认识不同，经营结果也会有巨大差异。熟悉外域文化，可以促进个人的成长，可以学习处理问题的不同方法，学会更多地尊重外域文化，建立真正的跨国公司，吸收每一种文化中的精华。

另外，公司认为实施标杆管理要尊重那些有想法、敢于创新的人。因为只有这些有想法、敢于创新的人能够推动企业的前进。因此，公司为那些有想法、敢于创新的人提供更多实践的机会，并在整个标杆管理活动之中，发掘出一些更棒的想法和方法，并且以非常快的速度把他们的创新用到生产活动的每一环节，成为发展的原动力。

二　建立标杆管理活动的组织支持框架

为赢得核心竞争力，天合光能必须建立正式的组织支持保证机制。天合公司建立的标杆管理组织主要包括以下角色，如图8—1所示。

· 绩效改进高层领导小组
· 分管标杆管理的主管
· 标杆管理办公室
· 标杆管理协调员（各部门、各分支机构之间）
· 标杆管理项目小组
· 内部标杆管理项目委员会

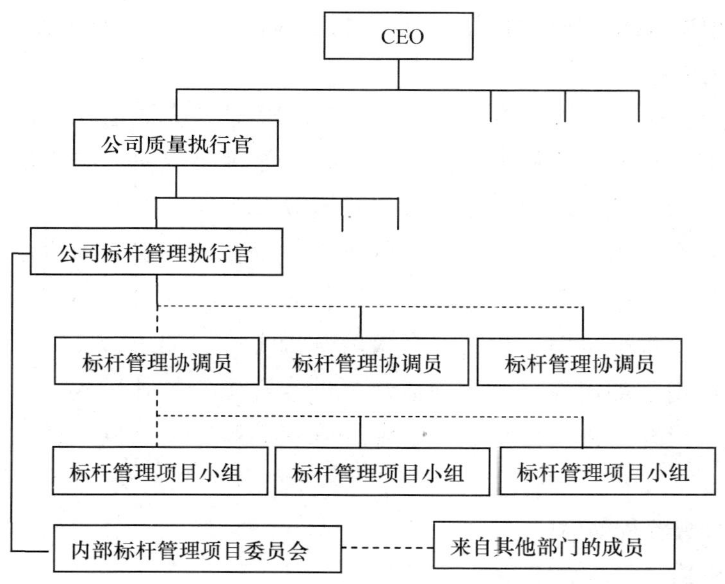

图8—1　天合光能标杆管理矩阵管理架构

标杆管理的矩阵管理机构成为组织正在开展的全面绩效改进活动的重要组成部分和推动力量，主要履行以下职责：

开发组织标杆管理活动流程；

制定与标杆管理相关的各种公司文件（如标杆管理指南、相关政策释义、各种量表、标杆管理的战略、法律约束、特别的标杆管理限制、标杆管理的基本原则等）；

建设公司范围的标杆管理数据库；

评估新的标杆管理工具；

为公司绩效改进，高层领导小组发掘新的标杆瞄准机会，协调整个组织的标杆管理活动；

有效整合标杆管理项目与组织的战略以及经营计划，担当组织标杆管理的智能中心，确保标杆得以动态调整。

三　天合公司的标杆管理整体规划

首先，在标杆管理的整体规划阶段，务必明确界定事关全局的重大问题，引导标杆活动朝着组织所真正需要的、盈利能力最强的方向发展；其次，根据具体、详细的测量方法，制定标杆管理的整体规划，保证流程的顺利实施。

天合公司的标杆矩阵领导小组必须要根据组织既定的战略清晰地界定出对什么进行标杆瞄准。为此，标杆管理小组要对组织的经营计划、每年的经营业绩、关键的成功要素以及组织的核心资产、核心能力与核心竞争力，展开详细全面的调查与分析；然后，项目小组对竞争对手的产品与服务及其核心资产进行分析。项目管理组织在对自身和竞争对手进行全面、认真、深入的分析之后，考虑为支持组织经营目标的实现，如何在标杆管理活动中进行资源的合理配置。为了明确究竟应该对什么进行标杆瞄准，标杆管理小组考虑从以下四种类型中选取：

· 业务流程的标杆

· 机器设备的标杆

· 产品生产与制造的标杆

· 产品与服务的标杆

明确了企业标杆管理的具体对象之后，标杆管理小组要获得组织高层领导对标杆管理项目的全力支持，并要求领导从组织架构上予以保证。然后撰写项目建议书，对初步拟定的标杆管理项目进行评价，以确定其对组织主要业绩测量指标可能产生的影响，据此对标杆瞄准的各个项目进行排序，并要求组织高层给予配备相应的资源。

第三节 天合公司对内外部资料的收集与分析

企业在激烈的市场竞争过程中，经常会受到同行业的竞争对手的威胁，也会受到新进入市场的竞争新手的威胁。如果对过去的传统优势过度沉迷，企业将会处于非常不利的地位。所以，企业要通过资料收集及时明确自己在整个市场中所处的地位，通过标杆管理迅速找出问题所在，实施防御和攻击战略。另外，标杆瞄准项目也是企业进入其他新兴市场或新产业的重要途径。在总结企业的各种成功经验中，我们发现，有很多企业是通过实施标杆管理活动，成功进入某一外国市场或产业的。因为标杆管理活动能为企业解决进入新市场、新产业所面临的困难与问题提供切实可行的方法。天合公司首先制订收集内外部标杆资料的计划，收集有关标杆管理项目在组织内部和外部的实施信息。包括收集公开发表的有关组织内部和外部的相关信息和未公开发表的信息，对组织和外部竞争对手等进行探索性的研究。在获取数据过程中，天合公司主要采取两种最基本的方法：第一是对可以通过公开手段获得的一切可能的文献资料，包括书籍、杂志、各种文章、技术报告、用户手册、服务指南等有关目标企业的资料，进行认真研究与分析；第二是获得并研究区域内相关公司的第一手的资料，如面对面的访谈、对竞争对手的产品或服务进行检测、拆装、亲自试用、到目标公司的工作现场进行参观以及通过问卷进行调查等。

从2000年到2008年，中国光伏产业快速发展，江苏光伏产业也迅速崛起，形成了相对完整的产业链。至2007年年底，我国已成为光伏第一生产大国，江苏省的太阳能电池总产量达740MW，占全国的68%、世界的19.1%，形成了“世界光伏看中国，中国光伏在江苏”的可喜格局。江苏省光伏企业大大小小有20多家，而能够上品牌和规模的有无锡尚德、南京中电、亿晶光电、强生光电、林样新能源、苏州阿特斯、江阴浚鑫、中能硅业、南京神宇、无锡爱尔华、无锡佳洁、扬中通灵、南京晶威、镇江皓天、南京茂群、双利电子。其中前10家企业的主导产业是生产晶体硅太阳电池，其余6家是太阳能产品的下游企业，主要从事太阳电池装备制造、太阳能光伏玻璃制造、光伏集成应用产品、太阳能电池配套产品，形成了完整的产业链。

通过各种渠道，主要收集以上公司的这些资料：

（1）公司年度报告（这是最重要的公开信息来源）；

（2）行业协会、贸易组织、各种中介性组织的研究文献、年度报告等；

（3）有关公司情况、市场状况的专题报道；

（4）公开发表的有关杂志文章、大众杂志（如各种新闻类、特定行业的专业杂志、其他各种类型的报纸）；

（5）各种会议活动纪录、会议新闻。

在数据收集过程中，重要的信息来源就是各种行业协会、专业性组织、贸易协会或者是专业技术协会，如太阳能网站、光伏产业协会、科技厅网站等，它们是标杆瞄准过程中进行数据收集非常重要、可靠的信息来源。各类行业协会和专业机构几乎涵盖企业经营的所有环节，而且拥有大量高水平的经验丰富的专业人士。这就意味着，必然有一些专业协会和贸易组织所从事的研究或者其他活动与您的组织所正在实施的标杆管理活动是相吻合的，因而可以成为一个非常好的信息来源；而且因其专业性强，所提供的信息准确程度也相应较高。美国加利福尼亚大学致力于开发用纳米线强化的太阳能电池，可望在将来推出高效率的薄膜太阳能电池，苏州 CSI 阿特斯开展基于纳米结构的宽光谱高效第三代太阳电池的关键科学问题研究，力求寻找新型高效半导体太阳电池材料和结构，将纳米应用于太阳能电池，可有效提高太阳能电池的效率。

软件公司和证券商往往也是非常有价值的信息来源。随着信息技术的迅速发展，各类企业的管理活动呈现出一个日益明显的趋势，即越来越多地借助信息化手段来实现企业的低成本运营。许多管理和财务软件的开发商在为公司提供量身定做的软件的活动中开始身兼软件提供商和管理咨询顾问的双重角色，他们对公司客户日常运营的介入程度比我们所能想象到的要深得多。目前许多管理软件提供商都已经深入到了企业业务流程处理及再造的层面上，对自己客户的运营状况非常熟悉，对其有着详尽全面的理解。这些公司在实际操作过程中都与客户保持着相当长时间的深入、频繁的接触，所以在标杆瞄准的寻找过程中，这些软件公司可以起到很独特的提供信息的作用，有的时候甚至超过了专业的管理咨询顾问。证券公司也是很好的信息来源，他们除了承担投资顾问的角色，由于对于某一行业和产业的关注，也掌握了非常多的信息。这些都成为企业实施标杆管理的信息来源地。

第四节　天合公司标杆内容的确定

一　标杆管理内容确定的程序

第五章论述了运用两阶段 DEA 方法确定标杆管理的内容。具体的步骤是：

1. 运用模糊综合评判法得出两阶段模型中的指标体系中的各指标值，具体过程如下：

（1）确定参评企业，本研究选取的是区域内光伏企业，给出了评估对象 $X = \{x_k\}$，（$k = 1, 2, \cdots, l$）。根据需要和实际情况，选择某些典型组织作为参评对象，对其标杆管理能力进行评估，由此构成评估对象集 $X = \{x_k\}$（$k = 1, 2, \cdots, l$）。

（2）根据两阶段 DEA 模型评价需要，建立评判指标体系，给出因素集 $U = \{u_i\}$。评判指标体系是指由表征评判对象各方面特性及其相互关系的多个指标（因素）构成的有机整体。依据价值创造和价值实现环节能够提升绩效的方面，建立测评标杆管理能力的指标体系，相应地确定评判因素集 $U = \{u_i\}$（$i = 1, 2, \cdots, n$）

（3）确定评判等级及其相应的标准，给出评语集 $V = v_j$（$j = 1, 2, \cdots, m$）。归根到底，选取指标的目的是为了能够从运营过程中找出对价值创造贡献最大的指标，对其进行评估和度量，达到确定标杆管理内容的目的。因此，指标评判等级及其相应的评判标准的确定，是进行这种评估和度量的基础，也是将定性评判与定量评判结合起来的“桥梁”。评判等级分为5—7 个等级，一般不宜划分得过粗或过细。评判标准的含义随评判等级的划分和不同组织的特性而定。

（4）进行单因素评判，得出变换矩阵，$R = \{r_y\}$。进行单因素评判，就是分别从各个因素（评判指标）来考虑确定参评企业的指标被评为各个评判等级 v 的隶属程度。确定的方法基本上从定性和定量指标两个角度来考虑。定性指标采取专家评议统计法，即通过专家评议并汇总测评结果，从统计评语比率中得出。

（5）确定评判指标的权数分配 $A=\{a_j\}$。

权数用来度量单因素（指标）在总评判指标体系中所起作用的大小和相对重要程度。它描述了根据单因素（指标）进行综合评判的能力和贡献程度。在此主要选取层次分析法确定权重。

（6）进行综合评判，求得不同指标的综合评判值。

2. 运用两阶段 DEA 方法对选定的企业进行评价，找出企业在价值链环节的薄弱环节，学习标杆企业，找出改进路径。

二 数据获取

（一）问卷开发过程

为获取研究中的变量信息，本研究采取问卷调查作为数据收集的主要工具，依据实际的需要，设计了一个能有效收集研究变量信息的调查问卷。为能够得到有用的信息，首先，尽可能全面地查阅了相关的研究文献，同时，还检索了能够找到相关内容的公开信息源，如报纸、杂志、公开的大型数据库（如资讯行、中经网、中国财经报刊数据库检索系统等）以及有关网站如江苏省统计局网、江苏省科技厅网站、太阳能网站、民营企业网、外商企业网等。根据研究内容，设计相关问卷（有关调查问卷的具体内容详见本书附录 B：标杆管理实证研究问卷调查）。

问卷设计过程如下：

（1）通过文献收集，查找与研究有关的测度项目以及对应的理论依据，在此基础上，确定该因素是否可以作为研究所用的测度项目，或者是否可对其进行整理，达到研究的要求。

（2）结合上述有关测度项目对组织的关键人物进行访谈，进一步确定其有效性。如在访谈中发现文献资料查找没有确定的测度项目，可请太阳能行业的专家对初步问卷进行评阅，根据评阅意见商讨后决定是否采用。

（3）在上述工作的基础上，分析设计出初始的总体测度项目，并交由有关人员下发调查问卷。调查问卷收集后，与部分集群企业业主沟通，听取意见，根据其建议调整测度项目，确定调查问卷的最终版本。

（二）问卷的发放和收回

问卷主要是在江苏省内选定的不同组织发放，主要基于以下三方面的原因：第一，考虑到行业的区域集群特性，同处一个区域内的同行业企业，在首次标杆时，具有相同的产业和区域环境，更容易获取资源和信息，从而使得标杆管理的实施更加可行，增加了成功的概率；第二，在本省能够与组织有效沟通以保证问卷的回收率；第三，能够利用本人熟悉的咨询公司的调研资源进行实地的访谈和找到合适的问卷填写对象，以保证问卷的有效性。具体的问卷收发情况将在测评过程中详细列出。

三　两阶段 DEA 模型中调研企业的指标数据处理

不同的企业有不同的评判标准。以天合能源为例，依据第五章阐述的输入和输出指标，评估成员由本行业公司的管理层和技术专家组成，根据经验和相关知识，结合行业和企业的实际情况对定性指标进行评价，并根据每个指标得分的频率，得出定性指标模糊评判表，定量指标通过实际调查得到。运用模糊综合评判法得到输入和输出数据。

步骤一：定性指标和定量指标的模糊评判标准

（一）定性指标的模糊评判（见表 8—1）

表 8—1　　定性指标模糊评判表

评语 / 定性指标 / 评语值	优	良	一般	较差	差
	10	8	6	4	2
学习发现能力	0.7	0.25	0.05	0	0
学习反馈能力	0.5	0.3	0.2	0	0
标准化工作水平	0.7	0.2	0.1	0	0

（二）定量评价的模糊评判（见表8—2）

表8—2　　定量指标模糊评判表

评价指标	指标值	评价指标	指标值
学习执行能力	3.3%	资金投入年增长率	50%
学习推广能力	90	年非正常损失比重	4%
获取知识途径的数量	1.1	企业净资产年增长率	上升15%
机器设备先进程度	10%	研发设备价值比率	上升3%
生产能力利用率	下降2%	研发人员比率	70%
工人技术水平	80%	R&D经费比率	3%

步骤二：确定定量指标的值域范围

为便于比较，需要把定量指标相对化。所有的指标值域范围以百分数的形式给出（见表8—3）。

表8—3　　定量指标值域表

评语 / 定量指标 / 评价值	优	良	一般	较差	差
	10	8	6	4	2
学习执行能力	6%以上	5%—6%	3%—5%	2%—3%	2%以下
学习推广能力	120天以上	100—120天	50—100天	20—50天	20天以下
获取途径的数量（以OECD规定的5种方式为基准）	5条以上	3—5条	1—3条	1条	0
机器设备先进程度	0.85以上	0.7—0.85	0.5—0.7	0.3—0.5	0.3以下
生产能力利用率	95%以上	80%—95%	70%—80%	50%—70%	50%以下
工人技术水平	2.5以上	2—2.5	1.5—2	1—1.5	1
资金投入年增长率	95%以上	80%—95%	70%—80%	50%—70%	50%以下
年非正常损失比重	1%以下	1%—2%	2%—3%	3%—4%	4%以上
企业净资产年增长率	10%以上	10%—5%	5%以内	维持	负增长
研发设备价值比率	30%以上	20%—30%	10%—20%	5%—10%	5%以下
研发人员比率	20%以上	10%—20%	5%—10%	5%以下	—
R&D经费比率	30%以上	20%—30%	10%—20%	5%—10%	5%以下

步骤三：建立模糊综合评判矩阵

第一个组织学习能力，是由定性和定量的指标组成，得到的模糊综合评判矩阵如下：

$$R_1 = \begin{bmatrix} 0.7 & 0.25 & 0.05 & 0 & 0 \\ 0 & 0 & 1 & 0 & 0 \\ 0 & 1 & 0 & 0 & 0 \\ 0.5 & 0.3 & 0.2 & 0 & 0 \\ 0 & 0 & 1 & 0 & 0 \\ & & & & \end{bmatrix}$$

步骤四：AHP 法确定权重

首先，由企业的高层管理成员和有关专家组成 20 人的评价小组，然后，让该小组依据表 8—1 的内容对各因素进行评价，并得到权重判断矩阵：

$$A = \begin{bmatrix} 1 & 2 & 3 & 4 & 7 \\ 1/3 & 1 & 3 & 2 & 5 \\ 1/5 & 1/3 & 1 & 1/2 & 1 \\ 1/4 & 1/2 & 2 & 1 & 3 \\ 1/7 & 1/5 & 1/2 & 1/3 & 1 \end{bmatrix}$$

求 $\overline{W}_i$ $\overline{W}_i = \sqrt[n]{\prod_{j=1}^{n} a_{ij}}, \ i,j = 1,2,\cdots,n$

$\overline{w_1} = 1.5518, \overline{w_2} = 1.4963, \overline{w_3} = 1.5342, \overline{w_4} = 1.1923, \overline{w_5} = 1.3797$

对向量 $\overline{W} = [\overline{W}_1, \overline{W}_2, \cdots, \overline{W}_n]^T$ 正规化　　$W_i = \dfrac{\overline{W}_i}{\sum_{j=1}^{n} \overline{W}_j}$

$\overline{W}_1 = 0.491$，$\overline{W}_2 = 0.232$，$\overline{W}_3 = 0.092$，$\overline{W}_4 = 0.138$，$\overline{W}_5 = 0.046$

计算判断矩阵的最大特征值 $\lambda_{\max}$ $\lambda_{\max} = \sum_{i=1}^{n} \dfrac{(AW)_i}{nW_i}$

$$AW=\begin{bmatrix}1 & 2 & 3 & 4 & 7\\ 1/3 & 1 & 3 & 2 & 5\\ 1/5 & 1/3 & 1 & 1/2 & 1\\ 1/4 & 1/2 & 2 & 1 & 3\\ 1/7 & 1/5 & 1/2 & 1/3 & 1\end{bmatrix}\times\begin{bmatrix}0.491\\ 0.232\\ 0.092\\ 0.138\\ 0.046\end{bmatrix}=\begin{bmatrix}1.718\\ 1.4493\\ 1.5824\\ 0.4572\\ 0.948\end{bmatrix}$$

$$\lambda_{\max}=\frac{1}{5}\left(\frac{1.718}{0.2169}+\frac{1.4493}{0.2091}+\frac{1.5824}{0.2155}+\frac{0.4572}{0.1780}+\frac{0.948}{0.1667}\right)=5.126$$

对其进行一致性检验 $CI=\frac{\lambda_{\max}-n}{n-1}$ $CI=0.032$

计算一致性比率 CR

$CR=CI/RI=0.032/1.12=0.028<0.1$，符合一致性判断。

步骤五：模糊综合评判

由 $B_k=R_k*\mu^T$ 得：

$$R_1=\begin{bmatrix}0.7 & 0.25 & 0.05 & 0 & 0\\ 0 & 0 & 1 & 0 & 0\\ 0 & 1 & 0 & 0 & 0\\ 0.5 & 0.3 & 0.2 & 0 & 0\\ 0 & 0 & 1 & 0 & 0\end{bmatrix}\times\begin{bmatrix}10\\ 8\\ 6\\ 4\\ 2\end{bmatrix}=\begin{bmatrix}9.3\\ 6\\ 8\\ 8.6\\ 6\end{bmatrix}$$

对上述分数进行归一化，得到值为：$\begin{bmatrix}0.93\\ 0.6\\ 0.8\\ 0.86\\ 0.6\end{bmatrix}$

$$C_1=W_k*B_k$$

$$=[0.491\quad 0.232\quad 0.092\quad 0.138\quad 0.046]\times\begin{bmatrix}0.93\\ 0.6\\ 0.8\\ 0.86\\ 0.6\end{bmatrix}=0.8157$$

第一阶段的输入指标以此法得到。第一阶段的输出指标（第二阶段的输入资料）和第二阶段的输出资料根据实际调研资料整理获取，结果见表8—4。

表 8—4　　江苏省太阳能光伏企业数据资料（计算整理得到）

输入 / 输出 / 决策单元	X_1	X_2	X_3	X_4	Z_1	Z_2（亿元）	Y_1	Y_2	Y_3	Y_4
1. 无锡尚德	0.9001	0.8976	0.8493	0.8955	0.55	17.75	0.32	0.83	0.95	0.92
2. 南京中电	0.8421	0.8321	0.7875	0.8054	0.4	1.3510	0.07	0.87	0.90	0.88
3. 亿晶光电	0.7540	0.8011	0.7812	0.8132	0.35	1.0234	0.05	0.76	0.79	0.87
4. 强生光电	0.7731	0.7456	0.7699	0.7871	0.31	0.9876	0.043	0.58	0.86	0.9
5. 林样新能源	0.7645	0.7899	0.7897	0.7654	0.21	1.1324	0.08	0.77	0.69	0.86
6. 苏州阿特斯	0.8732	0.8154	0.8034	0.7133	0.44	1.99592	0.11	0.76	0.77	0.93
7. 江阴浚鑫	0.7321	0.7238	0.7925	0.7021	0.2	0.7622	0.03	0.71	0.67	0.8
8. 中能硅业	0.7198	0.7866	0.7601	0.6543	0.24	0.5433	0.021	0.67	0.86	0.78
9. 南京神宇	0.6972	0.7865	0.7122	0.6721	0.22	0.4321	0.024	0.80	0.7	0.86
10. 无锡爱尔华	0.6650	0.6957	0.7218	0.6932	0.24	0.2311	0.032	0.73	0.8	0.85
11. 无锡佳洁	0.6577	0.7345	0.6033	0.5633	0.18	0.1345	0.021	0.72	0.72	0.77
12. 扬中通灵	0.6834	0.7345	0.6100	0.5576	0.27	0.1568	0.03	0.64	0.80	0.8
13. 南京晶威	0.6120	0.6432	0.5432	0.5432	0.15	0.0876	0.04	0.54	0.86	0.87
14. 镇江皓天	0.6098	0.6729	0.4321	0.5787	0.18	0.1034	0.02	0.45	0.78	0.67
15. 南京茂群	0.6742	0.5988	0.5677	0.5123	0.20	0.3211	0.026	0.60	0.76	0.78
16. 天合光能	0.8157	0.8635	0.8015	0.8421	0.48	9.3661	0.20	0.61	0.92	0.90

选择基于输入的 DEA 有效性的 C^2R 模型，代入计算，结果见表 8—5。

表 8—5　　　　　江苏省光伏产业 DEA 第一阶段有效性结果

决策单元	效率值	排序	参考集
1. 无锡尚德	1	1	1. 无锡尚德
2. 南京中电	0.808053	4	1. 无锡尚德
3. 亿晶光电	0.7596696	6	1. 无锡尚德
4. 强生光电	0.6785408	7	1. 无锡尚德
5. 林样新能源	0.4495416	15	1. 无锡尚德
6. 苏州阿特斯	1	1	6. 苏州阿特斯
7. 江阴浚鑫	0.4634577	14	1. 无锡尚德
8. 中能硅业	0.5961007	10	1. 无锡尚德
9. 南京神宇	0.532616	12	1. 无锡尚德
10. 无锡爱尔华	0.5906329	11	1. 无锡尚德
11. 无锡佳洁	0.5187247	13	1. 无锡尚德
12. 扬中通灵	0.7856015	5	1. 无锡尚德
13. 南京晶威	0.4490425	16	1. 无锡尚德
14. 镇江皓天	0.6432602	8	1. 无锡尚德
15. 南京茂群	0.6331655	9	1. 无锡尚德
16. 天合光能	0.9630279	3	1. 无锡尚德

从表 8—5 可以看出，处于有效前沿面的企业是无锡尚德和苏州阿特斯。无锡尚德是国内最早在美国上市的太阳能光伏企业，2005 年以来，受益于太阳能产业的长期利好，整个光伏产业出现了前所未有的投资热潮。尽管我国太阳能光伏发电潜力巨大，但真正并网型的太阳能光伏市场远未形成，国内太阳能光伏的应用也主要集中在农村电气化和离网型太阳能光伏产品。国内光伏发电发展缓慢、光伏产品的国内市场尚未启动，无锡尚德正是瞅准了国际和国内光伏行业的发展趋势，从 2005 年之后，把主要精力放在太阳能电池组件（PV modules）上，这一块的利润率稳定在 20% 以上。太阳能设备（PV system integration）也处于稳步增长状

态，利润率除了2006年之外，保持稳定状态。光伏的产业链很长，上游是晶体硅制造业；中游是太阳能电池片，电池片还要经过一整套的封装工艺组装成“太阳能电池组件”；下游则是太阳能设备商。作为太阳能光伏电池的主要原料，我国95%的高纯多晶硅材料依赖进口。面临着上游原材料的巨大缺口，尚德的主营业务定位是做太阳能电池片及组件。施正荣曾经对外宣布，尚德计划在未来的3年时间建立硅片、电池及其组件的一条龙产业链，解决受制于人的状况。供应环节作为价值链的重要环节，在原料紧缺的状况下，无锡尚德公司以9890万美元的价格收购太阳能原料供应商顺大控股有限公司的少数股份。无锡尚德同时与顺大控股签署13年硅晶片供应协议，从2008年至2020年顺大控股将向无锡尚德供应总量为7GW的硅片。顺大控股下半年工厂投产后有助于缓解原材料短缺的局面，实现太阳能产业链垂直整合。

从DEA有效性运行结果看，无锡尚德在不减少产出的情况下，无法等比例地减少各种输入资源，也不能单独减少某种消耗或增加某种产出，相对其他弱DEA有效和非DEA有效的14家企业，其第一阶段生产绩效是好的，消耗和产出比达到最优，规模也达到最佳。

无锡尚德对市场的感知能力较强，在石油等能源日益短缺的情况下，受制于多晶硅原材料的短缺，开始致力于开发新的薄膜技术。这种技术能显著降低硅使用量，有望降低太阳能发电成本，最终使其与用传统能源发电的成本旗鼓相当。虽然薄膜太阳能电池面临着技术难题，但其与LCD面板拥有许多共同的技术，这也给LCD面板制造商带来了先天的研发优势。目前尚德公司的太阳能电池研发工作几乎完全围绕着这一相对先进的技术展开。

DEA最大的优点在于，不仅能得出决策单元的相对效率，而且可以根据其在有效的前沿面上形成的投影，来确定无效的决策单元改进的方向。对于标杆管理的实施来说，可以依据其来确定标杆的内容，确定企业主体的改进方向。其理论依据在第五章已经奈述，即依据运算结果得出的非有效的决策单元中松弛变量值不为0的输入值即为将要标杆的内容。下面列出输入和输出指标在有效的前沿面上的投影值，表明具体的生产经营环节运用DEA两阶段模型的第一阶段确定的标杆内容。

表 8—6　　天合光能 DEA 第一阶段模型输入输出改进方向

天合光能	θ = 0.9630279	达到的指标	松弛变量	改进的百分比
X_1	0.8157	0.7855418	-3.02E-02	-3.70%
X_2	0.8635	0.78336	-8.01E-02	-9.28%
X_3	0.8015	0.7412073	-6.03E-02	-7.52%
X_4	0.8421	0.7815273	-6.06E-02	-7.19%
Z_1	0.48	0.48	0	0.00%
Z_2	9.3661	15.490909	6.124809091	65.39%

表 8—6 表明：天合光能在价值创造环节中，从投入剩余和产出亏空栏来看，各投入组织的学习能力、资源配置能力、生产制造能力和产品研发能力都有剩余，而总产量处于严重的超低状态，比有效的前沿指数低 65.39%，特别是资源配置剩余最为明显。企业在 2005 年资产投入年增长率为 30%，研究 2005 年天合能源的会计报表发现，企业当年在固定资产上投资过大，引进多条生产线，但由于原材料的短缺，产量严重不足。2005 年世界多晶硅的产量为 28750 吨，太阳能级为 8500 吨，而太阳能级的需求量为 15000 吨，供不应求。从 2006 年开始太阳能级和半导体级多晶硅的需求均有缺口，其中太阳能级产能缺口更大，造成了严重的生产不足。

天合光能在实施标杆管理中，首先要解决资源配置过剩带来的严重困扰问题。与美国 GT 太阳能股份（全球范围内为太阳能产业提供整套设备、服务和技术解决方案的主要供应商）签署一份合同，购买价值 4900 万美元的多晶硅反应炉和转换器。把该设备用于该公司在中国江苏省连云港市的多级多晶硅的生产厂中。此项技术涉及 GT 太阳能公司最新技术的 48 杆化学气相沉积反应炉以及可将四氯化硅（STC）转化为三氯氢硅（TCS）的 STC 氢化转换单元设备。从战略的角度解决投资闲置、原材料供应不足带来的困扰，协助该行业降低了每千瓦时的单位成本。天合光能利用先进的设备和仪器，侧重于在市场中培育强大的品牌，不断投资其技术平台，并确保低成本优势地位。

为确保产量的提升，天合光能引进得可公司每小时生产 1200 片晶圆的设备，打造生产太阳能电池的完整金属镀膜生产线，以提高生产制造能力，节省试运行和整合多家供应商设备的时间和费用，这包含技术支持、生产力工具、快速周转耗材和载具及1000O级无尘室条件下生产的精密乳胶网板。

以上是对第一阶段的标杆内容选取的分析，企业价值实现过程和价值创造过程处于同等重要的地位，因此在两阶段的DEA模型中DEA输入权数都取0.5。第二阶段的DEA模型选取是以输入指标（即第一阶段的输出指标）不易变或不可控为前提的，所以选取基于输出有效性的 C^2R 模型（见表8—7、表8—8）。

表8—7　　　　16家企业第二阶段模型输入输出有效值

决策单元	有效值
1. 无锡尚德	1
2. 南京中电	0.5839015
3. 亿晶光电	0.5712736
4. 强生光电	0.5166902
5. 林洋新能源	1
6. 苏州阿特斯	0.6932847
7. 江阴浚鑫	0.9064165
8. 中能硅业	0.735026
9. 南京神宇	0.9105155
10. 无锡爱尔华	0.7842657
11. 无锡佳洁	1
12. 扬中通灵	0.6621315
13. 南京晶威	1
14. 镇江皓天	0.7683865
15. 南京茂群	0.7875
16. 天合光能	0.8565144

从结果看，16家太阳能光伏企业中4家企业都处于相对有效状态，其余12家企业处于相对无效状态。在第一阶段和第二阶段无锡尚德处于

有效状态，因此标杆企业为无锡尚德。

表 8—8　　天合光能 DEA 第二阶段模型输入输出改进方向

天合光能	θ = 0.8565144			
Z_1	0.48	0.48	0	0.00%
Z_2	9.3661	9.3661	0	0.00%
Y_1	0.2	0.23350454	3.35E-02	16.75%
Y_2	0.61	1.21597708	0.60597708	99.34%
Y_3	0.82	1.1841889	0.364188902	44.41%
Y_4	0.8	1.35488919	0.554889193	69.36%

四　天合光能标杆内容的选定

从第二阶段 DEA 运行结果来看，天合光能需要选取的标杆管理内容依次是：创新产品销售、客户满意度、产销率和市场占有比例。从第一阶段的价值创造分析来看，第一阶段关注的生产制造环节，天合光能拥有先进的设备和工艺，为降低成本和提高效率，引进先进的薄膜太阳能生产线，但需要加强的是市场营销能力，因为第二阶段主要是价值链价值实现环节。

尚德公司不断扩大在德国的销售额，2007 年该公司在全球的销售额达到 13.48 亿美元，在德国的销售额占总销售额的比例为 50.86%。预计在德国的销售额应该以每年 80%—100% 的速度递增。目前，硅产品的价格处于高位，尚德公司希望硅产品的价格将来能够降低一半，以便实现销售额不断翻番。2008 年第一季度，尚德公司在全球的销售额达到 4.35 亿美元，同比增长 76%，利润达到 5580 万美元。

综合以上两阶段 DEA 评价结果，天合光能公司在组织学习能力、资源配置能力较高的前提下，研发和生产制造能力也相对较高，因此在价值创造阶段实施标杆管理，最重要的是侧重于在原有资源整合的基础上提高产量。由于世界多晶硅的需求缺口较大，产量的提高会带来利润的增长。利润的实现主要是在价值实现阶段，即把握市场。天合光能产品市场占有率低，江苏省的太阳能电池总产量占全国总产量的70%，但天合能源的市场占有率仅有9.50%，这与其资产投入、研发和生产能力是不匹配的。

分析国外和国内的光伏市场，天合光能以无锡尚德为标杆，可以把握有利的市场机遇。（1）美国市场正成为江苏许多光伏企业的新目标。国内光伏市场的启动，为江苏光伏企业提供了更多机遇，有关部门也正在制定新能源振兴规划，计划从2009年到2012年，每年建设一个装机容量50兆瓦的示范光伏电站。（2）中国光伏发电系统安装容量仅占生产容量的不足2%，绝大部分产品依赖出口。市场狭小已经严重阻碍我国光伏技术的跨越式发展。预计到2030年可再生能源在总能源结构中将占到30%以上，而太阳能光伏发电在世界总电力供应中的比例也将达到10%以上。到21世纪末，太阳能发电将占到世界能源结构中的60%以上。（3）金融危机对于太阳能光伏市场是一把双刃剑，太阳能光伏发电应用市场发展的主要障碍是高成本，当前金融危机的结果使硅材料和电池组件等价格大幅度下降，达到合理价格，客观上起到了推动光伏发电成本下降的效果。这对启动太阳能光伏发电市场是有益的。（4）2008年全球光伏产量比2007年增长46%，此前40%以上的年增长已维持10年以上；权威机构当时预测在随后的年份将保持持续的增长。高产值的增长会在一定程度上刺激国内光伏产品的需求。

第五节　天合光能的标杆管理能力成熟度

在第七章建立的评价标杆管理能力指标体系的基础上，对天合光能实施的标杆管理能力进行衡量，以期获取有用的信息，用以指导天合光能在实施管理过程中应加强的实践。

一　数据获取

采用表8—2中数据的采集方法，收集天合光能2008年的数据资料，运用模糊综合评判法得到其标杆管理能力数据（见表8—9、表8—10）。

表 8—9　　　　单因素评价指标标准

评价集	优	良	中	差
评分	10	8	5	2

具体见表 8—10。

表 8—10　　　　天合光能标杆管理能力成熟度评价得分

指标名称		指标模糊评判				各项得分	权重	评价总分
		优	良	中	差			
管理柔性能力 0. 2152	战略柔性能力	0. 67	0. 17	0. 16	0	0. 886	0. 2027	0. 8960
	组织柔性能力	0. 7	0. 2	0. 1	0	0. 91	0. 2829	
	技术柔性能力	0. 54	0. 33	0. 17	0	0. 889	0. 2442	
	生产柔性能力	0. 7	0. 15	0. 15	0	0. 895	0. 2702	
资源配置能力 0. 2014	资金投入年增长率	0	1	0	0	0. 8	0. 3226	0. 5527
	年非正常损失比重	0	0	0. 5	0. 5	0. 35	0. 2237	
	企业净资产年增长率	1	0	0	0	1	0. 4537	
组织学习能力 0. 2801	学习发现能力	0	1	0	0	0. 8	0. 2554	0. 7412
	学习推广能力	0	0. 5	0. 5	0	0. 65	0. 1788	
	学习执行能力	0	0. 5	0. 5	0	0. 65	0. 2134	
	学习反馈能力	0	1	0	0	0. 8	0. 1768	
	获取知识途径的数量	0	1	0	0	0. 8	0. 1756	
模仿创新能力 0. 3033	技术人员增长率	0	0. 5	0. 5	0	0. 65	0. 1659	0. 5814
	新产品销售收入增长率	0	0. 5	0. 5	0	0. 65	0. 3765	
	专利数量增长率	0	0	1	0	0. 5	0. 4576	

天合光能标杆管理能力成熟度得分：

$$\begin{bmatrix} 0.8960 & 0.5527 & 0.7412 & 0.5814 \end{bmatrix} \times \begin{bmatrix} 0.2152 \\ 0.2014 \\ 0.2801 \\ 0.3033 \end{bmatrix} = 0.6881$$

二　天合光能标杆管理能力成熟度测评分析

天合光能公司自2005年实施标杆管理，根据第七章建立的标杆管理能力成熟度的指标体系，运用模糊综合评判法对天合光能公司实施标杆管理两年后进行实证测评，按照第七章第三节第三部分列出的标杆管理能力的5个等级，天合光能目前处于可预测级。企业通过实施标杆管理，可以就分析得到的信息做出正确的标杆决策，学习达到无觉自知阶段，具备较强的能力。天合光能在这个阶段具有这样的特点：标杆瞄准的整体规划已经确定，标杆项目已经量化。

天合光能在两年的标杆管理实施过程中，致力于价值创造环节。即在价值链环节把工作的重点放在价值实现环节，注重市场和营销，做好客户关系管理，从而引导标杆管理活动朝着组织所真正需要的、盈利能力最强的方向发展；根据具体的详细的测量方法制定整个规划，保证流程的顺利实施。

将得到的标杆管理能力成熟度指标值用雷达图表示，能更清晰地看出标杆管理能力中不同指标的强弱。如图8—2所示。

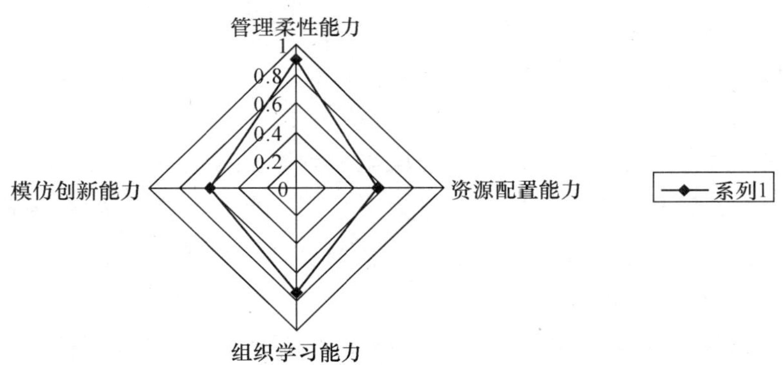

图8—2　天合光能标杆管理能力成熟度指标值雷达图

从标杆管理能力成熟度雷达图可以直观地看出，天合光能在资源配置能力和模仿创新能力两个方面得分较低，标杆管理在实施过程中可能存在以下原因：

（1）天合光能没能及时解决原料短缺问题，使得成本较高，整个硅料成本占到整个生产成本的85%—90%以上。光伏原料多晶硅尖锐的供需矛盾使得作为光伏产业中下游的天合光能没有及时在产业的源头上占得优势。在连云港投资10亿美元建设1万吨的多晶硅生产基地的计划夭折之后，与德国瓦克、DC化学、俄罗斯NICOL和四川永祥等国内外厂商签订多个多晶硅供应长单。虽然解决原料问题，但相比无锡尚德渗透产业链的每一个环节的举措，上游材料的不足成为企业发展的严重障碍。

（2）出现可替代产品。伴随光伏产业的快速发展，薄膜电池技术的日益成熟，薄膜电池市场份额不断扩大。由于硅原料的短缺，非晶硅成了热点，微晶硅的出现无形中挤占了晶体硅的市场。

（3）过高的光伏上网电价。2007年中国光伏电池的年安装量为20兆瓦，与中国光伏电池1088兆瓦的年安装量极不匹配，高额的电价使得产品成本大幅提高。

（4）路径追踪的技术形态对后发者条件的同质化程度要求高。在市场空间较大即产业的“开始期”，产业增长的高速度、需求的旺盛掩盖了条件的差异。天合光能是国内太阳能光伏行业的先行者，在初期阶段快速成长，但是当产业进入成熟期，竞争全面展开的时候，模仿者与创新者之间的差异将放大，追随战略并非得到报酬的有效途径。必须要开发新的技术，创造差异化的产品，才能具备竞争力。

三　提升天合光能标杆管理能力成熟度的对策建议

天合光能要提高其标杆管理能力，必须从生产和管理的每个环节入手。根据以上测评结果和原因分析，笔者给出以下的意见和建议。

（一）标杆企业的经验借鉴

1. 采用“隐形一体化”模式，突破太阳能光伏产业原料短缺瓶颈，保证原料供给。

（1）与全球领先的光伏产品供应商合作。尚德电力与GCL Silicon签订了新的供应协议，协议从2008年开始生效，到2012年结束，4年中GCL Silicon将供应尚德电力240吨多晶硅和1.1GW的硅片。硅料供应渠道的加强，为尚德未来5年产能的持续扩张提供了保障，既符合尚德的战略决策，同时凭借GCL Silicon快速占领世界市场的优势，提高尚德的市场地位。

（2）收购多晶硅生产厂。公司以9890万美元的价格收购太阳能原料供应商顺大控股有限公司的少数股份，同时与顺大控股签署13年硅晶片供应协议，从2008年至2020年顺大控股将向无锡尚德供应总量为7GW的硅片。该笔交易将使得尚德和顺大实现在太阳能产业链上的垂直整合，从而组建世界级的多晶硅工厂。

（3）以向多晶硅供应商注资方式，保障满足其对原料的需求的同时，还降低了成本。无锡尚德连同世界银行旗下的International Finance Corp.（IFC）对Nitol Solar公司投资5000万美元并另外提供的2500万美元的融资，帮助Nitol Solar按计划继续完成其在Irkutsk的新厂房建设，实现其在2009年年产3700吨多晶硅的目标。与Nitol建立战略性合作伙伴关系，满足对于多晶硅的需求，同时向实现太阳能发电成本与现有电力成本持平的发展目标迈进一步。

2. 不断开拓新的市场，扩大市场份额。

尚德公司在稳固原有市场的同时，不断扩大在德国的销售额。2007年该公司在全球的销售额达到13.48亿美元，在德国的销售额占总销售额的比例为50.86%。尚德公司希望销售额不断翻番，希望以后在德国的销售额以每年80%—100%的速度递增。2008年第一季度，尚德电力控股有限公司在全球的销售额达到4.35亿美元，同比增长76%，利润达到5580万美元。又于2008年5月上旬与法国Hanau能源公司签约，将向该公司位于法国Alsace的基地供应4.5MW建筑集成光伏系统（BIPV）。该项目是其最大的BIPV设施之一，将采用尚德公司的模块，在法国Alsace地区5座农业仓屋顶构成全天候的光伏系统，该4.5MW设施于2009年1月建成，是尚德公司开发法国太阳能市场的一个重要里程碑。

3. 自主研发新产品，增强竞争力。

尚德公司致力于研发自主创新产品，提高技术能力。针对近年一些光伏组件功率下降幅度过快的现象，与常州美晶太阳能材料有限公司合作，用高纯镓代替硼，成功完成了高光电转换率、无衰减的太阳电池硅单晶的研制，攻克了光致衰减这个提高单晶硅太阳电池转换效率的瓶颈问题。尚德自行研究成功的太阳能电池用掺镓单晶硅技术为上游供应商破解了技术上的难题，同时也给企业带来了可观的利润。

（二）提升天合光能标杆管理能力的最佳实践探讨

通过对天合光能的实证测评结果和标杆企业的分析，笔者认为天合公司可以借鉴标杆企业的经验，主要做好以下几个方面：

（1）实现硅棒、硅片、电池、组件生产和系统集成的产业链垂直一体化，优化从硅棒到组件整个生产过程的工艺，采用协同优化的工艺降低成本，在提高产品质量的同时，根据国际惯例，支持产业一体化发展，也有利于签到硅料的订单。

（2）走国际化的路线。这包括两个方面：一是资本的国际化。天合光能成功在美国上市，从国际市场上筹集到资金，同时获得国际多家知名投资机构的投资，这些为继续落实扩展计划创造了条件，为产能的提高和原材料的采购提供了保证。二是人才的国际化。天合光能在纽约证券交易所的成功上市，不仅给企业带来了资金支持，同时也使更多的人认识了公司，吸引了来自世界各地的光伏人才，建立了一支来自数十个国家的人才的国际化团队。

（3）开展品牌推广战略，扩大市场销售。产能的快速发展，必须有配套的市场推广计划。着手建设强有力的客户关系，与寻求长期合作的行业领军企业通力合作，销售网络成功扩大到意大利、法国、比利时、荷兰、挪威、韩国、澳大利亚、美国以及欧洲和亚洲的其他一些国家。在中国、德国、西班牙和美国都设立了分公司，在欧洲各个国家都建立了本土化的销售团队，以便给客户提供及时、便利的服务。除此之外，为亚洲、欧洲和北美的客户提供周到的售后技术服务。

（4）制定和实施柔性战略，协调子系统的运营。柔性的企业使命和管理、柔性的组织及柔性的管理控制与之配合，使按各种博弈规则制定的行动能迅速付诸实施并保持较低的实施成本，先进、适用的柔性生产系统，进行生产整合和战略整合，采用柔性制造系统、并行工程等，并根据新技术为企业所带来的机会，对产品本质及其市场形象重新进行界定，会使整个企业组织发生巨大的变化。天合光能与全球性的太阳能Spire公司签订长期的、多系统的合同，提供天合光能 Spi-Sun Simulator 4600系列的世界领先太阳能模拟和模块测试设备，专门用于产品的研究与检测，提高产品品质；引进最先进的柔性生产系统，大量生产多种类型的单晶和多晶光伏组件产品，输出功率从165W 到230W 不等。柔性战略更重要的是强调超强应变性，天合光能应培育增强战略的“预见”力和应变能力，充分研究环境变化的不确定性和不可预见性，以及事物发展的非线性，根据市场客户需求不断调整产品。

（三）提升天合光能标杆管理能力的标杆流程探讨

为识别企业的标杆管理成熟等级，提高企业的标杆管理能力，不仅要从价值链的角度分析，而且要从标杆管理的流程环节入手，寻求提高标杆管理的最佳实践活动的驱动因素。

1. 知识共享是标杆管理的真正机理。

标杆管理的流程强调对竞争对手资料的搜集和分析，这实质上是一个知识共享的过程。在标杆管理活动中，将不同的知识集合起来，用于决策明显可拓展决策的机会集合，即知识共享是企业生产活动所需知识的获得、运用和积聚的有效机制。更进一步说，组织本质上是关于环境、资源、机制、目标、态度以及政策等方面的知识体系。其差异表现为知识形成和积聚的异质性，与企业的组织条件和业务相适应的知识积累程度决定了一个集体或组织的绩效，在知识结构演化与标杆管理的理论模型中，知识共享是标杆管理的必要条件。因此，从某种意义上说，企业内外部知识结构的互动就是标杆管理的真正机理。从知识的角度理解，企业本质上是一个动态的、不断更新的、共享的知识体系，具有学习知识与创新知识的内在属性。标杆管理的任务就是管理和促进企业知识的共享、运用与创新。在标杆管理中强调知识共享，就是保证标杆管理主题选择、标杆瞄准的科学性和合理性，促使知识在企业内不断扩散、吸收和应用，使得企业的生产成本、管理成本和交易成本不断降低，从而大大降低了企业的边际生产成本；另一方面，知识的价值会随着使用人员的增加而增加，知识共享对企业知识创新起着关键支持作用。跨组织的知识共享使得标杆学习成为可能，通过搜集信息和资料，获取大量的知识，进行比较、分析和转化，从而实现产品和技术的创新。组织知识共享与动态整合的演变主要围绕着产生变异、内部选择、传播和保持这四个阶段循环进行，其是一个复杂的知识互动过程，它的目标是企业在学习中实现知识创新，最终推动企业成长。在某种意义上，可以说标杆管理的过程是一个复杂的知识共享系统，而这个知识共享系统的运行就是知识动态整合机制的实现。

企业标杆管理体现为企业组织结构、企业行为、企业绩效三个层面的演变，企业结构成长包括内部组织结构和外部结构的演变，更好地吸收、转移和共享知识；知识共享能够跨越部门界限对组织行为进行修正，企业结构和企业行为两个层面构成动态整合的流程演变，最终构成实现企业绩效提升的系统。对知识分享持鼓励态度的组织有某种集中的数据库（可以是电子的，也可能是书面的），它会跟踪持续改进的小组、标杆管理小组、重新塑造小组等的活动。问题是要鼓励员工接近宽广的信息源，并了解数据库所代表的内容。

2. 网络和信息库的建设是标杆管理持续改进的基础。

标杆管理不是一次瞄准就能解决企业的所有问题，它是一个持续的改进过程。持续的改进过程是一个重新标杆的过程，必须对企业所面临的竞争对手和环境进行再分析，完备的数据库和网络信息系统是必备的。在西方国家，最佳实践实例信息交换中心的组织包括：软件生产力研究所、标杆管理交换所、美国劳工部与美国海军。另外，埃德加数据库由美国证券交易委员会创建与维护，它提供有关合作编档方面的信息。其他的如麻省理工学院的战略计划机构（SPI）于 1990 年建立的有 50 个成员的基于标杆管理的 SPI 协会；1992 年美国生产率和质量中心建立的国际标杆管理信息交易所（IBC）；管理会计师协会（IMA）为财务管理功能领域建立的标杆管理数据库（用来帮助成员公司辨认最优实践和改善业务流程）；加拿大联邦行业科技部在 1970 年早期建立的旨在促进标杆管理发展的公司间比较计划；香港成立的标杆管理信息交易所等。除了机构设立的资料库以外，国外很多企业自发组建的标杆管理网络已在成员之间分享成功经验。有些标杆管理网络是由某个产业内的组织构成，如美国电信业的 18 家公司联手组织电信业标杆管理协会。这个团体的成立是为了鼓励成员把标杆管理拓展到一些企业共通的领域（如维修、顾客满意度、新产品开发、服务等）。另外还有来自不同产业的组织就某类功能（或流程）而组建标杆管理网络，如一个名叫“财务品质网络”，其成员来自联邦快递、施乐、西屋、数字设备、杜邦等公司的财务部门，他们彼此分享成员之间卓越的财务功能。数据库的适时更新，可以动态地反映组织标杆管理合作伙伴的实际绩效。

四　从学习、模仿到创新——天合光能标杆管理能力提升的有效途径

标杆管理的基本思想是通过建立企业动态规范的比较分析系统，对企业的内部行为、组织和运作过程进行客观分析，在设立外在或者内在参考点的基础上，帮助企业寻找、确认、跟踪、学习并超越竞争目标，获得企业的可持续发展。或者说标杆管理就是在不断寻找和研究同行一流公司的最佳实践，以此为基准与本企业进行比较、分析、判断，从而使自己企业得到不断进步，从而进入赶超一流公司、创造优秀业绩的良性循环过程。其核心是向业内或业外的最优企业学习。通过学习，企业重新思考和改进经营实践，创造自己的最佳实践，这实际上是模仿创新的过程。

（一）提高组织学习能力是标杆管理的首要任务

标杆管理首先要进行内外部资料的收集，学习的过程是对资料的整合过程。学习产生增量知识，增量知识使企业的边际收益呈递增趋势，这是企业可持续经营的逻辑。企业通过学习成为一个不断吸纳知识、创造知识、运用知识的学习型组织，才能不断地整合自身的知识体系。企业标杆管理能力的培育和提高是企业知识存量重组、递增和操作的过程，是一个复杂的组织学习过程。它要经历三个层次的升华，最终才能达到标杆管理的高境界和高层次。（1）向竞争对手学习旨在追求现有能力平台上的最大效率，它包括对外部信息知识的有效跟踪与获取、在日常的技术知识的运用过程中对已有知识进行消化吸收、对组织规程加强理解等三个方面。（2）第二个层次的学习重点在于内部知识的激活以及与外部知识的融合等方面。它的主要特性是：整合工作实践与组织性惯例；所产生的能力的隐性程度很高；这里的能力主要是做什么和怎么做；在这个过程中将建立工作实践所需要的新的惯例。第二个层次确定向标杆企业学习的内容和方向。（3）第三个层次的学习是一种高层次的学习过程，是学习如何学习的过程。分析企业使命、企业现有资源与竞争环境，制定出标杆管理的实施计划并付诸实施，能够保证标杆管理运行的正确方向和其战略价值的最大化。在这个层次上，超越了前两个环路的静态效率的标准而获得动态效率。随着企业和外部环境的不断变化，持续审视外部环境的能力、核心能力与企业环境、企业使命、组织内部环境之

间的关系，并对复杂环境变化做出快速反应，是这一层次的真谛所在，也是保证企业具有很强的动态标杆管理能力的真正体现。

（二）模仿创新是标杆绩效提升的捷径

以往研究中的模仿创新往往讨论的是技术方面，在这里指的是广义的模仿创新，不仅是技术的模仿创新，还包括组织、管理、文化等领域的模仿创新。笔者将标杆管理过程的模仿创新定义为："以标杆企业的价值链环节的若干要素为榜样，跟随标杆企业的足迹，充分吸收标杆企业的经验和教训，通过企业本土化和内部资源的整合，在管理、组织、生产、营销等环节进行改进和改善，进一步开发有竞争力的产品和服务，从而提高企业的绩效。"模仿创新是一种渐进式创新方式，是企业后发优势得以实现的一个主要手段。模仿创新可以使企业主体有效利用标杆企业已经培育或创造出的市场需求、组织管理模式、生产经验等，有效节约开发和培育成本，并在比标杆企业更短的时间内实现企业的利润。模仿创新面对的是一个经历过考验的市场，而不是一个摸索的市场，因而成功地规避了失败的风险。模仿创新可以利用竞争对手企业的知识共享信息整合企业主体的资源，使得标杆管理的实施与战略具有更高的兼容性。模仿创新是标杆管理初期应该优先选择的一种模式。

（三）自主创新是标杆管理未来的必由之路

模仿创新作为一种资金使用、时间集约型标杆管理成功的模式，可以有效节约创新过程中的研发与市场培育投入，而把资金集中投入到对市场成功者产品不足之处的完善上，能够提高有限资金的使用效率，可以节省企业主体的人力、物力和财力的投入，同时由于整合了自身的资源，消化吸收了获取的知识和技术，可以规避模仿导致的重复制作和同质化竞争。但是模仿创新是一种追随战略，在学识积累方面有时候只能被动适应，容易形成创新价值取向和战略规划之间的冲突。在市场方面，被动跟随和市场定位经常性的变换，也不利于巩固和发展与相关渠道之间的关系。由于模仿创新在复杂和不确定的环境中缺乏预见性，反应滞后，因而虽然是标杆管理中应该优先选择的模式，也是有效率的模式，但不是企业主体成长的模式。模仿创新的目的并不是更像标杆企业，而是超越标杆企业，发展自身。自主创新与模仿创新应保持合理的结构。在不断对标的过程中，企业必须建立一个完整而独特的模式，形成独特的价值链，并针对自身能力与实现独特价值的能力之间的差异，持续、有序地打造与独特价值相对应的能力。藤本隆宏认为，日本汽车业之所以能够后来居上赶超美国，最重要的原因就是在向美国学习的过程中，始终将“能力构筑竞争”放在核心位置，他对“能力构筑竞争”的定义是“企业对开发、生产现场的组织能力进行仔细琢磨，针对工厂的生产效率、工序中的次品率以及开发新产品的时间等外界（包括顾客、竞争对手等）所不能感知的内在竞争力指标，开展持久而认真的互相竞争”。在此，标杆管理强调的是整个价值链上的创新，包括战略、组织、文化、技术等集成的系统。企业在模仿创新的过程中，逐步培养出一支善于创新的人才队伍，不断增强自己的研究开发实力，并在模仿创新中不断增加自主创新的比重，最终过渡到以自主创新为主的阶段。

第六节 本章小结

本章主要在前面对标杆管理能力理论研究的基础上，选取天合光能这家企业进行实证测评。天合光能作为国内光伏产业的先行者，为快速取得更大的发展，实施了标杆管理。整个实证研究首先是按照标杆管理的流程进行追踪，然后根据调研的资料对天合光能实施标杆管理进行能力成熟度分析，判定标杆管理能力成熟等级，以期对再次实施标杆管理提供实践指导，并根据实证结果提出提升标杆管理能力，实现绩效提升的路径——从学习、模仿到创新是企业标杆管理的必由之路。

附　录

标杆管理实证研究问卷调查表

尊敬的女士/先生，您好！

非常感谢您在百忙之中抽出时间来参加此次问卷的调查！本问卷仅用于学术研究，不会被用于任何商业用途。我们保证将对您所提供的一切信息严格保密。感谢您的合作与支持，您的支持是本研究获得成功的关键。

本问卷分为两个部分，第一部分请根据对本企业的了解进行评判，第二部分请企业内部相关部门提供数据。

第一部分

受访者主要信息：

性别：男□　女□

年龄：25 岁以下□　26—30 岁□　31—35 岁□　36—40 岁□　41—50 岁□　51 岁以上□

您的学历：硕士学位以上□　本科□　大专□　高中（专）以下□

到公司时间：不足一年□　1—3 年□　4—6 年□　7—9 年□

目前的职位：＿＿＿＿＿＿＿＿

从事本工作的时间：＿＿＿＿＿＿＿＿

您从事的专业：

技术——研究/开发/支持/服务/管理

营销——销售/市场/行政/综合

管理——人事/财务/行政/综合

生产——计划/质量/现场管理/现场操作

其他——采购/库管/运输/其他

您的职位：一般技术人员□　一般管理人员□　主管级人员□　经理级人员□

请根据您所在企业的实际情况，对企业的实际情况做出评价。

指标	指标描述	指标得分			
		优	良	中	差
		10	8	5	2
学习发现能力	反映企业员工在获取知识和技术方面敏锐的感知力，及对外部信息知识的有效跟踪与获取，特别是同行业先进技术、新产品面世等方面的关注能力				
学习反馈能力	反映企业人力资源学习结果达成目标的能力程度				
获取知识途径的数量	知识获取的方式归类为产业联盟、产业与大学互动、产业与研究机构互动、技术扩散、人员流动				
标准化水平	指企业生产制造的标准化程度				
战略柔性能力	企业适应难以预测的动态复杂环境，且迅速做出战略转移、变化等的能力				
技术柔性能力	企业面对致变诱因发生变化时的适应性，即企业技术创新中的研发、原型生产、制造、营销、财务、人力资源等职能的整合管理的协调能力				
组织柔性能力	反映在组织内部的要求、组织结构的弹性、组织成员对变化的适应性及组织外部的竞争状况、技术变化及社会变革等要素，特别体现在企业内部对人力资源的管理及部门间沟通以适应变化或超前行动的管理制度、程序及方式方法所具有的灵活性。				
生产柔性能力	企业的生产系统在致变诱因发生变化时的灵活性，体现在制造系统、服务系统和协作系统的各自柔性和相互间的协调程度，在制造系统体现在机器设备的柔性化和生产流程的不断优化				

第二部分

背景信息：

企业名称	
所属行业	

1. 2008 年初、年末的员工总人数分别是：________________________和________________；

2. 2008 年获得职称晋升人数：________________；

3. 2008 年的培训次数：________________；

4. 2008 年培训总人数（每次培训人数的总和）：________________；

5. 2008 年知识获取途径的数量：________________；

6. 2007 年投入资金量：________________；

7. 2008 年投入资金量：________________；

8. 2008 年非正常损失：________________；

9. 2008 年收益：________________；

10. 2007 年企业净资产：________________；

11. 2008 年企业净资产：________________；

12. 2008 年企业研究开发设备价值：________________；

13. 2008 年企业设备价值总额：________________；

14. 2008 年从事研发的技术人员总数：________________；

15. 2008 年研发活动经费：________________；

16. 2008 年企业产品销售额：________________；

17. 2008 年实际利用的生产能力：________________；

18. 2008 年企业设计生产能力：________________；

19. 2008 年初级工人数、中级工人数及高级工人数分别是：________________、________________及________________；

20. 2008 年创新产品数：________________；

21. 2008 年企业产品总数：________________；

22. 2008年市场同类产品销售总额：________________；

23. 2008年创新产品销售收入：________________；

24. 2008年总销售收入：________________；

25. 2008年内已销售的产品数量：________________；

26. 2008年生产的产品数量：________________；

27. 2008年客户满意度：________________；

28. 2008年年初和年末的专利总数分别是：________________和________________。

参考文献

一 著作

[1] [美] H. 詹姆斯·哈里顿、詹姆斯·S. 哈里顿：《标杆瞄准：瞄准并超越一流企业》，欧阳袖、张海蓉译，中信出版社 2003 年版。

[2] [美] 詹姆斯·钱皮：《企业再造》，中信出版社 2002 年版。

[3] 包昌火、谢新洲：《竞争环境监视》，华夏出版社 2006 年版。

[4] 付亚和、许玉林：《绩效管理》，复旦大学出版社 2003 年版。

[5] 李树根：《Banach 空间的 DEA 模型》，大连理工大学出版社 1996 年版。

[6] 刘立华：《基于价值链的公司价值创造研究》，经济科学出版社 2008 年版。

[7] 麦迪：《标杆瞄准及其最佳实践》，光明日报出版社 2003 年版。

[8] 欧进萍：《模糊分析设计理论及应用》，中国建筑工业出版社 1993 年版。

[9] 秦寿康：《综合评价方法与应用》，电子工业出版社 2001 年版。

[10] 盛亚：《企业创新管理》，浙江大学出版社 2005 年版。

[11] 盛昭翰：《DEA 理论、方法与应用》，科学出版社 1996 年版。

[12] 魏杰：《企业突围从中国制造到中国创造》，中国发展出版社 2005 年版。

[13] 魏权龄：《数据包络分析》，科学出版社 2004 年版。

[14] 吴建华：《数字图书馆评价方法》，科学出版社 2009 年版。

[15] 杨明海：《人力资源管理能力成熟度模型》，经济管理出版社 2006 年版。

[16] 张鸣：《价值链管理理论研究与实证分析》，东北财经大学出版社 2007 年版。

[17] 郑人、王纬、王方德、蔡愉祖：《基于软件能力成熟度模型（CMM）的软件过程改进——方法与实施》，清华大学出版社 2002 年版。

二 未刊论文

[18] 迟旭：《生产前沿面有效性分析的非参数方法和人力资源发展研究》，大连理工大学管理学院，1995 年。

[19] 任祝景：《两阶段 DEA 模型及其在商业银行经营效率中的应用》，硕士学位论文，上海交通大学，2008 年。

[20] 田芳：《标杆管理及其在绩效评估中的应用》，硕士学位论文，大连海事学院，2004 年。

[21] 王伟同：《公共服务绩效优化与民生改善机制研究》，博士学位论文，东北财经大学，2009 年。

[22] 杨峰：《含有多个子系统的决策单元的 DEA 效率评估研究》，博士学位论文，中国科学技术大学，2006 年。

[23] 杨印生、张德俊、李树根：《基于 Fuzzy 集理论的数据包络分析模型》，第三届全国模糊分析设计学术交流会论文集，1993 年。

[24] 张景义：《一类偏好结构下的 DEA 分析方法和模型》，博士学位论文，大连理工大学，1997 年。

[25] 张玉岩：《基于标杆管理的高校竞争力研究》，博士学位论文，西安科技大学，2007 年。

[26] 朱小娟：《产业竞争力研究的理论、方法和应用》，博士学位论文，首都经济贸易大学，2004 年。

三 期刊

[27] [英] 摩根·威策尔：《标杆学习寻找不足处》，《国外社会科学文摘》2001 年第 1 期。

[28] 白晓君、孟凡波：《标杆管理的得与失》，《企业管理》2003 年第 11 期。

[29] 蔡榕生、吴祈宗：《基于聚类分析的供应链绩效标杆选择研究》，《科技和产业》2005 年第 5 期。

[30] 蔡韬：《知识管理成熟度模型研究初探》，《情报杂志》2006 年第 4 期。

[31] 陈爱中：《论标杆管理的实施》，《山东财政学院学报》2006 年第 5 期。

[32] 陈初昇：《构建公共服务型政府绩效评价体系的思考》，《产业与科技论坛》2010 年第 9 期。

[33] 陈光明：《标杆管理及其在业绩评价中的应用》，《企业管理》2003 年第 1 期。

[34] 董秀成：《标杆管理——现代企业管理要法》，《企业管理》2006 年第 2 期。

[35] 冯俊文：《C^2R 和 C^2GS^2 的 DEA 有效性问题》，《系统工程与电子技术》1994 年第 7 期。

[36] 冯英俊、李成红：《全国各省市工业企业的相对效益及技术进步增长速度的测算方法及结果》，《哈尔滨工业大学学报》1992 年第 4 期。

[37] 高树彬，刘子先：《基于模糊 DEA 的服务型政府绩效评价方法研究》，《科学学与科学技术管理》2011 年第 12 期。

[38] 葛星等：《中外企业标杆管理实施的能力成熟度分析》，《经济管理》2003 年第 14 期。

[39] 关前峰：《基于价值链的房地产企业的标杆管理》，《产业与科技论坛》2008 年第 9 期。

[40] 郭海芳：《上市公司绩效评价方法的理论研究》，《科技情报开发与经济》2006 年第 16 卷第 15 期。

[41] 韩松：《带有随机因素的逆 DEA 模型》，《数学的实践与认识》2003 年第 33 期。

[42] 韩子天等：《学习、知识能量、核心能力如何提升绩效》，《科学学与科学技术管理》2008 年第 5 期。

[43] 何静、吴文江：《有关 DEA 有效性（C^2R 或 C^2GS^2）的定理及其在灵敏度分析中的应用》，《系统工程理论与实践》1997 年第 8 期。

[44] 何静:《只有输出(入)的数据包络分析及应用》,《系统工程学报》1995 年第 2 期。

[45] 胡翠红:《知识管理技术成熟度模型的研究》,《情报杂志》2006 年第 8 期。

[46] 胡明:《浅谈标杆管理》,《能源技术与管理》2005 年第 3 期。

[47] 黄建明、王三喜、高大鹏:《部队编制效能评估的新方法——基于标杆思想的 DEA》,《火力与指挥控制》2008 年第 3 期。

[48] 金水英、吴应宇:《知识资本对高技术企业发展能力的贡献》,《科学学与科学技术管理》2008 年第 5 期。

[49] 孔杰、程寨华:《标杆管理理论述评》,《东北财经大学学报》2004 年第 2 期。

[50] 蓝志勇、胡税根:《中国政府绩效评估:理论与实践》,《政治学研究》2008 年第 3 期。

[51] 冷克平、唐琦等:《标杆管理——企业竞争优势的新途径》,《辽宁经济》2002 年第 11 期。

[52] 李虹、蔡吉臣、刘晓平:《基于战略成本管理的政府绩效评价研究》,《中国行政管理》2009 年第 2 期。

[53] 李纪选:《用 DEA 方法确定生产函数的一点注记及决策单元 DEA 有效的条件》,《应用基础与工程科学学报》1996 年第 3 期。

[54] 李蕾:《基于方法的建设项目集成化管理绩效评价》,《武汉理工大学学报》2007 年第 5 期。

[55] 李灵稚、李丽:《知识管理能力预警系统的构建》,《科学学与科学管理》2007 年第 4 期。

[56] 李树根、杨印生:《DEA 有效决策单元集合的结构》,《吉林工业大学学报》1991 年第 3 期。

[57] 李蔚:《从美孚看供电企业标杆管理》,《企业改革与管理》2006 年第 5 期。

[58] 李长春、刘殿国:《基于定性信息标杆的选择方法和最佳决策模型》,《吉林大学学报》(信息科学版)2007 年第 2 期。

[59] 刘光明:《万向集团的标杆管理》,《企业管理》2004 年第 7 期。

[60] 刘红萍:《城市用地扩张控制过程的绩效研究》,《统计与决策》

2008 年第 20 期。

[61] 刘敬严：《超效率 DEA 模型及灵敏度分析在标杆管理中的应用》，《工业工程》2008 年第 4 期。

[62] 刘寅东、李树范、唐焕文：《船型技术经济综合评价的 DEA 方法》，《大连理工大学学报》1995 年第 6 期。

[63] 刘永清、李光金：《要素在有限范围变化的 DEA 模型》，《系统工程学报》1995 年第 4 期。

[64] 罗良清、刘逸萱：《标杆管理在地方政府绩效评估中的应用》，《统计教育》2006 年第 1 期。

[65] 罗晓光：《政府服务质量 SERVQUAL 评价维度分析》，《行政论坛》2008 年第 3 期。

[66] 马占新、唐焕文：《DEA 有效单元的特征及 SEA 方法》，《大连理工大学学报》1999 年第 4 期。

[67] 马占新、唐焕文：《关于 DEA 有效性在数据变换下的不变性》，《系统工程学报》1999 年第 2 期。

[68] 马占新、唐焕文：《一个综合的 DEA 模型及其相关性质》，《系统工程学报》1999 年第 14 期。

[69] 孟华：《推进以公共服务为主要内容的政府绩效评估》，《中国行政管理》2009 年第 2 期。

[70] 苗敬毅、潘建新：《数据包络分析法评价技术进步的效果分析》，《职业圈》2007 年第 1 期。

[71] 穆东：《阶段 C－D 前沿生产函数的 DEA 估计》，《系统工程》1995 年第 5 期。

[72] 穆东：《外沿生产函数的 DEA 估计新方法》，《山东矿业学院学报》1995 年第 2 期。

[73] 彭向刚、李永胜：《服务型政府绩效评估：价值取向及其要求》，《行政论坛》2013 年第 5 期。

[74] 彭煜，贾志永：《DEA 扩展有效的鲁棒性》，《系统工程》2004 年第 1 期。

[75] 彭煜：《r－逆 DEA 问题的一种计算方法》，《系统工程学报》2008 年第 4 期。

[76] 彭煜：《基于扩展有效的逆 DEA 模型》，《系统工程学报》2007 年第 1 期。

[77] 乔艳洁、史丹：《试述标杆管理在公共部门人力资源绩效考核中的应用》，《当代经理人》2006 年第 21 期。

[78] 曲雯毓、唐焕文、李克秋：《工业经济效益综合评价的 DEA 方法》，《系统工程与电子技术》1998 年第 10 期。

[79] 任俊义、丁立波：《标杆管理：先进管理方法失效的思考》，《商场现代化》2006 年第 8 期。

[80] 尚虎平：《整体主义——难解政府服务绩效之困》，《经济管理》2013 年第 2 期。

[81] 盛明科：《政府绩效评估的主观评议与多指标综合评价的比较——兼论服务型政府绩效评估方法的科学选择》，《湘潭大学学报》（哲学社会科学版）2009 年第 1 期。

[82] 盛昭瀚、朱乔、吴广：《区域国民经济 DEA 预警系统》，《系统工程学报》1992 年第 1 期。

后　记

经历了北卡 UNC 夏的火热、大雾山秋的绚烂、冬的温暖和春的多彩，这本书终于在我即将离开异国他乡之际完成了。手里捧着厚厚的稿子，心中泛起的喜悦，抵消了初来乍到的陌生感、思念亲人的痛楚、身处斗室的寂寥和孤单。

不负饮用长达一个多世纪有着古老而美丽传说的 UNC 老井水的甘甜，DAVIS 图书馆的汗牛充栋，心在狂躁时躲到古朴而宏伟的 Wilson 地下阴暗的带有厚重铁门的一隅，瞬时那里的静谧、古老的艺术藏书的文艺气息，慢慢地使我回归平静。这本书是我近十年学术研究的总结，更是入职以来对于教学和实践的思考。

在此，我首先感谢我的恩师——冯俊文先生，是他睿智的学术思维和深刻的学术见地，培养了我系统思考问题的能力，在我研究苦闷彷徨的时候为我指点迷津，使我能够很快地适应新的学科，将原有的知识和新的学科结合起来，这些都能从本书中窥见一斑。其次，感谢我的同事——范炜烽教授无私的帮助，引导我在新的专业领域不断进步。感谢可爱的如同孩子般的我的研究生陈长风、管祥灵、张瑾、蔡红全、郎玉莹等以及为本书的案例作出贡献的郑鑫。

感谢我有一个和睦的家庭，先生杨世军无私的支持和儿子杨夕冉的独立自强，让我能够完成学业，专心科研。我更要感谢在家静候我的两位母亲，是她们饱含深沉的爱激励我继续前行。

感谢北卡罗来纳州教堂山分校中国城市研究中心给我提供一个良好的研究环境，感谢我北卡教堂山分校合作导师宋彦教授的悉心指导，为我的研究提供全新的视角。

最后感谢国家社科基金的资助!

2017 年 3 月于美国北卡教堂山分校